Rafik Schami:
Malula
Märchen und Märchenhaftes
aus meinem Dorf

Deutscher
Taschenbuch
Verlag

dtv

Von Rafik Schami
sind im Deutschen Taschenbuch Verlag erschienen:
Das letzte Wort der Wanderratte (10735)
Die Sehnsucht fährt schwarz (10842)
Der erste Ritt durchs Nadelöhr (10896)
Das Schaf im Wolfspelz (11026)
Der Fliegenmelker (11081)

Im Text ungekürzte Ausgabe
Juni 1990
2. Auflage Oktober 1990
Deutscher Taschenbuch Verlag GmbH & Co. KG,
München

ISBN 3-89029-161-9
Umschlaggestaltung: Celestino Piatti
Gesamtherstellung: C. H. Beck'sche Buchdruckerei,
Nördlingen
Printed in Germany · ISBN 3-423-11219-0

Das Buch

Daß man dem Fuchs nicht glauben sollte, wenn der auf seine alten Tage den reuigen Sünder mimt, daß ein Mann, der so geizig ist, daß er am liebsten mehr ein- als ausatmen würde, eine Belehrung braucht oder daß ein kleines Mädchen durchaus in der Lage ist, einen großmäuligen und ausbeuterischen Schloßbesitzer mit seinen eigenen Waffen zu schlagen, solche Dinge kann man aus diesen Geschichten lernen. Sie stammen aus Malula, einem christlichen Dorf in Syrien, in dem man noch aramäisch spricht. Rafik Schami liebt dieses Dorf, aus dem seine Familie stammt, und doch mußte er erst ins Exil nach Deutschland gehen, um dort nach vielen Jahren durch Zufall auf eine Sammlung von Geschichten aus Malula zu stoßen. Er gibt sie wieder, wie er denkt, daß sie einst fabuliert worden sind. Schamis trockener Humor und seine kritische Weltsicht sind allerdings eine Garantie dafür, daß in diesen Geschichten nicht nur der Zauber des Orients, sondern vor allem sein Witz und seine Weisheit aufscheinen.

Der Autor

Rafik Schami, 1946 in Damaskus geboren, lebt seit 1971 in der Bundesrepublik. Verschiedene Arbeiten auf Baustellen und in Fabriken. Studium der Chemie mit Promotionsabschluß. Seit 1982 freier Schriftsteller. Lebt in Kirchheimbolanden. Werke u.a.: ›Das letzte Wort der Wanderratte‹ (1984), ›Der erste Ritt durchs Nadelöhr‹, ›Der Fliegenmelker‹ (1985), ›Eine Hand voller Sterne‹ (1987), ›Die Sehnsucht fährt schwarz‹ (1988), ›Erzähler der Nacht‹ (1989), ›Der Wunderkasten‹ (1990).

Inhalt

Meinem Bruder Francis, der mir mit seinen ausgezeichneten Kenntnissen der aramäischen Sprache, der Sitten und Eigenheiten meines Dorfes Malula zur Seite stand, sowie denen, die den Erhalt dieser Geschichten durch ihr Erzählen ermöglichten.

Falls du –
selbst in Freiburg –
mal ein paar
ruhige Minuten findest

Alles Liebe zum Geburtstag

Andrea

Eine Vorgeschichte

Meine Großmutter mütterlicherseits wäre mit Sicherheit eine Heilige, hätte der Vatikan den Himmel nicht den Europäern vorbehalten. Jahrhundertelang schreckten die europäischen Päpste nicht einmal davor zurück, europäische Könige wie Ludwig IX. heilig zu sprechen, obwohl dieser Tausenden Mord und Elend gebracht hatte, bis er auf einem seiner Kreuzzüge vor Tunis mit einem großen Teil seines Heeres einer Seuche erlag. Auch europäische Kriegshetzer wurden mit einem herrlichen Platz im Himmel belohnt, wie der edle Bernhard von Clairvaux, der vielen armseligen europäischen Knechten die ewige Seligkeit versprach, wenn sie einen Orientalen in die Hölle beförderten. Er selbst hauchte seine zarte Seele friedlich in seinem Kloster aus. Durch die vielen Kriege und Meuchelmorde der Könige Europas wurde der Himmel besetzt, deshalb ist es nicht verwunderlich, wenn den Chinesen, Afrikanern, Arabern und nicht zuletzt meiner Oma kein Plätzchen freigehalten wurde. Mein Nachbar, ein alter Bauer, der 1925 gegen die französischen Besatzer kämpfte und seine Hand dabei verlor, sagte einmal zu mir, er sei im Herzen sehr fromm, doch sündige er widerwillig, bloß damit er nicht ins Paradies käme und dort unter den Europäern leiden müsse. Doch zurück zu meiner Großmutter. Wäre sie heiliggesprochen worden, hätte man sie die »Heilige der Geduld« genannt. Sie mußte oft auf uns aufpassen und setzte sich dann immer ruhig lächelnd zu uns. Hiob hätte bei meinem Bruder und mir geflucht, aber unsere Großmutter war geduldig. Wenn meine Eltern wegen irgendeiner Beerdigung oder Hochzeit für mehrere Tage verreisen mußten, holten sie diese Großmutter. Die andere wollte zum Essen eingeladen werden, aber nie zum Kinderhüten. Sie mochte uns nicht besonders, und wir konnten sie nicht ausstehen. So kam es, daß immer die »Heilige der Geduld« uns ertragen mußte. Wenn meine Eltern verreisten, hatten mein Bruder und ich endlich Gelegenheit, all die alten offenen Rechnungen zwischen uns zu begleichen. Die Großmutter wartete, bis wir uns ausgetobt hatten, dann lächelte sie uns zärtlich an und räumte auf. Für Minuten schämten wir uns. Manchmal versagte ich mir sogar, meinem Bruder eine runterzuhauen, nur aus Mitleid mit Großmutter. Ich wußte, daß die Ohrfeige in eine Schlägerei ausarten würde, denn wir waren gleich stark. Unser Kampf ging manchmal bis zur Erschöpfung, und so ertrug ich oft seine Gemeinheiten, um dieser armen und zärtlichen Seele die Qualen des Aufräumens zu ersparen. Mein Bruder aber legte mir das als Feigheit aus, und so mußte ich ihn schweren Herzens doch immer wieder vom Gegenteil überzeugen.

Wenn meine Eltern zurückkamen, lobte Großmutter uns überschwenglich, und meine Mutter wunderte sich, wie sie uns im Zaum gehalten hatte. Allerdings wunderte sie sich dann auch jedesmal über die merkwürdige Erschöpfung von Großmutter, die tagelang im Bett lag und nur noch schlafen wollte. Wenn das keine Heilige ist!

Diese Großmutter konnte gut kochen und nähen, aber sie konnte im Gegensatz zu den anderen alten Verwandten und Nachbarn nicht gut erzählen. Wir boten ihr manchmal an, ruhig wie die Engel zu sein, wenn sie bloß eine spannende Geschichte zu erzählen wüßte, aber sie lächelte und sagte: »Ich kann nur die vom dummen Raben erzählen!« Früher, als wir noch recht klein waren, gaben wir uns auch mit dieser Geschichte zufrieden, und sie erzählte vom Raben, der einen Pfau sah und ihn nachahmen wollte. Die Geschichte machte meinen Lieblingsvogel schlecht und endete für ihn katastrophal. Und die Moral der Geschichte? Natürlich alles so zu lassen wie es ist. Ein Rabe ist ein Rabe, und ein Pfau ist von

Geburt an König. Eine Geschichte, die ziemlich langweilig ist und sehr verbreitet war. Nicht einmal die Schulbücher haben auf sie verzichten können. Nach ein paar Jahren fragten wir nicht mehr, weil wir sicher waren, daß die alte Frau wirklich nur diese eine erbärmliche Fabel kannte.

Ein Zufall führte mich im Herbst 1984 in Nürnberg – fünfzehn Jahre nach dem Tode meiner Großmutter – an die Geschichten meines Dorfes heran. Wenn ich nun diese Begegnung mit einem meiner Zuhörer als märchenhaft bezeichne, werden es manche Leser für übertrieben halten, doch ich nenne sie so und wage eine kurze Schilderung, danach kann jeder selbst urteilen.

In einer eiskalten Nacht kam ich ziemlich erschöpft in Nürnberg an, um in der Buchhandlung »Bücherkiste« Märchen zu erzählen. Mein altes Auto trieb in jenem Herbst ein gnadenloses Spiel mit mir. Kurz vor den Städten, in denen die Lesungen stattfinden sollten, blieb es ohne Grund oder wegen eines seiner tausend Mängel stehen. Das Schlimme aber war, ich hatte nicht nur pünktlich, sondern auch noch frisch zu erscheinen, denn meine Arbeit fing ja nach der Fahrt erst an. Das war so auf dem Weg von Salzgitter nach Rendsburg, von Wetzlar nach Alsfeld und an jenem Abend von Schriesheim nach Nürnberg.

Die Buchhändlerin war wie viele ihrer Kolleginnen und Kollegen besorgt, ob überhaupt ein Zuhörer kommen würde. Ein wichtiges Fußballspiel wurde an diesem Abend im Fernsehen übertragen, die Alternativen hatten eine große Fete, und auch die eisige Kälte ließ die Frau nichts Gutes erwarten. Ich versuchte wie so oft, mir selber Mut zu machen, indem ich die Buchhändlerin ermutigte. Kurz vor acht war der Laden voll, und sie lächelte erleichtert.

Ich erzählte ein paar kurze Märchen aus meinem Band ›Das letzte Wort der Wanderratte‹. Ein Zuhörer schien aber besonders neugierig auf mein Dorf Malula zu sein, von dem das eine Märchen handelte, denn er stellte viele Fragen. Ich hatte keine große Lust zu diskutieren, doch der Mann blieb hartnäckig und erzählte mir, daß er in seiner Doktorarbeit die Sprache meines Dorfes neu untersuchen wolle. Ich wußte damals überhaupt nicht, daß diese alte Sprache hier jemals untersucht worden war. Wir redeten eine Weile miteinander und tauschten die Adressen aus; ein harmloser und in der Regel folgenloser alltäglicher Vorgang.

Die Monate vergingen. Ich hatte den Mann fast vergessen, doch plötzlich meldete er sich. Er benötigte ein paar Informationen, und die gab ich ihm gern, da er auf dem Weg nach Syrien war. Er versprach mir, die Kopie einer Arbeit über mein Dorf zu schicken. Ich bedankte mich im voraus und erwartete nichts. Eine Woche darauf bekam ich eine Untersuchung über das Leben, die Sitten und Bräuche meines Dorfes Malula in den dreißiger Jahren. Die Lektüre war mühselig und langweilig, doch am Ende der Arbeit fand ich eine lange Literaturliste, und da machte ich die Entdeckung meines Lebens: Mehrere Literaturangaben wiesen auf Bücher und Zeitschriften hin, die die Märchen, die Geschichte und die Sprache meines Dorfes Malula behandelten. Unruhe packte mich. Ich rief meinen Freund Salim Alafenisch an, und er besorgte mir die besagten Bücher aus der Heidelberger Universitätsbibliothek. Einige von ihnen waren fast zerfallen. Plötzlich entdeckte ich einen Märchenband. Auf über zweihundert Seiten waren in Aramäisch (Lautschrift) und Deutsch Geschichten und Alltagsberichte aus Malula festgehalten. Auf einmal tauchten Menschen auf, die ich als alte Männer und Frauen noch gekannt hatte; andere habe ich nicht mehr erlebt, doch ihre Söhne und Töchter leben heute noch. Ich kann meine Freude über diesen Fund gar nicht beschreiben. Dreitausend Kilometer von meinem Heimatdorf entfernt und hundertsechzehn Jahre nach dem Tag, an dem eine Frau namens Zeni Scho'ra zwei Orientalisten die erste Geschichte aus Malula erzählte, entdeckte ich sie in der Bundesrepublik. Was für ein Glück! Wenn mir das jemand vor fünfzehn Jahren vorausgesagt hätte, ich hätte es für einen derben Spaß gehalten.

Mehrere Männer und Frauen bemühten sich damals, die Geschichten zu erzählen, doch das größte Verdienst kommt unbestritten der oben erwähnten Zeni Scho'ra zu, die den größten Teil der Märchen im Jahre 1869 erzählt hat. Dieser Erzählerin und Tausenden von anderen Frauen Malulas ist es zu verdanken, daß die Sprache des Dorfes die Jahrhunderte überlebte. Sie bewahrten sie nicht nur, während die Männer mit ihrem Leben das Dorf verteidigten, sondern pflanzten sie von einer Generation auf die andere fort.

Als ich meinem Bruder von meinem Fund erzählte, wünschte er mir Geduld und lachte fröhlich, und gerade sein Lachen gab mir in den folgenden zwei Jahren den Mut der Geduldigen, im Dickicht der Literatur weiter zu suchen, auszuwählen und zu überarbeiten. Vieles, was mich im ersten Augenblick fasziniert hatte, erschien mir nach genauerer Untersuchung nur als ein Gerüst, das noch Leben braucht, um seine Schönheit zu entfalten. Auch hier war mein Bruder Francis mein erster kritischer Zuhörer, und wer erzählt, der weiß, wie unschätzbar ein kritischer Zuhörer ist, der aber auch so herzlich lachen kann wie mein Bruder, wenn ihm eine Stelle gefällt.

Die Geschichten und Märchen dieses Buches stellen eine Auslese dar. In meinem Dorf wurden auch Geschichten erzählt, die mich langweilen oder gar ärgern. Manche Geschichte habe ich ausgelassen, weil sie an anderer Stelle besser erzählt wurde, so z.B. die biblische Josephsgeschichte und eine kurze Fassung der Abenteuer Ali Saibaks, die im Arabischen sehr verbreitet ist. Meine

Auswahl stützt sich auf die Sammlung ›Neuaramäische Märchen aus Malula‹ und auf Fragmente, die mir einige Nachbarn vor langer Zeit erzählt haben.

Ich gebe die Märchen und Geschichten meines Dorfes so wieder, wie ich mir vorstelle, daß sie einst fabuliert wurden. Vielleicht habe ich die eine oder andere auch so erzählt, wie ich mir wünsche, daß sie erzählt worden wäre. Es ist ein elementarer Bestandteil der Märchentradition, daß die Nacherzähler sich keine Zwänge und Grenzen durch eine einmal gehörte Geschichte auferlegen lassen, denn die Grenzen einer Geschichte sind die ihrer Erzähler. Sicher wurden und werden manche Märchen und Geschichten aus Malula auch anderswo erzählt. Ich habe Varianten in arabischen, persischen, jüdischen, griechischen, kurdischen und türkischen Geschichten gefunden. Welche Fassung nun die Urform darstellt, und welche Gemeinschaft die Urquelle dieser Geschichten war, ist oft schwer herauszufinden und für den Genuß dieser eigenartigen Texte von zweitrangiger Bedeutung. Unentbehrlich für mich als Erzähler waren aber die Freunde, die meinen ersten Fassungen der Geschichten zugehört haben, damit die jetzige Form der Märchen entstehen konnte. Es sind: Gabriele Frieler, Leila A., Erika Rapp, Michael Weiland und vor allem Alexander Flores, der mir mit seiner sorgfältigen und nicht minder menschlichen Kritik geholfen hat.

»Warum kannst du keine Geschichten erzählen?« fragte ich meine Großmutter eines Tages. Es war Winter, und wir saßen um den Holzofen herum. Mein Bruder hatte eine schlimme Grippe, lag fiebernd im Bett, und ich langweilte mich.

»Wie soll ich das können?« antwortete sie beschämt. »Vierzig Jahre lang habe ich unser Dorf Malula nicht verlassen. Damaskus habe ich erst vor zehn Jahren gesehen, als deine Mutter dich zur Welt brachte und meine Hilfe brauchte. Unser Leben in Malula war hart. Es war nicht die Zeit für Geschichten.« Diese Worte hallten in meiner Erinnerung wider, als ich durch die merkwürdige Begegnung in Nürnberg die Märchen meines Dorfes in die Hand bekam. Zwei Tage lang las ich die Geschichten, und erst am Morgen des dritten Tages gegen vier Uhr habe ich das Buch zugeklappt. Erschöpft machte ich das Licht aus und legte mich aufs Bett, aber ich konnte nicht einschlafen. In der Morgendämmerung jenes Tages dachte ich an meine Großmutter und wünschte mir, sie lebte noch, dann hätte ich ihr all diese Geschichten so erzählt...

Der einäugige Esel

Es war einmal ein reicher Bauer, der viele Länder und Orte bereiste. Wenn er dann zurückkam, erzählte er von seinen Abenteuern in der Fremde, und die Bauern achteten ihn sehr, weil viele von ihnen nie die große Welt draußen gesehen hatten. Der Bauer hielt sich für den klügsten Mann im Dorf, denn nicht einmal der Dorfälteste wagte es, ihm zu widersprechen. Er heiratete eine junge und kluge Frau, hatte aber keine Achtung vor ihr. Wenn sie ihm einen Rat geben wollte, unterbrach er sie: »Schweig, von dir brauche ich keinen Rat. Ich weiß es besser!«

Eines Tages kaufte der Mann auf einer seiner Reisen für hundert Piaster einen einäugigen Esel. Seine Frau war erbost über den schlechten Handel, und sie versuchte, ihrem Mann zu erklären, daß er von den Städtern reingelegt worden sei, aber dieser schrie sie nur an: »Was verstehst du schon vom Handel? Dieser Esel ist kein einfaches Lasttier. Er ist klug und weise. Du wirst es sehen.« Er fütterte den Esel mit dem besten Getreide. Dieser war aber ein gemeines Tier. Er schlug fortwährend aus, sobald sich die Frau ihm näherte. Wenn sie sich beschwerte, verhöhnte der Bauer sie.

»Er ist klüger und nützlicher als du«, sagte er und zeigte ihr, wie sanftmütig der Esel wurde, wenn er auf ihn zuging. Und in der Tat, der Esel fügte sich ergeben dem Willen seines Herrn, was dieser ihm auch immer befahl. So begann die Frau, den Esel zu hassen.

Kurze Zeit später mußte der Bauer wieder eine Reise antreten und er befahl seiner Frau: »Gib gut acht auf den Esel, laß ihn keinen Hunger leiden. Was du ihm zufügst, tust du mir an.«

Gegen Mittag kam ein Händler, der Kleider und Schmuck von Haustür zu Haustür feilbot. Der Frau gefiel eine schöne Halskette und ein Kleid aus gutem Stoff, und so bot sie dem Mann kurzerhand den Esel dafür. Der Händler schaute auf den wohlgenährten Esel und da er sich wünschte, endlich seinen müden Rücken von der Last seines schweren Bündels zu befreien, nahm er den Esel und zog davon.

Nach einer Woche kehrte der Bauer zurück. Seine Frau schmückte sich mit der Kette und zog das schöne Kleid an, doch ihr Mann interessierte sich nicht für sie. »Wo ist der Esel, Frau?«

»Lieber Mann«, erwiderte sie, »ich ging, wie du mir befohlen hast, ihm Futter zurechtzumachen. Die beste Gerste habe ich ihm gebracht, und was sehe ich da? Er hatte sich inzwischen in einen Richter verwandelt. Er sagte mir, er hätte keine Lust mehr, in deinem stinkenden Stall zu stehen und dich mit deinem fetten Bauch zu tragen. Das hat der verdammte Esel gesagt und ist in die Stadt gegangen, um über die Menschen zu richten.«

»Das habe ich nun von diesem undankbaren Vieh! Ich werde ihm zeigen, wer der Herr und wer der Esel ist. Hat er dir gesagt, wo er ist?«

»Ja, am Gerichtshof in der Hauptstadt.«

»Na warte, ich werde ihn zurückbringen!« rief der Mann und beeilte sich, in die nahe Hauptstadt zu kommen. Dort fragte er nach dem Gerichtshof, und als er das prächtige Gebäude sah, stöhnte er: »Natürlich hast du es hier besser, aber ich bin nun mal dein Besitzer.« Er nahm ein Büschel Gras und lief suchend von Raum zu Raum, bis er einen einäugigen Richter fand. Er betrat den Saal, wedelte mit dem Gras und rief: »Komm! Komm, komm! Du Verfluchter, hast du die Gerste vergessen, die du bei mir gefressen hast? Komm!«

Da fragten ihn die Leute, die im Gerichtssaal saßen: »Was sagst du, Mann?«

»Der Richter ist mein Esel«, antwortete er. »Er hat meine Frau zum Narren gehalten. Sie ist ein dummes

Weib. Aber er hat auch noch mich beschimpft. Jetzt sitzt er da und spielt den Richter. Nicht mit mir! Komm, du Hurensohn, komm!« rief er wieder und wollte zum Richter vortreten.

»Und woher weißt du, daß der Richter wirklich dein Esel ist?« wollte einer der Anwesenden wissen.

»Er ist einäugig«, antwortete der Bauer bestimmt.

Die Leute lachten. »Der Esel bist du! Weißt du, daß dieser Richter dich mit einem Wink seines Fingers an den Galgen bringen kann? Sei doch froh, daß er dich nicht gehört hat, du Dummkopf!« Sie warfen den Bauern hinaus.

Inzwischen war der Richter auf die Unruhe im Saal aufmerksam geworden und fragte nach dem Grund. Einer erzählte ihm von dem verrückten Bauern. Der für seine Weisheit berühmte Richter hörte die Geschichte und lächelte. »Laßt den Mann hereinkommen!« befahl er. Der Bauer zitterte vor Angst. »Hab keine Angst, komm näher«, beruhigte ihn der Richter, und als der Mann ganz nahe bei ihm stand, fragte der Richter leise: »Wieviel war ich damals als Esel wert?«

»Fünfhundert Piaster, Euer Ehren!« sprach der Mann mit trockener Kehle.

»Nun, hier sind deine fünfhundert Piaster, nimm sie und geh nach Hause, aber sei so gut und verrate es niemandem hier, sonst kann ich nicht mehr richten.« Er gab dem Bauern das Geld, und dieser eilte erleichtert davon.

Zu Hause angekommen, fragte ihn seine Frau: »Nun, was hast du erreicht?«

»Was habe ich dir gesagt?« antwortete er. »Der Esel war doch kein gewöhnliches Lasttier. Der Verfluchte saß auf einem schönen Stuhl und richtete über die Menschen. Und wenn ich nicht so klug wäre, hätte er mich an den Galgen gebracht.«

Das war die letzte Angeberei dieses Mannes, denn von nun an hörte er auf seine Frau und lebte glücklich bis zum Ende seiner Tage.

Die Befreiung der Träume

In alter Zeit lebte eine arme Witwe mit ihren beiden Kindern, Hassan und Fatima. Ihr Mann, ein armer Holzhauer, war kurz nach der Geburt der Tochter gestorben. So lebte die Frau in Armut und erzog die Kinder in großer Not. Tag für Tag ging sie in das nahe Kloster und half dort bei der Wäsche, in der Küche und im Garten, und des Abends kehrte sie erschöpft nach Hause zurück, knotete ihr kleines Bündel auf und gab Hassan und Fatima das bißchen Essen, das sie aus dem Kloster mitgebracht hatte.

Als Hassan vierzehn Jahre alt war, wurde die Mutter eines Tages vor Erschöpfung krank. »Mutter«, sagte Hassan, »wir haben nur noch für zwei Wochen Mehl und Salz, Zwiebeln und Kartoffeln. Ich will hinausgehen und mir Arbeit suchen.«

»Aber mein Sohn, du bist noch ein Kind«, erwiderte die Mutter mit schwacher Stimme. »Bete mit deiner Schwester, damit ich schnell gesund werde und wieder im Kloster arbeiten kann.«

Hassan zog dennoch hinaus, aber so sehr er sich auch bemühte, er fand den ganzen Tag keine Arbeit. Als es dunkel wurde, sah er in der Ferne die Lichter eines großen Schlosses und eilte dorthin. Es war bereits spät, als er das Schloßtor erreichte. Er klopfte an, ein großer Mann öffnete und schaute Hassan an. »Was willst du hier?« fragte er.

»Ich suche Arbeit. Haben Sie Arbeit für mich, Herr?«

»Sicher, aber bei mir wirst du es nicht aushalten. Niemand hält es hier länger als eine Woche aus.«

»Ist die Arbeit so schwer?«

»Nein, die Arbeit ist kinderleicht, aber ich mag es nicht, wenn ein Knecht sich ärgert. Bist du oft zornig?«

»Oft nicht, aber manchmal schon.«

»Dann wirst auch du es bei mir nicht aushalten. Sobald du zornig wirst, verlierst du deinen Lohn und wirst auch nie mehr träumen können.«

Hassan hielt den Mann für verrückt. Er lächelte und dachte bei sich: Die Alpträume der letzten Wochen und Tage können mir gestohlen bleiben. Doch er setzte eine ernste Miene auf.

»Wieviel würden Sie mir zahlen?« fragte er.

»Wenn du bei mir arbeitest und dich nicht ärgerst, bekommst du in der Woche ein Goldstück. Das bekommst du am Samstagabend. Wenn du dich aber ärgerst, so bekommst du keinen Groschen und verlierst deine Träume für immer. Willst du trotzdem bei mir arbeiten?«

»Habe ich richtig gehört, daß ich ein Goldstück für die Woche bekomme?«

»Ja, wenn du dich aber...«

»Ich ärgere mich nie«, unterbrach Hassan ihn freudig und betrat das Haus.

Schon am selben Abend erklärte der Schloßherr, was Hassan zu tun habe. Jeden Morgen die dicke Kuh melken, das edle Pferd im Hof zehn Runden am Zügel führen, am Nachmittag den Perserteppich säubern und weiche Kissen darauf legen, den Weihrauch in der kleinen silbernen Schale anzünden und den exotischen Matebrockentee servieren. Das machte er jeden Tag. Die Arbeit war nicht schwer; Hassan wunderte sich jedoch über das große Schloß. Fünfhunderteinundzwanzig Zimmer zählte er. Fünfhundertzwanzig Zimmer durfte er betreten. Ihre Böden waren aus Marmor, die Wände aus Silber und die Decken aus Gold. Nur ein Zimmer war immer verschlossen.

Eine alte Frau erschien jeden Tag vor der Morgendämmerung, putzte bis zum Sonnenuntergang und verließ dann wieder das Haus. Sie war stumm und schwarz gekleidet. Ihr finsterer Blick war Hassan unheimlich. Und wenn sie an die verschlossene Tür kam, so bekreuzigte sie sich und eilte vorbei. Hassan arbeitete eifrig und lächelte von Tag zu Tag zufriedener. Nacht für Nacht lag er in seinem Kämmerlein unter dem Dach und träumte von dem Augenblick, in dem er seiner Mutter stolz das Goldstück überreichen wollte. Damals konnte eine Familie einen ganzen Monat lang von einem Goldstück leben. Freitag abend schwor Hassan bei allem, was ihm teuer und heilig war, daß er sich am nächsten Tag nicht ärgern würde, was immer der Schloßherr auch machen würde. Mit diesem Entschluß hüpfte er am frühen Samstagmorgen aus dem Bett und lief zuerst in die Küche. Er machte wie an jedem Morgen Feuer im Herd und ging pfeifend in den Kuhstall. Dort molk er die Kuh und kehrte mit der Milchkanne in die Küche zurück, wo der Herr bereits auf ihn wartete.

»Einen wunderschönen Morgen wünsche ich Ihnen!« rief Hassan, doch der Schloßherr lächelte nur merkwürdig. »Zeig mal her!« herrschte er seinen Knecht an, riß ihm die große Milchkanne aus der Hand und schaute hinein. »Du hast davon getrunken!« schrie er.

»Aber Herr, ich trinke nie Milch. Sie bekommt mir nicht.«

»Du wagst zu behaupten, daß ich lüge?« brüllte der Schloßherr wild.

»Nie im Leben, Herr, ich habe bloß ...«, doch Hassan konnte nicht zu Ende reden, denn der zornige Herr leerte die Kanne über seinem Kopf aus. Hassan kochte vor Wut, doch er biß die Zähne zusammen, als der Schloßherr ihn fragte: »Ärgerst du dich?«

»Nein«, antwortete Hassan und wunderte sich über das teuflische Lachen seines Herrn.

»Wenn du dich nicht ärgerst, ist es nur gut für dich. Geh und führe das Pferd aus.«

Hassan ging davon, er wischte die Milch von seinem

Gesicht und kochte innerlich über die Schmach. Draußen war es eiskalt. Seine nassen Kleider klebten an seiner Haut. Hassan zitterte. »Bloß nicht ärgern lassen, bloß nicht...«, murmelte er. Er führte das Pferd am Zügel zehn Runden im großen Hof herum, wie jeden Tag. Seine Finger schmerzten, und seine schlechten Schuhe lösten sich langsam vor Nässe auf, doch er mußte die zehn Runden durchhalten. Fast erfroren trat Hassan in die Küche und wollte seine Hände am Kamin wärmen.

»Du bist aber heute sehr schnell fertig«, donnerte die Stimme des Schloßherrn. »Waren das zehn Runden?« fragte er und lachte.

»Ja, Herr, es waren zehn Runden.«

»Bist du rechtsherum oder linksherum gegangen?« fragte der Herr wieder. Hassan schaute ihn erstaunt an, denn eine solche Frage hatte er nicht erwartet.

»Links... nein... rechtsherum wie immer.«

»Um Gottes willen!« rief der Mann entsetzt. »Deshalb ging es meinem edlen Pferd so schlecht. Linksherum mußt du gehen, also mach zehn Runden, um die falschen auszugleichen, und dazu zehn richtige Runden, damit mein Pferd sich wieder wohl fühlt.«

»Aber Herr, es ist sehr kalt...«

»Ein Knecht widerspricht seinem Herrn nicht, es sei denn, er hätte sich geärgert. Hast du dich geärgert?«

»Nein, ich ärgere mich nie!« flüsterte Hassan und stürzte hinaus. Er zog das Pferd zwanzig Runden linksherum und flüsterte immer wieder: »Bloß nicht ärgern, es ist bald vorbei.« Als er erschöpft das Pferd in den Stall brachte, stand die stumme Putzfrau da, als hätte sie auf ihn gewartet. Sie blickte ihn mit besorgten Augen an, lief auf ihn zu, drückte fest seine Hände und lächelte, als wollte sie ihm Mut machen. Doch Hassan stieß sie von sich. »Du bringst mir noch Pech heute, laß mich in Ruhe«, rief er und eilte ins Haus.

In der Küche saß der Schloßherr hinter dem großen

Tisch und speiste. Mehrere Schüsseln mit bunten und herrlich duftenden Gerichten füllten den Tisch. Hassans Magen knurrte vor Hunger, denn er hatte noch keine Zeit gehabt, zu frühstücken. Er wollte sich ein Stück Brot abschneiden und es mit einem kleinen Stück Käse essen. Der Schloßherr aber lachte laut: »Was sehe ich da? Willst du etwa essen?«

»Ja, Herr, ich habe noch nicht gefrühstückt.«

»Habe ich dir nicht gesagt, daß meine Knechte am letzten Tag nichts essen dürfen?« fragte er und grinste Hassan an.

»Nein, Herr, das haben Sie nicht gesagt«, antwortete Hassan, und die Wut stieg in seiner Brust auf.

»Dann habe ich es vergessen. Jetzt kann ich es dir sagen. Du darfst nichts essen und schon gar nichts trinken. Bist du darüber verärgert?«

»Nein, Herr, ich kann den Tag auch ohne Essen verbringen. Ich ärgere mich nie!« rief Hassan und wollte hinausgehen, aber der Schloßherr brüllte fast vor Lachen.

»Ich sehe es, mein Kleiner, du fängst an, dich zu ärgern, deshalb darfst du nicht aus der Küche gehen. Du mußt hier in meiner Nähe bleiben«, befahl er und begann wieder zu essen. Er schmatzte und stöhnte vor Genuß.

Hassan dachte zum ersten Mal über die sonderbaren Gerichte nach, die der Schloßherr täglich zu sich nahm, ohne daß irgendein Koch sie zubereitete. Wenn er sich satt gegessen hatte, verschwand alles so plötzlich, wie es aufgetischt worden war. Nie hatte Hassan so genau hingeschaut wie an jenem Samstag. Eine große Angst lähmte ihn, als er hörte, wie der Schloßherr schwärmte: »Oh, wie lecker die Träume der Knechte sind.«

Immer wieder fragte der Schloßherr, ob Hassan sich ärgere, dieser antwortete nicht mehr, sondern schüttelte nur noch den Kopf. Mit Mühe konnte er seine Tränen zurückhalten. Als der Herr mit dem Essen fertig war, rief er: »Und nun mach mir meine Sitzecke zurecht!« Hassan stand auf und ging mit langsamen Schritten in den großen Raum, wo er jeden Nachmittag den Perserteppich bürstete und die weichen Kissen aufschüttelte, damit der Schloßherr im angenehmen Duft des Weihrauchs seinen Tee genießen konnte. Doch als Hassan den ohnehin sauberen Teppich abgestaubt hatte, trat der Schloßherr mit verdreckten Stiefeln auf den Teppich und ging ein paarmal hin und her, um dann wieder hinauszugehen. Der Teppich war nun richtig schmutzig, und Hassan mußte von vorne anfangen. Doch alsbald betrat der Schloßherr wieder den Raum und verschmutzte erneut den Teppich.

»Aber Herr!« stöhnte Hassan.

»Was ist?« lachte der Mann zurück. »Ärgert es dich, daß ich immer wieder komme? Wenn das so ist, brauchst du es nur zu sagen, dann komme ich nicht mehr.«

»Nein, es ärgert mich überhaupt nicht«, knirschte Hassan und schrubbte weiter. Erst am späten Nachmittag zog der Schloßherr seine schmutzigen Stiefel aus. Er klopfte auf Hassans müde Schultern und brüllte: »Jetzt ist der Tee fällig!« Hassan schleppte sich in die Küche, um den Matebrockentee aufzukochen. Dort traf er die alte Frau wieder. Sie lächelte ihn an und drückte seine erschöpften Hände. Hassan wollte sie von sich stoßen, da er sehr verärgert war, aber die alte Frau hielt seine Hände fest und lächelte. Sie stieß unverständliche Laute aus und zeigte auf das verschlossene Zimmer, aber Hassan verstand nicht, was sie sagen wollte. Er kochte den Tee, stellte die Kanne und die vorgewärmte Tasse auf das silberne Tablett und trug es zum Schloßherrn. Der Matetee duftete anregend, doch als der Mann den ersten Schluck genommen hatte, spuckte er aus und stieß die Tasse fort.

»Was ist das nur für ein Sud? Hast du den guten Tee ausgetrunken und bringst mir stattdessen den zweiten Aufguß?« schrie er.

»Aber Herr! Bei der Seele meines Vaters! Ich habe keinen Tropfen davon getrunken«, stammelte Hassan ängstlich.

»Du Lügner, du! Willst du mich quälen?« rief der Schloßherr und warf mit der Teekanne nach Hassan. Sie traf ihn mitten im Gesicht und fiel zu Boden.

Hassans Geduld erstarb bei dieser Demütigung. »Genug!« schrie er und trat die Kanne gegen die Wand. »Was soll das? Ich habe mich die ganze Woche abgeschuftet, und nun willst du mich um die Frucht meiner Arbeit bringen. Jawohl, ich ärgere mich über deine Schweinereien. Ich könnte dich erwürgen. Was glaubst du, wer du bist? Hm?« Hassan schrie, wie er noch nie geschrien hatte, aber den Schloßherrn schien dies nur zu amüsieren. Er wälzte sich auf seinen weichen Kissen vor Lachen. Hassan erkannte nun, daß er verloren hatte. Er nahm seine Jacke und ging. Die Rufe des Schloßherrn hallten ihm nach: »Deine Träume werden mir schmecken... deine Träume werden mir schmecken...«

Hassan heulte, als er das Schloßtor hinter sich zuschlug. Die alte Frau saß auf einem flachen Stein vor dem Tor. Sie begrub ihren Kopf in den Händen und weinte. Hassan rannte mit letzter Kraft nach Hause, aber erst um Mitternacht erreichte er das Haus. Er sah eine kleine Kerze am Fenster und konnte die Mutter im Bett liegen sehen, da das einzige Zimmer ihrer Hütte keinen Vorhang hatte. Fatima saß neben ihr und nähte. Nacht für Nacht stellte sie die Kerze ans Fenster, denn sie hatte geschworen, nie das Licht ausgehen zu lassen, solange ihr Bruder noch in der Fremde war. Hassan zögerte lange vor der Tür. Er schämte sich, mit leeren Händen hineinzugehen. Er hörte die Mutter fragen, ob Hassan je zurückkehren würde. Fatima beruhigte sie und sagte, daß er sie nie vergessen würde. Hassan, der diese Worte vernahm, wäre am liebsten vor Zorn und Trauer gestorben. Endlich faßte er Mut und betrat das Zimmer. Die Freude der beiden war unbeschreiblich, doch Hassan weinte nur und erzählte von seinem Unglück. »Wenn ich etwas klüger gewesen wäre, so hätte ich den Schloßherrn noch die paar Stunden ertragen. Ich bin dumm.«

»Nein Bruder, du bist klüger als alle Schloßherren der Erde. Du warst aber nicht aufsässig genug. Warte hier bei der Mutter. Ich will mein Glück versuchen und dir deine Träume zurückholen.«

»Aber Tochter, du bist erst zwölf und so klein und schwach«, klagte die Mutter, doch Fatima machte sich am nächsten Morgen auf den Weg. Sie wußte, daß es im Hause nur noch für eine Woche Vorrat gab. Hassan beschrieb ihr den Weg zum Schloß, und so war es für Fatima nicht schwer, es schon am frühen Nachmittag zu erreichen. Sie klopfte an und wartete. Die stumme Putzfrau kehrte im Hof. Sie schaute kurz auf, schüttelte den Kopf und arbeitete weiter.

»Ach, wen haben wir denn da?« rief der Schloßherr. »Ein kleines Mädchen! Hast du dich verirrt oder willst du um ein Stück Brot betteln?«

»Ich hatte gestern einen Traum, und er führte mich in dein Schloß. Ich folgte ihm und verlor meinen Weg nicht«, antwortete Fatima.

»Was für einen Traum? Und warum führte er dich zu mir?« belustigte sich der Schloßherr.

»Ich soll hier eine Woche lang arbeiten und reich und glücklich zurückgehen.«

»Ich brauche hier zwar jemanden, aber du wirst es nicht aushalten. Bei mir darfst du dich nicht ärgern, denn dann verlierst du deinen Lohn und deine Träume.«

»Und was bekomme ich für die Woche?«

»Diese Goldmünze«, sagte der Schloßherr.

»Zeig her, was mir gehören soll!« antwortete Fatima. Der Schloßherr war erstaunt über ihre Frechheit, doch er zog aus seiner Manteltasche eine glänzende Goldmünze und reichte sie Fatima. Sie nahm die Münze, warf sie mehrmals auf den Boden und horchte auf ihren Klang, dann schaute sie mißtrauisch die Münze an und biß in ihre Kante. »Sie ist echt«, bestätigte sie.

»Aber du darfst dich nicht aufregen. Wenn du dich nämlich ärgerst, wirst du gar nichts bekommen, und du verlierst deine Träume«, wiederholte der Schloßherr und öffnete das Tor, so als wüßte er, daß die Goldmünze jeden verführt.

»Ich ärgere mich nie«, antwortete Fatima und betrat den Hof. »Aber was ist, wenn du dich ärgerst?«

»Ich? Kein Mensch auf der Erde kann mich ärgern!« rief der Schloßherr amüsiert.

»Aber was ist, wenn du dich doch ärgerst?« lachte Fatima hell.

»Dann bekommst du zwei Münzen«, antwortete der Schloßherr und zeigte Fatima, was sie zu tun hatte.

Am nächsten Tag arbeitete Fatima, sang und lachte und beobachtete den Schloßherrn, der kurz vor dem Mittagessen das verschlossene Zimmer aufsuchte, für eine kurze Weile hineinging und fröhlich herauskam. Der Tisch deckte sich plötzlich mit den schönsten Gerichten, Früchten und Weinen. Gierig aß der Herr und sang: »Oh, wie gut die Träume schmecken.« Abends ging er wieder in das Zimmer hinein, und als er wieder herauskam, hörte Fatima ihn vor dem Schlafengehen singen: »Oh, wie weich die Träume mein Bett machen.« Fatima versuchte mit aller Kraft, das Schloß zum geheimnisvollen Zimmer aufzukriegen, aber sie schaffte es nicht. Erschöpft fiel sie zu später Stunde auf die Heumatratze in ihrem Kämmerlein und schlief sofort ein. Am nächsten Morgen grüßte Fatima die alte Frau und lächelte sie an. Als diese sich am Vormittag ermüdet an die Wand im großen Korridor lehnte, ging Fatima zu ihr, streichelte ihre vernarbten Hände und lächelte sie wieder an. Die Frau schaute jedoch weg.

»Hat er dir deine Träume geraubt?« fragte Fatima. Die

Frau drehte sich zu dem jungen Mädchen, ihre Augen waren voller Tränen. Sie nickte. »Und deine Worte, hat er sie dir auch gestohlen?« bohrte Fatima weiter. Die Frau nickte erneut. Fatima umarmte sie. »Hab keine Sorge, wir werden einen Weg finden«, ermunterte sie die Alte.

Am späten Abend wartete Fatima, bis der Schloßherr ins Bad ging. Sie folgte ihm. Als sie hörte, wie er in der großen Badewanne sang, schlich sie in den Umkleideraum. Dort lagen die seidenen Kleider und die goldene Kette mit dem kleinen Schlüssel zum verschlossenen Zimmer. Fatima zog einen Wachsklumpen aus ihrer Tasche und nahm von dem Schlüssel einen Abdruck. Das Blut erstarrte in ihren Adern, als der Schloßherr rief: »Es zieht, es zieht. Ich sehe alles. Bewege dich nicht!« Doch Fatima rannte hinaus und legte sich ins Bett. Nach einer Weile spürte sie, wie der Schloßherr die Tür zu ihrer Kammer öffnete und die Öllampe hochhielt. »Nein, die schläft!« flüsterte er und ging.

Am nächsten Morgen drückte sie der alten Frau den Wachsklumpen in die Hand, und diese eilte damit in die Stadt. Am Freitag kam sie und überreichte Fatima einen kleinen Schlüssel aus Messing. Fatima wartete, bis der Schloßherr schlafen gegangen war. Dann nahm sie den Schlüssel und schlich barfuß zum Zimmer. Ihr Herz klopfte stark, als sie den Schlüssel ins Schloß steckte. Sie drehte ihn um und siehe da, die Tür öffnete sich. Ein buntes Licht strahlte ihr entgegen, als sie das Zimmer betrat. Sie blieb wie angewurzelt stehen. Tausende von kleinen goldenen Käfigen hingen in dem großen fensterlosen Zimmer. In jedem Käfig flatterte hilflos ein Schmetterling. Ihre Flügel schimmerten und strahlten wie tausend kleine Monde und Sterne. Nur mit Mühe konnte sich Fatima zurückziehen. Nicht nur die Schönheit der Schmetterlinge machte es ihr schwer, sondern auch der Gedanke, daß sie sie noch in Gefangenschaft lassen mußte, bis der ersehnte Augenblick gekommen wäre.

Am Samstagmorgen strahlte der Schloßherr Fatima erwartungsvoll an.

»Wenn du diesen Tag aushältst, dann wirst du um eine Goldmünze reicher«, rief er und lachte listig.

»Ich träumte, daß ich um zwei Münzen reicher würde«, erwiderte Fatima.

»Träumerin! Sieh nun zu, daß du die Milch holst, bevor sie in den Eutern meiner teuren Kuh zu Joghurt wird«, befahl er.

Fatima nahm die Kanne, lächelte der alten Frau zu, die vor der Küche den Boden fegte, und ging pfeifend in den Stall. Dort schaute sie die fette Kuh an und sprach: »Was machst du hier? Du arme Kuh! Fressen und schlafen, um gemolken zu werden. Bald wird er dich schlachten, weil du immer weniger Milch gibst. Geh in den Wald, dort ist das Leben gefährlich, aber doch lebenswert.« Sie öffnete bei diesen Worten die Tür, gab der Kuh einen kräftigen Schlag mit der flachen Hand auf den Hintern und kehrte mit der leeren Kanne ins Haus zurück. Als hätte sie die Worte verstanden, rannte die Kuh schnell in den nahen Wald und verschwand nach einer kurzen Weile im Dickicht.

»Was? Du hast die Kuh noch nicht gemolken?« brüllte der Schloßherr, als er Fatima mit der leeren Kanne sah.

»Die Kuh hat keine Lust mehr. Ich kam, um sie zu melken, da sprach sie: ›Geh und sage dem fetten Zweibeiner, ich habe keine Lust mehr hier zu verblöden, damit er noch fetter wird. Ich haue ab.‹ Das hat sie gesagt und ist wirklich auf und davon gegangen.«

»Was? Meine teure Kuh ist fortgelaufen?« schrie der Mann und sprang vom Sessel auf.

»Ärgerst du dich darüber?« fragte Fatima und lächelte.

Der Schloßherr bemerkte sofort seinen Fehler. Er grinste: »Nein, ich glaube dir aber nicht. Sattele mir das

Pferd. Ich werde hinausreiten und die Kuh fragen, ob sie dir das gesagt hat, und wenn du gelogen hast, dann mußt du den Stall mit deiner Zunge putzen, aber ohne dich zu ärgern. Beeile dich, ich habe keine Zeit.«

Fatima eilte in den Stall. Sie befreite das Pferd vom Zügel und sagte: »Pferd, schau, wie schön du ohne Zügel ausschaust. Draußen sind die Berge und Flüsse, die deine Hufe begehren. Geh! Was willst du in diesem stinkenden Stall?« Bei diesen Worten gab sie ihm einen Klaps auf den Hintern, und das Pferd rannte wie ein Pfeil davon.

»Das Pferd«, sagte Fatima, als sie zum Schloßherrn zurückkehrte, »hatte keine Lust mehr dich zu tragen. Es sagte, du seist viel zu schwer für seinen Rücken, und für das bißchen Hafer lohne es sich nicht, die Schmach bei dir zu ertragen. Das Pferd will lieber die Welt bereisen, und wenn es einen noch schlimmeren Menschen als dich trifft, so wird es zurückkommen.«

»Ich werde verrückt. Mein edles Pferd ist weg. Ich höre nicht richtig!« schrie der Schloßherr.

»Doch, doch, aber ich sehe schon, daß du dich ärgerst«, lachte Fatima.

»Nein!« brüllte er. »Kühe und Pferde sind käuflich, und was ich mit meinem vielen Gold erwerben kann, das kann mich nie ärgern. Nun geh und mache mir einen Tee.«

»Jetzt schon?«

»Ja, jetzt. Samstag ist ein ungewöhnlicher Tag.«

»Ich habe aber noch nicht gefrühstückt«, antwortete Fatima und nahm einen Brotlaib aus dem Korb.

»Ich habe vergessen«, heuchelte der Schloßherr, »dir zu sagen, daß meine Knechte am Samstag nicht essen dürfen. Laß das Brot und beeile dich, mir einen Tee zu kochen.«

»Wenn ich nicht esse, werde ich schwerhörig und vergeßlich. Was hast du zuletzt gesagt?«

»Matebrockentee!« brüllte der Schloßherr.

»Komisch! Den willst du trinken?«

»Was ist daran komisch? Ich trinke ihn jeden Tag«, erwiderte der Herr laut.

»Bist du sicher?«

»Ja!« stöhnte er.

Fatima werkelte eine Weile am Herd und kehrte mit einer großen, dampfenden Tasse zurück. Der Herr nahm einen Schluck und mußte sofort husten und spucken. »Was ist das denn?« schrie er und wischte sich angewidert den Mund.

»Altesockentee«, antwortete Fatima.

»Was hast du gekocht?«

»Alte Socken. Ich habe mich auch gewundert und dachte, ich irre mich, doch du hast gesagt, jawohl, ich will das trinken.«

»Ich habe Matebrocken und nicht alte Socken gesagt«, knurrte der Schloßherr.

»Entschuldige mich bitte. Mein leerer Magen betäubt meine Ohren. Ärgerst du dich jetzt?« fragte Fatima.

»Ich?« lachte der Herr verbittert. »Nein, aber bald ist es Mittag, und du wirst hoffentlich deinen Hunger ertragen.«

»Doch, du ärgerst dich, aber du willst es nicht zugeben«, entgegnete Fatima und eilte hinaus. Die alte Frau strahlte ihr entgegen. »Nur noch ein paar Stunden, dann wirst du deine Träume wiederhaben«, flüsterte Fatima und half der Frau bei ihrer Arbeit auf dem Hof. Kurz vor Mittag hielt sie inne und schaute die Frau an. »Jetzt ist es so weit.« Die Frau ließ den Besen fallen und eilte mit Fatima ins Haus. Fatima öffnete die Tür zum Gefängnis der Schmetterlinge und befreite sie alle aus ihren goldenen Käfigen. Sie flatterten aus dem Zimmer und flogen aus dem Haus hinaus wie ein Bündel Farben. Zwei Schmetterlinge landeten auf dem Kopf und dem Mund der alten Frau, küßten sie, und die Frau lachte und sprach: »Mein Name ist Mariam.« Fatima und Mariam fielen sich in die Arme, und als sie dem letzten Schmetterling ans Licht geholfen hatten, schlossen sie leise die Tür und gingen wieder auf den Hof hinaus.

Es dauerte nicht lange, bis sie das Gebrüll des Schloßherrn hörten. »Wo sind die Träume? Wer hat sie gestohlen? Wo sind die Träume? Wie soll ich jetzt noch essen und ruhig schlafen?«

Mariam zischte: »Warte, du verfluchtes dickes Schwein, wenn du erst meinen Besen schmeckst, wirst du bestimmt ruhig schlafen.« Fatima bog sich vor Lachen, als der Schloßherr plötzlich an der Türschwelle stand und die sprechende Mariam anstarrte »Du ... ka ... ka ... kannst ... wie ... wieder sprechen?«

»Bist du taub geworden, du Esel?« antwortete Fatima und schüttelte sich vergnügt vor Lachen.

»Du hast also die Schmetterlinge geraubt!« sprach der Herr mit trockener Kehle.

»Und du hast dich geärgert. Gib es zu!« rief Fatima.

»Jawohl, das hat mich geärgert, aber du wirst keinen Groschen sehen, weil du eine Diebin bist!« empörte sich der Schloßherr. Fatima griff nach einem kräftigen Ast, und Mariam nahm den Besen. »Das werden wir sehen«, sagten sie und schlugen so lange auf den Mann ein, bis er um Gnade bettelte und jeder von ihnen zehn Goldstücke gab. Mariam umarmte Fatima, küßte sie und tanzte mit ihr im Kreis, dann aber eilte sie davon. »Leb' wohl, tapferes Mädchen!« rief sie immer wieder, bis sie hinter dem Hügel verschwand. Fatima ging geradewegs durch den Wald, als sie das Pferd wiehern hörte, das ihr entgegengetrabt kam. Fatima sprang auf das Pferd und ritt davon. Es war schon dunkel, als sie ihre kleine Hütte erreichte. Sie freute sich über die Genesung ihrer Mutter und die Freude ihres Bruders. Tagelang hatte er nicht schlafen können, bis an diesem Tag ein bunter Schmetterling ins Haus geflattert kam und ihn auf die Stirn küßte, um danach wieder in den blauen Himmel aufzusteigen. Sofort fiel er in einen tiefen Schlaf und träumte von Fatima. Die Mutter kochte den feinen Matetee, den Fatima mitgebracht hatte, und sie hörte mit Hassan bis tief in die Nacht die Geschichte, die ich gerade zu Ende erzählt habe.

Der Fuchs als Pilger

Als der Fuchs alt geworden war und keine fette Beute mehr machen konnte, stieg er auf einen hohen Stein und rief laut: »Hört, ihr lieben Tiere! Ich will hiermit verkünden, daß ich all meine Sünden bereue. Viele von euch habe ich reingelegt. Nicht einmal vor dem Löwen habe ich haltgemacht.«

»Das kann man wohl sagen«, brüllte der Löwe.

»Ja, ja, du warst der Meister der Lüge«, meckerte eine Ziege. »Und nun, was willst du uns jetzt weismachen?« fragte die Eule erhaben und blickte in die Ferne.

»Ja genau, was für einen Trick hast du, altes Schlitzohr, jetzt wieder auf Lager?« jaulte der Wolf, der so oft unter dem Fuchs gelitten hatte.

»Gar nichts will ich euch weismachen«, antwortete der Fuchs und senkte die Augen, »ich habe jetzt erkannt, daß das Glück der Frommen dauerhafter ist als das der Listigen. Ich will allein zu unserem heiligen Ort pilgern. Ich habe euch zusammengerufen, damit ich Abschied nehmen und euch um Verzeihung bitten kann. Man kann nie wissen, die Reise geht durch die Wüste und über die Berge, und überall lauert unser aller Feind: der Mensch. Vielleicht muß ich wegen meines lausigen Pelzes dran glauben. Daher ist es mein innigster Wunsch, euch alle um Vergebung zu bitten, wenn euer großes Herz...« Dicke Tränen erstickten seine letzten Worte.

Der Löwe kratzte sich am Ohr. »Höre ich richtig? Der Fuchs will ein frommer Pilger werden?«

»Eher werde ich Vegetarier, als daß ein Fuchs jemals sein Herz der Frömmigkeit öffnet!« erwiderte der Wolf mißtrauisch.

»Man sollte nicht so unbarmherzig sein«, widersprach die Gans.

»Ja genau, schaut doch seine Tränen«, bestätigte ein Hammel, als eine Ziege die Gans auslachte.

Die Tiere debattierten lange, doch der Fuchs rief plötzlich: »Lebt wohl, ihr barmherzigen Tiere!« Und nun fühlte sogar der skeptische Wolf Mitleid mit dem reuigen Fuchs. »Komm gesund zurück, zieh in Frieden!« hallten die Rufe der Tiere ihm nach.

Noch viele andere Tiere waren auf der Pilgerreise. Sie schlossen sich zu kleinen Reisegesellschaften zusammen, um die Strapazen der Reise zu mildern und die Langeweile der öden Strecke zu verkürzen. So gesellten sich am nächsten Tag ein einsamer Hahn, ein Pfau, eine Gans, ein Rabe und ein Hase zum Fuchs.

Der Hase hetzte die Mitreisenden zu immer schnellerem Gang. Er rannte ihnen voraus, hielt kurz an und rief zurück: »Wo bleiben denn die Tapferen?«

Als es dunkel wurde, brachen die Tiere erschöpft zusammen, doch der Hase hüpfte ganz vergnügt im Kreis herum, als mache ihm das Reisen überhaupt keine Mühe.

»Also mir geht er langsam auf die Nerven. Er ist viel zu schnell«, flüsterte der Fuchs. »Mir auch, ich habe kein Gefühl mehr in meinen Füßen«, bestätigte die Gans. Auch die übrigen grollten dem Hasen, bei dessen Anblick sie sich um Jahre gealtert fühlten.

»Was haltet ihr davon, wenn ich ihn verjage?« fragte der Fuchs.

»Wie willst du das anstellen?« fragte der Pfau.

»Er verwechselt Schnelligkeit mit Tapferkeit. Ich werde ihm aber zeigen, daß er es zwar in den Beinen, aber nicht im Herzen hat. Ich werde ihn so erschrecken, daß er sich seiner Feigheit schämt und im Dunkeln verschwindet«, sprach der Fuchs leise und beobachtete den Hasen, der auf einem Hügel saß und den Mond betrachtete. Nicht einmal der ansonsten so mißtrauische Rabe fand den Vorschlag schlecht, dem Angeber etwas Bescheidenheit beizubringen. So geschah es, daß der Fuchs zum Hasen hinüber schlich. Nach einer Weile hörten alle den Hasen erschrocken um Hilfe rufen. Die Tiere lachten. Ein jämmerliches Piepsen folgte, dann trat Stille ein.

Es dauerte lange, bis der Fuchs zurückkehrte. »Ich habe ihn so erschreckt«, sagte er, »daß er uns für immer in Ruhe lassen will.« Immer wieder prahlte er mit seiner Tat, bis der Hahn gähnte. »Ich muß schlafen gehen!« sagte er.

»Warum so eilig? Laßt uns doch etwas miteinander die Nacht genießen. Es ist eine Ewigkeit her, daß so verschiedenartige Tiere in solcher Eintracht miteinander reisten«, sagte die Gans, doch der Hahn setzte sich auf einen abseits stehenden Baum und war nach einer Weile fest eingeschlafen. Die anderen unterhielten sich bis tief in die Nacht. Alsbald aber weckte sie der Hahn. Schon in der ersten Morgendämmerung krähte er so laut, daß seine Reisegefährten erschreckt hochfuhren und ihn böse anstarrten.

»Muß das sein?« fragte der Fuchs.

»Ich verstehe die Hühner nicht. Sie verzichten auf die süße Nacht, um den Lebewesen mit ihrem Krach den Morgen zu vergällen«, jammerte die Gans.

»Munter sollt ihr werden, ihr Anbeter der Nacht. Habt ihr noch nie den weisen Spruch gehört: Morgenstund' hat Gold im Mund?« krähte der Hahn, doch der Rabe konnte die Augen kaum öffnen. Er gähnte und nickte wieder ein.

»Ja und, was hat man davon, wenn man vor lauter Müdigkeit nicht einmal den eigenen Schnabel aufsperren kann?« bemerkte der Pfau schroff.

»Wer zuerst kommt, mahlt zuerst!« setzte der Hahn sein Gekrächze fort.

»Hat dich eine Eule aufgezogen, daß du in der Morgendämmerung und auf nüchternen Magen solche Weisheiten ausspuckst?« fragte der Fuchs erbost, doch durch nichts ließ sich der Hahn seine gute Laune verderben. Er stupste den Raben an.

»Auf geht's, Sohn der Finsternis. Kein Wunder, daß deine Stimme so gräßlich ist. Nur wenn sich deine Augen an Sonne und Morgenluft laben, wirst du Gold in deiner Kehle haben«, krähte er laut, doch der Rabe winkte ab. »Geht nur«, gähnte er, »ich fliege euch nach.« Und so setzte die Pilgergesellschaft ohne ihn ihre Reise fort.

Gegen Mittag wachte der Rabe ausgeruht auf. Er stillte seinen Hunger auf den nahen Feldern und flog dann hoch in den Himmel, um nach seinen Weggenossen Ausschau zu halten, doch weit und breit waren sie nicht mehr zu sehen. Eine herrliche Landschaft erstreckte sich unter seinen Augen und verlockte den Raben zum Bleiben, doch Raben ziehen eine gesellige Hölle einem einsamen Paradies vor. So eilte der Rabe gen Süden. Erst am frühen Nachmittag holte er die ermatteten Pilger ein. Sie fluchten alle über den Hahn, der sie aus dem Schlaf gerissen hatte, doch der Sonnenwecker ermahnte sie, sich vor der Verführung der Nacht in acht zu nehmen. Als es Abend wurde und der kühle Wind heraufzog, legten sich die Reisenden nieder. Der Mond stieg in den klaren Himmel und bezauberte die Ermüdeten. Der Pfau, der schon in seinen jungen Jahren an den vornehmsten Höfen Dichtung und Gesang gelernt hatte, hob an, die Schönheit des Mondes zu preisen, doch der Hahn krähte: »Geh lieber schlafen, kranker Fuß, sonst singst du uns morgen nur noch deine Klagelieder vor!« Er lachte verächtlich, hockte sich auf einen Ast und schlief sofort ein.

Der Pfau schaute verdutzt in die Gegend. »Also das macht mich langsam krank. Was geht das ihn an, wenn ich bis zum Mittag schlafe und die Nacht wach bleiben will?«

»Hühner sind nun mal besonders stumpfsinnig«, bestätigte die Gans.

»Ich finde es auch langsam öde, mit ihm zu reisen. Fromm werden wir sowieso bald und für immer. Was schadet es, daß man die Augen an dem Glanz deiner Federn weidet, wenn sie der Mond mit seiner zärtlichen Hand berührt«, sprach der Fuchs zum Pfau. Dieser stieß einen Freudenschrei aus und schlug sein Rad. Pfauen schätzen das Lob über alles.

»Er schnarcht schon«, krächzte der Rabe und schüttelte den Kopf.

»Der Gemeinschaft zuliebe werde ich euch von diesem Störenfried befreien!« brummte der Fuchs zornig.

»Mach, was du willst. Ich suche mir einen Platz aus, wo der Quälgeist mich nicht wecken kann«, sagte der Pfau und machte sich auf die Suche nach einem ruhigen Ort. Nach einer Weile folgte ihm die Gans. Auch dem Raben fielen bald die Augen zu. Mit letzter Kraft flog er in den Wipfel eines alten Walnußbaumes und schlief alsbald ein. Keiner von ihnen bemerkte, daß der Fuchs den Hahn fraß. Am nächsten Morgen standen alle erholt von ihrem ruhigen und langen Schlaf auf, und als der Pfau nach dem Hahn fragte, antwortete der Fuchs: »Ich habe es wider Willen für euch getan.« Die drei Vögel nickten verständnisvoll.

Es war eine anstrengende Reise. Der Weg führte durch eine Steppe, und die Sonne brannte erbarmungslos auf die Reisenden nieder. Mit letzter Kraft erreichten sie am Abend eine kleine Pfütze, in der sich etwas Regenwasser angesammelt hatte. Als die Gans die Pfütze erblickte, flog sie voraus und landete vergnügt mitten im Wasser. Nachdem sie genug getrunken hatte, planschte sie genüßlich im Wasser herum, daß es ganz trüb wurde. Als die drei durstigen Reisegenossen ankamen, starrten sie entsetzt in den schlammigen Brei. Die Gans drehte sich fröhlich singend im Wasser, doch langsam bemerkte sie die schlechte Laune ihrer Mitreisenden.

»Komm, genieß das nasse Element«, rief sie dem Pfau zu, doch dieser drehte nur angeekelt sein Gesicht zur Seite. »Es stinkt ja nach deinem Fett«, antwortete er. Nicht einmal der bescheidene Rabe mochte seinen Durst stillen. Das Wasser schmeckte ihm nicht. »Blöde Gans. Sie ist so selbstsüchtig. Sie geht über unsere verdursteten

Leichen. Ich könnte ihr den Hals umdrehen!« zürnte der Pfau.

»Gesagt, getan!« bellte der Fuchs und sprang der Gans an die Gurgel. Nach einem kurzen Kampf lag die Gans tot am Boden. Der Rabe zog sich angewidert zurück. Er hörte noch lange den Fuchs schmatzen. »Du hast es verdient, blöde Gans. Warum hast du auch das Wasser verdorben? Hm? Jetzt bist du sprachlos, was?« rief der Fuchs immer wieder.

Am nächsten Tag erreichten die drei eine Oase, in der viele Tiere eine Rast einlegten, bevor sie zur letzten und anstrengendsten Etappe ihrer Reise aufbrachen. Eine große Quelle spendete genug Wasser, das klar im Bache plätscherte.

»Was für ein Paradies!« freute sich der Fuchs beim Anblick der vielen fetten Enten, Hasen und Lämmer.

»Ja, wahrlich, und ich bin der einzige Pfau«, stellte der König der Vögel befriedigt fest.

»Was machst du mit einem solch langen Schwanz?« fragte ihn ein Lamm, das zum ersten Mal in seinem jungen Leben einen Pfau sah.

»Ich schlage ein Rad, das in seiner Schönheit Sonne und Mond übertrifft«, kreischte der Pfau und entfaltete seine Federpracht. Das Lamm erschrak und rannte blökend zu seiner Mutter.

»Oh, oh wie schön. Welch wunderbare Herrlichkeit!« staunten die Tiere, und der Pfau stolzierte herum. Der Fuchs ging auf und ab. Er flüsterte dem Raben zu: »Was für ein Angeber. Ich hätte ihn für seinen Hochmut gerne getadelt, doch er würde mir vorwerfen, ich sei eben ein Fuchs und verstünde die Seele der Vögel nicht.«

Auch der Rabe ärgerte sich über den Pfau und rief: »Hör auf anzugeben. Du platzt ja bald!«

»Bist du neidisch, Pechbruder?« gab der Pfau zurück. »Weder deine Kehle noch deine Federn sind mit

Schönheit gesegnet. Was hast du also Schönes an dir?« fügte er giftig hinzu.

»Ein kluges Köpfchen, du Federklump«, krächzte der Rabe.

»Köpfchen!« rief der Pfau und lachte. »Köpfchen, genau, Köpfchen!« kreischte er und brachte damit viele Tiere zum Lachen. »Willst du ein Loch in deinem Köpfchen haben?« Und bevor der Rabe antworten konnte, versetzte ihm der Pfau einen Hieb mit seinem kräftigen Schnabel und verletzte ihn am Kopf. Ein erbitterter Kampf brach aus. Viele pilgernde Tiere eilten entsetzt davon, andere versuchten Frieden zu stiften und den Streitenden Barmherzigkeit und Güte beizubringen, doch sie handelten sich nur Schnabelhiebe ein. Nach einer Weile war die Oase entvölkert. Nur der Fuchs schaute vergnügt dem Kampf zu. Der Rabe kämpfte tapfer, doch schließlich unterlag er der Übermacht des Pfaus. Verletzt schleppte er sich in eine Ecke und fing an, über sein Unglück zu klagen. Der Pfau stolzierte herum: »Laß es dir eine Lehre sein, Sohn der Nacht. Dem König mußt du dein Herz zu Füßen legen, sonst wirst du in deinem Leben noch viel zahlen!«

»Gib doch bitte nicht so an«, erwiderte der Fuchs, »du hast den tapferen Raben besiegt, weil du zehnmal größer bist als er. Du wirst dich aber vor einem Kampf mit einem gleich Starken drücken.«

»Ich nehme es mit jedem auf! Nicht einmal vor einem Tiger werde ich mich verstecken!« schrie der Pfau immer noch außer Atem zurück.

»Dann laß uns kämpfen! Nur so zum Spiel!« rief der Fuchs und sprang den Pfau an. Doch dieser wehrte sich mit kräftigen Hieben. Lange dauerte das Ringen, doch dann packte der Fuchs den Pfau am Hals.

»Laß das, das tut ja gemein weh«, winselte dieser, doch der Fuchs brach ihm den Hals. »Für dich, lieber Rabe, habe ich es getan«, säuselte er und fraß den Pfau.

Am nächsten Tag wanderten der Fuchs und der Rabe weiter, doch als es Mittag wurde, rief der Fuchs: »Mein lieber Weggenosse, laß uns hier eine kleine Rast machen. Der heilige Ort ist nicht mehr weit.« Der Rabe wollte sich einen schattigen Platz suchen, doch plötzlich sprang der Fuchs auf ihn zu und packte ihn: »Hast du gedacht, ich lasse dich am Leben, damit du den anderen erzählst, was ich getan habe?«

»Nein, du mußt mich fressen, ob du es willst oder nicht«, antwortete der Rabe verzweifelt. »Aber ich bitte dich um einen letzten Gefallen.«

»Und der wäre?« fragte der Fuchs und packte den Raben mit seinem Maul.

»Ich habe nicht verstanden, wie du mit deinem kleinen Maul den großen Hals des Pfaus umdrehen konntest. Wie weit kannst du dein Maul eigentlich öffnen?«

»So weit!« rief der Fuchs und sperrte sein Maul auf. Der Rabe sprang schnell heraus und flatterte davon. Nach einem kurzen Flug erreichte er den heiligen Ort. Dort standen Tausende von Tieren und beteten. Der Rabe kreiste über ihnen und sah viele Füchse unter den betenden Lämmern, Hasen und Fasanen. »Quark, Quark, daß der Fuchs ein Pilger wird, ist doch Quark, Quark!« krächzte er und zog seine Kreise. Viele Tiere schauten den Raben verärgert an. Sie riefen ihm zu, er solle mit seinen Rufen den Frieden des heiligen Ortes nicht stören, doch der Rabe kreiste über ihnen und rief: »Quark, das ist doch Quark, wenn der Fuchs den Pilger spielt, Quark, Quark!« Als zwei Adler ihr Gebet unter den Hühnern unterbrachen, um den Störenfried zu vertreiben, machte sich der Rabe davon, doch er fliegt bis heute in der Welt umher und ruft: »Quark, Quark!«

Die fünf Kläger

Vor langer Zeit, so erzählen die Großväter, lebte in Malula ein Mann namens Farag. Zusammen mit seiner Frau und seinen drei Kindern bewohnte er ein kleines Haus neben der Wasserquelle. Sein Bruder, der ein reicher Mann war, sehnte sich vergebens nach einem Sohn. Eines Tages bat er Farag: »Bete für mich, daß ich endlich Söhne bekomme. Gott ist eigenwillig, weder erreichen meine frommen Gebete sein Ohr noch können die Opfergaben meiner Frau sein Herz erweichen. Der Allmächtige erfüllt manchmal nur aus einer Laune heraus die Wünsche der Sündigen.« Farag lachte: »Wenn ich für dich bete und du Söhne kriegst, was willst du mir dafür geben, Bruder?«

»Ich will dir ein Lamm geben«, antwortete der Bruder. Farag, der seinen Bruder und seinen Geiz gut kannte, erwiderte: »Und was ist, wenn du dein Versprechen nicht hältst?«

»Aber Bruder! Hast du kein Vertrauen zu mir? Wenn ich mein Wort nicht halte, darfst du mir mitten im Sonntagsgebet vor allen Gläubigen hundert Ohrfeigen geben.«

»Gut!« stimmte Farag zu und betete. Nach neun Monaten brachte seine Schwägerin einen schönen Sohn zur Welt. Farag freute sich über das Kind und noch mehr über das versprochene Lamm. Doch als er den Bruder an sein Versprechen erinnerte, wollte dieser davon nichts wissen. »Ein Lamm?« rief er entsetzt. »Reicht es nicht, daß ich die Amme und das Fest zur Geburt bezahlen mußte? Dein Gebet hat mich ruiniert«, er lachte bitter. »Sei doch froh, daß ich dich dafür nicht blechen lasse.«

»Gut!« antwortete der wortkarge Farag und wartete auf den Sonntag. Er war seit seiner Kindheit nicht mehr in der Kirche gewesen, doch an jenem Sonntag ging er hin. Sein Bruder stand mit den Honoratioren des Dorfes in der ersten Reihe. Farag war ein kräftiger Bursche. Er ging zu seinem Bruder, warf ihn zu Boden und fing an, ihn zu ohrfeigen, während der Pfarrer von der Liebe zum Feind predigte. Die Männer, die in den vorderen Reihen saßen, rannten entsetzt hinzu, um den Störenfried hinauszuwerfen, doch Farag stieß sie zurück und ohrfeigte seinen Bruder weiter. Dann übermannten ihn die Männer. Er aber schrie: »Ich bin erst bei der dreiundzwanzigsten angekommen. Laßt mich!«

Nach dem Kirchgang wollte Farag sich nicht versöhnen. »Entweder bekomme ich das Lamm oder ich gebe ihm die restlichen siebenundsiebzig Ohrfeigen!« brüllte er. Der Bruder wollte vom Lamm nichts hören, dafür aber Schmerzensgeld für die Ohrfeigen haben. Als alle Bemühungen der angesehenen Männer des Dorfes, Frieden zwischen den Brüdern zu stiften, scheiterten, empfahlen sie den Brüdern, zum Kadi nach Damaskus zu gehen. Beide willigten ein und machten sich am nächsten Morgen auf den Weg in die Hauptstadt. Sie wanderten den ganzen Tag, und als es dunkel wurde, erreichten sie Kabun, einen Vorort von Damaskus.

»Ich habe hier einen angesehenen Freund, bei dem ich übernachten kann. Sieh zu, daß du irgendwo eine billige Absteige findest«, sagte der Bruder.

»Du weißt doch, ich habe kein Geld. Ich werde vor dem Haus deines Freundes auf dich warten. Geh nur«, antwortete Farag.

Der Bruder wurde vom reichen Händler herzlich empfangen. Er ließ ihm nicht nur die schmackhaftesten Gerichte und Früchte vorsetzen, sondern unterhielt seinen Gast auch mit den Klängen seiner Laute. Farag hockte auf der Straße, roch den würzigen Duft, hörte die lieblichen Melodien und aß sein trockenes Brot mit den gekochten Malven, die seine Frau ihm als Proviant für die

Reise mitgegeben hatte. Da trat die Frau des Händlers zu ihm hinaus, lachte und fragte: »Du bist also der unbarmherzige Bruder! Was ißt du da, Mann?«

»Was willst du von mir? Du siehst es doch selbst!« erwiderte Farag abweisend.

»Malven?« staunte die Frau. »Kann man so etwas überhaupt essen? Ich muß euch arme Bauern beneiden, was ihr alles erfindet. Ach, wie schön ist doch das einfache Leben!«

»Laß mich in Ruhe«, brummte Farag.

»Ich lasse dich nicht, bevor du mir einen Mundvoll Malven gegeben hast. Ich muß sie probieren«, säuselte die Frau.

»Verschwinde. Meine Frau hat mir nur so viel mitgegeben, daß ich nicht verhungere. Ihr habt genug zu essen!« antwortete er und fing an, seine Brote und den kleinen Topf Malven in sein Bündel einzuschnüren.

»Ich gehe nicht, bevor du mir nicht einen Mundvoll Malven geschenkt hast. Du lehnst schließlich deinen Rükken an unsere Mauer. Dafür mußt du mir Malven geben, sonst rufe ich meinen Mann«, drohte sie.

»Ich werde mich nicht mehr an eure Mauer lehnen. Und Malven gebe ich dir auch nicht, selbst wenn du stirbst«, erwiderte Farag und rückte von der Mauer ab. Die Frau fing an zu schreien: »O, mein Mann, der Fremde wünscht mir den Tod!« Sie schrie so laut, daß ihr Mann herausgerannt kam, sie hineinschickte und zu Farag trat. »Was erlaubst du dir, dummer Bauer?« brüllte er.

»Verschwinde!« sprach Farag mit trockener Kehle und schaute in die Ferne. Doch der Händler gab sich nicht zufrieden. »Willst du eine Tracht Prügel? Du sitzt im Schatten meiner Mauer und beleidigst mich. Weißt du, daß ich drei Typen wie dich zum Frühstück verspeisen kann?« sprach der Mann und beugte sich über Farag.

»Du bist betrunken, Mann, geh nach Hause!« entgegnete dieser.

»Hört ihr Leute, was der Lausige will. Er will mich nach Hause schicken. Mich, den Händler Hamad Ibn Hamdan, will dieser Feigling herumkommandieren. Weißt du, daß der Sultan nur vor Gott, den Löwen und der Hamdansippe Angst hat?« brüllte er und schlug mit seiner schweren Hand auf die Schulter des schweigsamen Bauern.

»Ich weiß es nicht, Mann, laß mich in Frieden«, sprach Farag leise und beschämt, weil immer mehr Nachbarn herauskamen und sich über die Streitenden amüsierten. Auch der Bruder stand an der Türschwelle des Hauses und lachte.

»Jetzt wird er leise«, brüllte der Händler und schlug Farag noch einmal auf die Schulter. Die Nachbarn lachten. »Und du willst Hamad beleidigen?« fragte der Händler und beugte sich zu Farag hinunter. Da holte Farag aus und schlug dem Händler mit aller Kraft ins Gesicht, so daß dieser hinfiel und regungslos auf dem Rücken liegenblieb. Die Nachbarn schrien laut, trugen den bewußtlosen Händler ins Haus und schlichen sich leise an Farag vorbei, der bereits eingeschlafen war. Am nächsten Morgen trat der Bruder mit dem Händler aus dem Haus und weckte Farag. »Mein Freund Hamad wird dich verklagen«, sagte er, »weil du seine Frau bedroht, seine Mauer mißbraucht und ihn grundlos geschlagen hast.«

»Gut«, erwiderte Farag und ging vor ihnen her. Doch es verging keine halbe Stunde, als ein Mann zu Farag gerannt kam. »Hör mal, Bruder«, sagte er leise, »ich habe gestern abend alles gesehen. Laß dir helfen, Bruder, sonst bist du verloren.«

»Und warum willst du mir helfen?«

»Ich liebe die Bauern. Bruder, es kostet dich nur wenig. Ich werde den Händler beschuldigen«, sprach der Mann und hielt Farag am Hemd fest.

»Laß mich in Ruhe, außer Malven und Brot habe ich nichts. Ich will auch niemanden beschuldigen.«

»Bruder, du bist ein Idiot. Du bist verloren. Wenn ich

mich dem Händler als Zeuge anbiete, dann macht er dich fertig. Sei vernünftig«, zürnte der Mann und schüttelte Farag.

»Laß mich doch los!« rief dieser verzweifelt und schubste den aufdringlichen Kerl von sich. Dieser drehte sich im Kreise und fiel zu Boden. Dann begann er, entsetzlich zu schreien, und bedeckte sein Gesicht mit den Händen. Doch Farag ging ungerührt weiter und hielt erst an, als sein Bruder ihm zurief: »He, Farag, du Unglücksrabe, du hast dem Mann ein Auge ausgeschlagen.« Farag staunte darüber, weil er den Burschen an der Brust und nicht im Gesicht getroffen hatte.

»Dann soll er über mich Klage führen.« So gingen sie zu dritt hinter Farag her.

Ein Bauer, der sein Pferd mit Holz beladen hatte, um es nach Damaskus zu bringen, überholte Farag, doch alsbald brach der Gaul unter der Last zusammen. Der Bauer schrie:

»Hilfe, Hilfe, mein Gaul erstickt unter seiner Last. Helft mir doch, in Gottes Namen, helft mir, ihn aufzurichten.« Die drei Kläger gingen grinsend an dem Unglücklichen vorbei. »Du solltest deinen Gaul nicht so überladen«, riet der Bruder. »Du hättest ein Maultier nehmen sollen. Es verkraftet mehr als ein Pferd«, meinte der Händler. »Ich kann dir günstig ein Maultier beschaffen«, sagte der einäugige Zeuge. Nur Farag eilte zum Holzhauer und versuchte, den Gaul am Zügel hochzuziehen, dann packte er ihn am Schwanz und half ihm mit einem Ruck auf die Beine, doch dabei riß er den Schwanz ab.

Wütend rief der Holzhauer: »Du hast mir meinen Gaul verdorben; du mußt mir den Preis dafür bezahlen.«

»Ich habe kein Geld«, erwiderte Farag beschämt.

»Dann werde ich gegen dich Klage führen«, sagte der Holzhauer.

»Es sind ihrer schon drei, die gehen, gegen mich Klage zu führen; geh auch du noch mit, dann sind es ihrer vier.«

So zogen sie weiter. Als sie nun in die Nähe des Rathauses kamen, wo der Richter saß, bekam Farag Angst. Er suchte Schutz in der Moschee, doch seine vier Kläger rannten hinter ihm her. Er flüchtete auf das Minarett, aber auch dorthin folgten sie ihm. Da rief er verzweifelt: »Geht und laßt mich armen, unglücklichen Mann in Ruhe, sonst bringe ich mich um.« Doch seine Verfolger eilten die Treppe zu ihm hinauf; da sprang er von der Spitze des Minaretts. Es hatte sich jedoch ein Mann im Schatten der Moschee zur Ruhe hingelegt. Als Farag sich nun vom Minarett hinabstürzte, fiel er auf den Schlafenden und erdrückte ihn. Da packten ihn dessen Angehörige; so wurden es ihrer fünf.

Die fünf Ankläger schleiften Farag vor den Richter. Dieser fragte: »Was hast du, Mann, mit diesen fünf Klägern angestellt, daß sie, obwohl einander fremd, gegen dich doch einig sind?« Farag erzählte die Geschichte mit seinem Bruder. Der Richter fragte den Bruder und hörte genau zu, dann entschied er: »Du gibst ihm auf der Stelle fünfhundert Piaster. Hundert davon für das Lamm und vierhundert für dein nicht eingelöstes Wort. Worte sind teurer als Lämmer. Zahlst du nicht, so lasse ich dich dafür neun Monate ins Gefängnis werfen. Neun Monate lange wartete dein Bruder geduldig auf das Lamm, und genau so lang mußt du hinter Gittern auf die Freiheit warten.« Der Bruder nahm widerwillig seinen großen Geldbeutel, zählte fünfhundert Piaster auf den Tisch und verließ den Saal.

»Und nun zum angesehenen Händler Hamad aus der edlen Familie Hamdan. Warum hast du ihm die Nase blau geschlagen?« fragte der Richter, der die Familie Hamdan gut kannte und hoch schätzte. Farag erzählte die Geschichte, dann ließ der Kadi den Händler erzählen. Er hörte genau zu, dann sprach er: »Ich bin bitter enttäuscht. Weshalb hast du den armen Mann nicht zum Essen eingeladen? Stattdessen verlangt deine Frau einen

Mundvoll Malven als Miete für die Mauer. Warum nicht auch noch für die Luft, die der arme Teufel in der Nähe deines Hofes geatmet hat? Ist der Mund deiner Frau noch nicht voll genug mit alldem, was die Hamdan besitzen? Du gibst dem Mann siebenhundert Piaster, weil du ihn vor allen Nachbarn mit deinem Hochmut beleidigt hast. Nun zu dir, mein Freund. Was ist denn heute mit dir los?« fragte der Richter und grinste den einäugigen Mann an, denn er kannte ihn als Gelegenheitszeugen für jeden, der zahlte.

»Dieser Bauer hat mir das rechte Auge ausgeschlagen.«

Farag wollte reden, doch der Richter erhob seine Hand. »Komm näher«, rief er dem Einäugigen zu, »ich will das Auge sehen.« Der Zeuge zögerte, doch er trat zum Richter. »Komisch«, sagte dieser. »Das Auge ist weg, ohne daß du einen Blutstropfen verloren hast. Das ist ja ein Wunder. Ich möchte sehen, wie das geht. Farag soll dir das andere Auge ausschlagen, und wenn das andere auch nicht blutet, so darfst du ihm ebenfalls beide Augen ausschlagen.«

»Aber Herr, dann verliere ich mein Augenlicht!« rief der Einäugige entsetzt.

»Es soll Gerechtigkeit herrschen«, antwortete der Richter streng, wandte sich an Farag und rief: »Ohrfeige ihn, bis das Auge herausspringt«, doch der Einäugige schrie: »Erbarmen, Herr! Ich habe gelogen. Hier ist mein Glasauge. Ich wollte doch nur etwas Geld verdienen. Dieser Mann ist unschuldig.«

»Nun ist die Sachlage anders geworden. Du darfst dein Auge behalten, aber du zahlst dem Unschuldigen vierhundert Piaster und läßt dich nie mehr am Gerichtshof blicken.« Der Einäugige zahlte seine Piaster und ging gesenkten Kopfes hinaus.

»Meine Sache ist aber gerecht«, rief der Holzhauer und erzählte lobend vom Bruder, dem Zeugen und dem Händler, die ihm gute Ratschläge gegeben hätten, und schimpfte fürchterlich auf Farag, der ihm den Gaul verdorben habe. Der Richter hörte genau zu und forderte Farag auf, seine Geschichte zu erzählen. »Herr!« sagte dieser. »Ich könnte nie so weise Ratschläge geben wie mein Bruder und die anderen. Ich sah den Mann in Bedrängnis und half ihm, so gut ich konnte. Doch ich weiß als Bauer, ein Gaul verdirbt an den Zähnen und nicht am Schwanz.«

Der Richter lachte. »Gut«, sprach er zu dem Holzhauer, »gib ihm deinen Gaul, damit er ihn zur Arbeit benutzt, bis dem Tier ein neuer Schwanz gewachsen und es nicht mehr verdorben ist, dann kannst du es dir wieder bei ihm holen.«

»Aber was ist, wenn meinem Gaul kein Schwanz wächst? Lieber soll er ohne Schwanz mein Holz tragen, als daß ich meinen Rücken damit schinde«, jammerte der Holzhauer und wollte gehen, doch der Richter befahl ihm, hundert Piaster für seine Undankbarkeit zu zahlen.

»Und nun zu dir«, wandte sich der Kadi an den fünften Kläger.

»O Herr, mein Neffe lag im Schatten der Moschee unter dem Minarett, da sprang dieser Gottverfluchte auf ihn und tötete ihn.« Der Richter fragte Farag, weshalb er vom Minarett gesprungen sei, und dieser antwortete: »Als ich mit den vier Klägern die Stadt erreichte, bekam ich Angst. Was wiegt die Wahrheit gegen vier Lügen? Das fragte ich mich und bekam von Schritt zu Schritt immer größere Angst. Ich war noch nie am Gerichtshof. Nun flüchtete ich in die Moschee, doch sie hetzten hinter mir her. Da wollte ich sterben.«

»Geh, lege dich unter das Minarett«, sprach der Richter zu Farag. »Der Onkel des Erdrückten soll hinaufsteigen und sich auf dich hinabstürzen.«

»Und was ist, wenn er sich im letzten Augenblick von der Stelle bewegt?« wollte der fünfte Kläger wissen.

»Hat er vor seinem Sprung deinen Neffen gebeten, auf der Stelle liegenzubleiben?« zürnte der Kadi.

»Gnade, Herr, vielleicht breche ich mir dann ein Bein oder gar den Hals.«

»So verschwinde!« rief der Richter. Er schaute Farag an. »Nun, geh deines Weges, guter Mann. Nimm das Geld und gib es für deine Kinder und deine Frau aus«, sprach er.

»Herr, ich kann nicht gut reden. Aber nimm fünfhundert Piaster von diesem Geld als Dank eines einfachen Mannes und Lohn für deine Bemühungen.« Der Richter aber erwiderte: »Gott segne es dir! Du bist ein armer Mann, ich begehre keinen Lohn von dir.« Da nahm Farag das viele Geld, kaufte drei Lämmer, ein Pferd, ein hübsches Kleid für seine Frau und viele schöne Sachen für seine Kinder.

Der Geizhals und die kluge Nachbarin

In der alten Stadt Damaskus lebte einst ein Händler, der war so geizig, daß er liebend gern mehr ein- als ausgeatmet hätte, wenn es ihm nur gelungen wäre. Er war einer der reichsten Händler der Stadt, doch er gab seinen Kindern und seiner Frau nichts anderes zu essen als Zwiebeln. Am Morgen frühstückten sie Zwiebeln, mittags aßen sie Zwiebeln und zur Nacht gab es wieder Zwiebeln. Seiner Frau aber rief er zu: »Frau, zum Frühstück bring eine Ente!« Und mittags: »Bring eine Gazelle!« Und abends: »Frau, heute abend wollen wir einen prächtigen Hammel essen!« Eine große Zwiebel nannte er einen großen Hammel, und eine kleinere Zwiebel nannte er eine Gazelle, und eine sehr kleine Zwiebel nannte er eine Ente.

Eines Tages fragte eine Nachbarin die Frau: »Sag mal, eßt ihr denn jeden Tag Hammel, Enten und Gazellen?«

»Ach, laß mich in Ruhe, Nachbarin!« antwortete die Frau und erzählte ihr traurig von ihren Blähungen. Die Nachbarin hörte aufmerksam zu, und als die Frau geendet hatte, sagte sie: »Hab keine Sorge, heute abend werde ich dir helfen.«

Mit diesen Worten verließ die Nachbarin sie, holte vier wegen ihrer Schlauheit bekannte Männer und besprach sich lange mit ihnen. Als es Abend geworden war, rief sie die Frau: »Komm, ich habe dir etwas zu sagen!«

»Hier«, sagte die Nachbarin, »nimm dieses Schlafmittel. Wenn du deinem Mann Kaffee zu trinken gibst, so tu es in den Kaffee.« Die Frau nahm das Schlafmittel an sich und ging nach Hause.

Nach dem Abendessen sagte ihr Mann: »Bring mir eine Tasse Kaffee, Frau, damit ich den Hammel verdauen kann.«

Sie brachte ihm den Kaffee, nachdem sie das Schlafmittel in die Tasse getan hatte. Da fiel der Händler in einen tiefen Schlaf. Sie aber rief voller Sorge die Nachbarin: »Er ist tot!«

»Fürchte dich nicht«, erwiderte diese. Dann kamen die Männer, welche die Nachbarin geholt hatte, packten den Händler und trugen ihn auf den Friedhof, wo sie ihn zwischen die Gräber legten. Sie zündeten ein Licht an und gaben ihm ein Gegenmittel ein. Der Händler kam langsam zu sich und hörte ein geheimnisvolles Flüstern.

»Rieche den Geruch jenes Toten in der Ecke, dann weißt du, was er zu Lebzeiten zu essen pflegte«, befahl einer.

»Meister aller Geister«, antwortete ein anderer, »dieser hat manchmal Zwiebeln gegessen.«

»So«, zürnte der erste, »dann prügele ihn ordentlich durch!« Da ergriff der andere ein Stück Holz und prügelte den Toten. Darauf sagte der Befehlshaber: »Nun, rieche an dem nächsten, siehe, was er zu essen pflegte.«

»Dieser aß Reis, Gemüse und selten Fleisch«, antwortete der zweite.

»So schlage diesen nicht«, befahl der erste.

Darauf kam der Riecher zum Händler. Er schnupperte an ihm und rief entsetzt: »Dieser aß am Morgen, Mittag und Abend nur Zwiebeln. Er hat seit Jahren kein Fleisch oder Gemüse gekostet.«

»So prügelt ihn alle drei«, befahl der Mann, »und schlagt ihn recht tüchtig.«

Die drei Männer schlugen auf den Geizhals ein, bis dieser verzweifelt schrie: »Ich bitte euch, ihr lieben Engel, ich werde keine Zwiebeln mehr essen.«

»Wirst du noch eine der verdammten Zwiebeln essen?« brüllte das Oberhaupt der Bande.

»Nein«, versprach der Händler schluchzend, »nie mehr werde ich welche anfassen.«

»Dann trink dieses Zaubermittel und wehe dir, du ißt auch nur eine einzige Frucht der Tränen. Du wirst daran sterben und jeden Tag eine Tracht Prügel von meinen Engeln beziehen.« Einer der Männer reichte dem erschrockenen Mann ein Glas Wasser, in dem das Schlafmittel aufgelöst war. Der Händler trank es und fiel wieder in einen tiefen Schlaf. Die Männer trugen ihn nach Hause, legten ihn wieder dorthin, wo sie ihn abgeholt hatten, und verschwanden.

Als es Morgen geworden war, weckte ihn seine Frau.

»Wach auf, o mein Gebieter, ich habe deine Ente schon zubereitet«, rief sie mit lieblicher Stimme.

»O nein, Frau, willst du, daß ich noch einmal geschlagen werde?«

»Wer hat dich denn so übel zugerichtet?« heuchelte die Frau.

»Heute nacht kamen die Engel«, erwiderte er. »Sie holten mich zum Orte der Vernichtung, und da war einer, er war der Oberste, der haßte die Zwiebeln. Er ließ seine Engel auf alle Toten einprügeln, die zu Lebzeiten Zwiebeln gegessen hatten. Oh meine Knochen!«

»Und was willst du jetzt machen, Mann?« fragte sie.

»Heute werde ich ein Schaf kaufen.« Er beeilte sich, zum Tiermarkt zu kommen.

Die Frau rannte zur Nachbarin, die dabei war, ihre Koffer zu packen, weil sie mit ihrem Mann für mehrere Monate verreisen wollte. »Deiner Klugheit verdanken wir es, daß wir heute endlich Fleisch essen«, frohlockte sie und wünschte der guten Nachbarin Glück und Gesundheit für die Reise.

Gegen Mittag kehrte der Mann zurück. Er trug einen Sack Kartoffeln auf der Schulter und zog ein junges Lamm hinter sich her. Seine Kinder freuten sich, doch alsbald sagte der geizige Händler: »Frau, das Lamm muß erst noch gefüttert werden, bis es ein Schaf ist. Bis dahin essen wir Kartoffeln.« So gab es nur noch Kartoffeln zu essen. Die Tage vergingen und der Geizhals erfand wieder neue Namen für die Kartoffeln. Er wurde mit der

Zeit sogar überglücklich, weil er hunderte von Namen für die verschiedensten Kartoffelgerichte erfunden hatte. Er nannte den Kartoffelpuffer Schnitzel, die gekochten Kartoffeln Lammkeule und die gebratenen Erdäpfel sogar Fisch. Die Kinder bettelten bei den Nachbarn um Küchenabfälle, weil der Händler keinen Groschen für Futter ausgeben wollte. Mit der Zeit wuchs das Lamm zu einem großen und fetten Schaf heran, doch wenn die Kinder ihren Vater fragten: »Vater, wann schlachtest du das Schaf?« so antwortete er: »Mit Weile.« Jeden Tag fragten sie ihn, und er antwortete immer: »Mit Weile.« Endlich riß der Frau die Geduld. »Jeden Tag sagst du den Kindern ›mit Weile‹; bis wann dauert denn deine Weile?« schrie sie ihn an. Da lachte der Mann. »Dieses Schaf«, sagte er dann, »schlachte ich nicht eher, als es Pfeffer macht und Sesamöl läßt.«

»Du machst dich lustig über mich!« erwiderte die Frau.

»Ich schwöre bei meinem Augenlicht und allen Heiligen, sobald es Pfeffer macht und Sesamöl läßt, werde ich es schlachten.«

Wenn das Schaf Wasser lassen wollte, so liefen die Kinder eiligst zu ihm und schauten zu, doch bald gaben sie die Hoffnung auf, weil das Tier weder Sesamöl gelassen noch Pfeffer gemacht hatte.

Als die Nachbarin zurückkehrte und die Geschichte hörte, kochte sie vor Wut. »Geh zu einem Gewürzkrämer und kaufe Pfeffer und Sesamöl. Lege am Abend den Pfeffer in Wasser und steh am anderen Morgen früh auf, fülle die Pfefferkörner in eine Schale und das Sesamöl in eine Tasse, und ehe dein Mann aus dem Bett aufsteht, stellst du sie unter das Schaf. Dann rufst du deinen Mann. Wenn er danach das Schaf nicht schlachtet, lasse ich ihn nochmal abholen und durchkneten.« Die Nachbarin gab der Frau Geld, damit diese Sesamöl und Pfeffer kaufen konnte, weil so etwas im Haushalt des geizigen Händlers nie gesichtet worden war.

Am anderen Morgen stand die Frau sehr früh auf und tat so, wie die Nachbarin sie geheißen hatte. Sie rief ihren Mann: »Steh auf, Mann, unser Schaf macht Pfeffer und läßt Sesamöl.« Der Händler traute seinen Augen nicht, doch als er den Pfeffer und das Sesamöl gekostet hatte, holte er den Metzger. Dieser schlachtete das Schaf, zog die Haut ab und zerteilte es. Darauf stellte sich der Händler vor seine Haustür und bot das zarte Fleisch für einen guten Preis an. Er war schon immer ein gerissener Verkäufer gewesen.

Die Kinder sahen das Gedränge der gierigen Käufer und bettelten: »Laß uns doch etwas Fleisch, Vater.«

»Jawohl, es wird genug übrig bleiben«, antwortete er, aber er ließ außer den vier Füßen nichts übrig.

»Wo ist das Fleisch, das du den Kindern versprochen hast?« fragte ihn seine Frau zornig.

»Eßt!« sagte er. »Ich habe die vier Füße zurückbehalten.«

»Was sollen wir denn mit ihnen machen?« fragte sie verbittert. Da holte er einen starken Faden, band die vier Füße daran und hängte sie an die Decke. Dann befahl er ihr, Brot zu bringen, und sagte: »Wenn ihr nun essen wollt, tupft daran und denkt an das fette, zarte Schaf.«

Traurig saßen die Kinder unter den Schafsfüßen und knabberten am trockenen Brot. Doch die Frau wartete, bis ihr Mann in sein Geschäft ging, nahm zwei der Schafsfüße von der Decke herunter, kochte sie und genoß sie mit ihren Kindern.

Abends kam ihr Mann heim, betrachtete die Schafsfüße und fragte zornig: »Wo sind die zwei Füße?«

»Es war ein heiliges Schaf«, antwortete die Frau ruhig.

»Was heißt das, Weib?« zürnte er.

»Es hatte nur zwei Füße, machte Pfeffer und ließ Sesamöl«, fuhr die Frau fort.

»Es müssen aber vier sein«, erwiderte er.

»Zwei!« sagte die Frau bestimmt.

»Frau, ich werde gleich sterben, waren es vier oder zwei?« entgegnete er.

»Zwei«, antwortete sie.

Der Händler fiel zu Boden. »Ich sterbe, waren es zwei oder vier?« fragte er kaum hörbar.

»Zwei!« sagte die Frau ruhig.

»Entweder bringst du das Totenhemd oder die zwei Schafsfüße; ich sterbe.«

Einige Nachbarn eilten herbei. »Er ist gestorben«, riefen sie, als sie den Händler auf dem Boden sahen. Einer rannte hinaus, um das Totenhemd zu holen, da kniete sich die Frau neben ihren Mann und sagte: »O Vater meiner Kinder, sie holen das Totenhemd, um es dir anzulegen.«

»Zwei oder vier?« hauchte er.

»Pfeffer und Sesamöl sind zwei, wie die Füße deines heiligen Schafes«, sagte sie.

Die Leute legten ihm das Totenhemd an, und zwei Männer gingen hinaus, um die Bahre zu holen.

Die Frau trat wieder vor ihn. »O Vater meiner Kinder, steh auf! Sie holen die Bahre«, flüsterte sie.

»Wieviele Füße hat das Schaf, vier oder zwei?« fauchte er sie leise röchelnd an.

»Sesamöl und Pfeffer sind zwei«, erwiderte sie.

»So mögen sie die Bahre holen. Ich bin gestorben«, gab er ihr zur Antwort.

Die Leute packten ihn auf die Bahre und trugen ihn zum Friedhof, wo ein tiefes Grab ausgehoben worden war. Sie begruben ihn und kehrten zurück. Ob er tatsächlich gestorben war oder lebendig begraben wurde, wußte niemand, aber seine Frau lud alle Nachbarn ein und feierte seinen Tod sieben Tage und sieben Nächte.

Blumer

Es ist kaum zu glauben, aber vor langer Zeit lebte ein Mann, der brauchte nur zu lachen, dann blühten die Bäume, auch wenn sie schon Früchte trugen. Nur wenige wußten, wie der Mann richtig hieß, die meisten nannten ihn seines wundersamen Lächelns wegen Blumer. Der Sultan aber hatte einen Garten, der trug keine Früchte und blühte auch nicht. Jahr für Jahr bemühte sich der Gärtner, aber auch wenn er blühende Sträucher für den Garten kaufte, so gingen sie am nächsten Morgen ein. Von Jahr zu Jahr wurde der Sultan beim Anblick seines Gartens grimmiger. Eines Tages erzählte ihm jemand von Blumer, der in einem Dorf nahe der Hauptstadt lebte. Der Sultan schickte also zu ihm. Doch Blumer war ein stolzer Mann.

»Was will der Sultan von mir?« fragte er die Gesandten.

»Wir wissen es nicht, aber du möchtest zu ihm kommen, er hat etwas mit dir zu besprechen«, antworteten sie.

»Geht hin und sagt ihm, Blumer habe keine Zeit für ihn«, erwiderte dieser.

Als die Botschafter zum Sultan zurückkehrten und ihm dies mitteilten, schickte er den Richter zu Blumer, und dieser begab sich mit zehn Reitern zu ihm. Blumer empfing sie und bot ihnen weiche Kissen und frisches Obst an. Doch der Richter hub alsbald an: »Der Sultan hat zu dir geschickt, Blumer, du möchtest zu ihm kommen und ihm deine Aufwartung machen, da er etwas mit dir zu bereden habe; du aber wolltest nicht kommen.«

»Was will er denn? Ich habe doch mit niemandem Streit gehabt, mich auch nicht mit meinem widerlichen Nachbarn gezankt; was habe ich mit dem Sultan zu tun, daß ich ihm meine Aufwartung machen soll?«

»Blumer, mein Bester, bist du zu müde, um zum Sultan, dem Herrscher aller Gläubigen, zu gehen, wenn er nach dir verlangt?« besänftigte ihn der Richter.

»Ich habe meine Steuern immer bezahlt, oder soll ich auch noch für mein Lächeln blechen?« ereiferte sich Blumer weiter.

»Blumer, du sollst nichts zahlen. Es ist nur ein Besuch. Der Sultan braucht dich so sehr, daß er mir den Befehl gab, so lange mit den zehn Reitern bei dir zu bleiben, bis du mitkommst«, erwiderte der schlaue Richter, weil er sich des Rufes seiner gefräßigen Reiter sicher war.

Blumer schwieg eine Weile, er schaute die grinsenden Reiter an, die im Nu die große Obstschale geleert hatten, und dachte nach. »Gut, laßt uns aufbrechen«, sagte er, stieg auf sein Pferd und ritt, vom Richter und dessen Reitern begleitet, zum Sultan in die Hauptstadt.

Wie sie nun auf dem Weg durch die Weinberge waren, hörte Blumer jemanden singen. Ein Weinberghüter wunderte sich über den fröhlichen Gesang des jungen Bauern und fragte ihn, weshalb er so vergnügt sei.

»Der Sultan hat nach Blumer geschickt«, erwiderte dieser, »da gehe ich zu dessen Frau, und deshalb bin ich so vergnügt.« Blumer stieg ab, tat so, als würde er seine Schnürsenkel binden, damit sich die Reiter etwas entfernten und lauschte dem Gespräch.

»Kennst du den Blumer?« fragte der Liebhaber.

»Nein«, erwiderte der Weinberghüter, »aber ich habe von seinem Lächeln gehört.«

»Ja, genau«, sagte der Liebhaber und lachte. »Er lächelt draußen, daß die Blumen blühen, und in seinen eigenen vier Wänden ist er dauernd schlecht gelaunt. Meine Geliebte sagt, er sei wie das Grab der Reichen, außen Marmor und innen Kadaver.«

Bei diesen Worten erbleichte Blumer. Er folgte mißmutig der Schar der Reiter bis zum Palast. Als sie zum Sultan kamen, rief dieser: »Holt den Hofnarren! Er soll Possen reißen, und holt den Affenführer, der soll Kunststücke zeigen, damit Blumer vergnügt wird und lacht.« Sie holten also den Hofnarren und den Affenführer. Die beiden sangen, spielten und tanzten; aber Blumer wollte nicht lachen.

Drei Tage lang hatte der Sultan Geduld, und er sparte weder mit Speisen noch mit den erlesensten Getränken, doch Blumer wurde von Tag zu Tag grimmiger und blasser. Am frühen Morgen des vierten Tages brüllte der König: »Blumer, meine Geduld ist zu Ende. Das Gastrecht auf drei Tage Bewirtung habe ich dir gewährt. Erst lehnst du meine Bitte ab, zu mir zu kommen, und dann geizt du mit einem Lächeln. Was für ein Herz hast du? Lache, damit mein Garten endlich blüht, oder ich werfe dich ins Gefängnis!« Doch Blumer schaute nur geistesabwesend in die Gegend und wollte am liebsten nach Hause. So ließ ihn der Sultan ins Gefängnis werfen.

Am nächsten Morgen grübelte Blumer im Gefängnis über sein Leben nach, als er plötzlich lustvolles Stöhnen aus der benachbarten Zelle vernahm. Er drückte sich an die Wand und hörte die Königin mit einem Gefangenen im Liebesspiel lachen und vergnügt schreien. »Kein Wunder«, sagte die Königin, »daß die Blumen bei ihm sterben. Sein Reich ist grenzenlos, sein Reichtum ungeheuer, und doch ist sein Herz hinter seinen Gittern arm, weil sein Palast auf einem Gefängnis gebaut ist, du mein Geliebter. Du bist von ihm gefangen und ihm doch überlegen. Dein helles Lachen schallt in meinem Ohr und erfreut mein Herz mehr als alle Reichtümer der Erde, dir und nur dir gehöre ich.« Blumer glaubte zu träumen, doch als die Königin die Zelle verließ, konnte er sie durch die Ritzen seiner Gefängnistür sehen. Es war tatsächlich niemand anderer als die junge Königin. Seine große Erleichterung ließ Blumer auf der Stelle in einen tiefen Schlaf sinken; denn in den vergangenen drei Nächten hatte er wegen seiner schweren Gedanken kaum geschlafen.

Doch plötzlich wachte er auf. Es war schon dunkel. Er hörte jemanden im Gang flüstern. Auf Zehenspitzen näherte er sich der Tür. »Oh, mein Gebieter, was ist dieser Trottel im Vergleich zu dir. Er nennt sich Richter und ist doch der Sklave seines Sultans. Ich könnte ihn erwürgen, wenn er von Gerechtigkeit quasselt. Nie fragt er mich, ob es mir recht sei, was er mir zumutet. Und du? Deine Stärke ist die Zärtlichkeit. Sie macht dich gerecht. Nur bei dir bin ich stark. Nur bei dir kann ich meinen Traum erleben.« Als der Mann während des Liebesspiels immer wieder zärtliche Worte flüsterte, erkannte Blumer die Stimme des jüngsten Wächters. Die zwei genossen ihre Sinnlichkeit in der karg eingerichteten Wächterecke bis Mitternacht. Langsam stieg in Blumer ein wohltuendes Lachen auf, denn ihm wurde seine und die Dummheit des Sultans und des Richters klar. Er lachte immer wieder vergnügt bis zur Morgendämmerung.

Als der Sultan am anderen Morgen aufstand und in seinen Garten ging, fand er ihn ganz in Blüten getaucht. Alsbald schickte er nach dem Richter. Dieser kam und war genau wie sein Herrscher von der Schönheit des Gartens ergriffen. »Dieser verfluchte Blumer«, flüsterte er, »drei Tage hast du ihn bewirtet. Musik, Hofnarren und Affenführer hast du ihm bringen lassen, damit er lächele. Doch er schenkte dir, o Herrscher der Gläubigen, kein einziges müdes Lächeln. Was hat er nun wohl im Gefängnis so erheiternd gefunden?«

»Das will ich auch wissen«, erwiderte der Sultan und befahl, Blumer aus dem Gefängnis zu holen.

»Wehe dir, Blumer«, begann der Sultan, als Blumer vor ihn trat, »drei Tage lang warst du hier. Weder mein Hofnarr noch mein Affenführer brachten dich zum Lachen. Auf Straußenfedern habe ich dich gebettet, und du hast dich nicht vergnügt. Ist das Gefängnis erheiternder als mein Audienzsaal? Haben die Flöhe und Wanzen im Gefängnis dein Herz mehr als meine Musikanten erfreut?«

»Herr«, antwortete Blumer, »dein Garten blüht, und dein Herz ist nun erleichtert. Laß mich gehen. Ich habe in deinem Gefängnis meine Wunde und meine Augen geheilt.«

»Was hast du in meinem Gefängnis erlebt, daß du geheilt wurdest?« fragte der Sultan erstaunt, doch Blumer hatte Angst, zu erzählen, was er erfahren hatte.

»Blumer!« zürnte der Sultan. »Willst du mich lächerlich machen? Sprich, oder ich lasse dich köpfen.« Bei diesen Worten zog auf einen Wink des Richters einer der Wächter sein Schwert und schritt drohend auf den knienden Blumer zu.

»Gib mir dein Wort, o mächtiger Sultan, daß ich nicht bestraft werde, wenn ich dir die Wahrheit sage«, rief dieser verzweifelt.

»Du hast mein Wort. Du darfst ungestraft alles sagen!« versicherte der Sultan. Blumer zögerte einen Augenblick, dann erzählte er von seiner Wunde, die erst geheilt wurde, als er von der Liebschaft der Königin und der der Richtersfrau erfahren hatte. Der König wurde blaß und dem Richter zitterten die Lippen vor Wut. Blumer schloß seine Rede leise mit den Worten: »Und ich habe gelernt, meine Frau zu achten und zu begehren. Ich bitte dich, o mächtiger Sultan, laß mich nach Hause gehen, um die verlorene Zeit nachzuholen.«

»O nein«, brüllte der König, »alles habe ich diesem Weib gegeben und sie betrügt mich mit einem Abtrünnigen. Komm, wir wollen alle drei gemeinsam in die Welt ziehen. Wenn wir die Frauen anderer Männer ebensolche Dinge tun sehen, wie sie uns widerfahren sind, so kehren wir zu unseren Frauen zurück; wenn wir aber finden, daß nur unsere Frauen sich gegen uns wenden, so kommen wir nie mehr zurück.«

»Aber Herr, ich glaube, die Männer sind auch daran...«, wollte Blumer einwenden.

»Schweig!« unterbrach der Sultan. »Ich habe dir Sicherheit gewährt, daß du sprichst, was du willst, aber nicht dafür, daß du meinen Befehl verweigerst. Entweder gehst du mit oder du stirbst!«

Auch der Richter wollte sein Unbehagen über das Vorhaben seines Herrschers kundtun, doch die Angst lähmte seine Zunge.

Nachdem der Sultan seinen treusten Wesir mit der Herrschaft während seiner Abwesenheit beauftragt hatte, legten die drei die einfachen Kleider der Derwische an und begannen, in der Welt umherzuziehen. Sie begaben sich in ein Dorf, und als es Abend wurde, klopften sie an eine Tür und fragten, ob sie im Hof schlafen dürften. Der Hausherr erlaubte es ihnen, befahl seiner Frau, den Derwischen zu essen zu geben, und wollte aus dem Haus gehen. Da fragte ihn der Sultan: »Bruder, wohin des Weges?«

»Lieber Derwisch, meine Pflichten habe ich getan. Ich arbeite hart und verwöhne meine Familie. Nun will auch die Seele ihre Nahrung. Ich gehe in ein Vergnügungslokal.«

»Und deine Frau?« fragte Blumer.

»Das Weib vergnügt sich mit Herd, Haus und Kinderhüten.«

»Blödmann«, flüsterte Blumer.

»Weltmann«, schwärmte der Sultan. Nur der Richter schwieg. Die drei aßen schnell und legten sich zur Ruhe. Sie taten jedoch nur so, als würden sie schlafen. Nach einer Stunde sahen sie einen Mann in den Hof schleichen.

»Wer sind denn die?« fragte dieser die Frau leise.

»Drei Derwische. Sie klopften bei uns an, und er spielte wieder einmal den großzügigen Herrn. Ich mußte sie beherbergen und bewirten, als genügten die sieben Kinder nicht. Nun laß uns aber die Stunden bis Mitternacht genießen.« Beide gingen hinein und vergnügten sich bis kurz vor Mitternacht. Leise stahl sich der Liebhaber davon, und nach einer kurzen Weile kam auch schon der Gatte nach Hause.

»Frau, wach auf, dein Herr ist da!« grölte er mitten im Hof, aber die Frau tat so, als würde sie schlafen, erst beim dritten Ruf kam sie heraus. »Frau, uns geht es traumhaft gut, nicht wahr?« rief er wieder und ging ins Badezimmer. Seine Frau eilte ihm nach. »Ja, Vater meiner Kinder, dir geht es gut, aber sei bitte leise, sonst wachen die Kleinen auf.«

»Was für ein undankbares Weib!« sagte der Sultan und legte sich schlafen.

»Was für ein Trottel!« flüsterte Blumer und wunderte sich darüber, daß der Richter schon schnarchte.

Am Morgen standen sie auf und begaben sich in einen anderen Ort. Sie hielten sich auf dem großen Platz der kleinen Stadt auf, bis es Abend wurde. Da trafen sie eine schöne Frau. Der Richter trat zu ihr und fragte: »Können wir bei dir übernachten? Wir können dich dafür bezahlen.«

»Freilich habe ich ein Zimmer für euch«, antwortete die Frau, »es ist bequemer und billiger als das Gasthaus, und wir haben das Geld nötiger als der Wirt. Kommt mit!«

»Und dein Mann«, erkundigte sich der Sultan. »Wo ist dein Mann?«

»Er ist verreist«, antwortete sie und lächelte. Der Richter grinste über das ganze Gesicht. Er feilschte nicht um den Preis, sondern eilte sogar der Frau voraus.

Als sie sich im kleinen Gästezimmer niederließen, brachte die Frau ihnen das Abendessen. Der Richter schaute den reich gedeckten Tisch an und sagte: »Frau, das können wir nicht bezahlen, wir sind arme Derwische.«

»Das braucht ihr nicht zu bezahlen«, erwiderte die Frau, »ihr habt das Zimmer gemietet, doch nun seid ihr unter meinem Dach und euch steht das Gastrecht zu. Lieber gehe ich anstelle meines Gastes hungrig zu Bett.«

»Und dein Mann? Wie ist er?« fragte der Sultan.

»Ach, lieber Derwisch. Er ist schwierig, und doch liebt er mich auf seine Art«, erwiderte die Frau.

»Aber du bist schön und begehrenswert«, sprach der Richter.

»Das weiß ich«, sagte die Frau, lächelte und ging hinaus. Kurz danach hörten die drei einen jungen Mann vor der Tür der Frau singen. Er besang mit flehender Stimme ihre Schönheit und Anmut. Die Frau machte das Fenster ihres Zimmer auf und rief dem Mann zu, er solle nach Hause gehen, aber das ermunterte den Verliebten nur zu noch lauterem Gesang, bis die Frau ihm den Mülleimer über seinem Kopf ausleerte. Lange warteten die drei und erst spät in der Nacht schliefen sie ein.

»Nun hast du, o Herrscher der Gläubigen, gesehen, wie bunt das Leben ist. Laß uns zu unseren Frauen zurückkehren und sie begehren«, sprach Blumer.

»Das Weib hat uns was vorgemacht. Es kann sich bei dieser Schönheit keine Frömmigkeit einnisten«, widersprach der Richter.

Am nächsten Tag suchte der Sultan auf dem Basar so lange, bis er eine Frau traf, deren Mann auch verreist war. Sie nahm zögernd die drei verarmten Derwische mit nach Hause, setzte ihnen ein bescheidenes Abendmahl vor und legte sich schlafen. Die ganze Nacht lauerten der Sultan und sein Richter, während Blumer genüßlich schnarchte. Am anderen Morgen wachte er frisch und munter auf, schaute die übernächtigten Gesichter seiner Weggenossen an und lächelte. »Du siehst, o mein Sultan, das Leben ist bunter als es die Herbstblätter sind. Laßt uns zurückkehren, ein Bad nehmen und unsere Frauen für jeden Stern am Himmel einmal küssen«, schwärmte er.

»Schaut, schaut, der Blumer ist ein Dichter geworden«, giftete ihn der Richter an. »Von wegen bunter als die Herbstblätter! Die Frauen sind alle gleich. Diese hier ist bloß diese Nacht des Betruges müde gewesen.«

»Und ich sage dir, Blumer«, bestätigte der Sultan, »wir müssen uns noch gründlicher in dieser kleinen Stadt umsehen.« So begaben sich die drei in einen anderen Stadtteil. Sie ruhten sich bis zum Abend in einem Kaffeehaus aus, dann gingen sie zu einem Gehöft. Dort begegnete ihnen eine Frau, die sie fragte: »Was wünscht ihr, Derwische?« Sie antworteten: »Wir wünschen nichts, wenn du aber irgendeine Kammer hast, so wollen wir heute nacht dort schlafen.«

»Ich habe keine!« erwiderte die Frau trocken.

»Sagst du die Wahrheit, Frau?« brüllte der Richter, doch der Sultan schlug ihm auf den Rücken und lächelte die Frau milde an. »Du hast vier oder fünf Kammern und willst doch keine für arme ermüdete Fremde haben?« fragte er mit leidender Stimme.

»In einer Kammer ist Holz, in einer anderen sind die Vorräte, eine dritte ist die Küche und in der vierten schlafe ich mit meinen Kindern. Soll ich vielleicht mit euch das Bett teilen?«

»Und dein Mann, wo ist dein Mann?« fragte der Sultan.

»Er ist nach Damaskus gefahren«, antwortete die Frau.

»So laß uns bitte nur diese Nacht bei dir schlafen. Wir schlafen in der Holzkammer«, eiferte der Richter.

»Aber mein Rücken schmerzt seit Tagen«, stöhnte Blumer.

»Wenn du nicht um einen Kopf kürzer werden willst, so ertrage deine Rückenschmerzen«, zischte der Sultan.

»Meinetwegen, geht in den Holzstall«, gab die Frau nach. Kurz darauf kam jemand, und die Frau führte ihn in die Küche und liebte ihn dort. Plötzlich klopfte es an die Tür, der Liebhaber wollte durch den Garten fliehen, doch die Frau herrschte ihn an: »Heute bleibst du da. Ich werde diesem Klugscheißer eine Lehre erteilen. Zittere nicht, es wird alles gut gehen.«

»Mein Gott, jetzt wird es Mord und Totschlag geben«, flüsterte der Richter, als die Frau festen Schrittes zur Tür ging.

»Ich habe Hunger«, rief ihr Mann, »und da ich wußte, daß du mich nicht erwartest, habe ich auf dem Weg hierher fünf Fladenbrote, Sesamöl und Traubensirup gekauft. Du hast mich nicht erwartet, habe ich recht?«

»Ja, du hast recht. Erstaunlich, wie du immer alles weißt!« höhnte seine Frau.

»Klug muß der Mensch sein! Weib, mach mal Licht in der Küche, damit wir dort essen können.«

»Wir haben seit Tagen kein Öl mehr. Wozu auch diesen widerlichen Geruch? Wir können im Dunkeln essen und den Mond anschauen«, erwiderte seine Frau. Der Mann setzte sich hin und die Frau brachte zwei Teller, in die sie Sesamöl und Sirup füllte. Die Küche lag gegenüber dem Holzstall, und als der Richter hustete, schaute der Ehemann sich um. »Wer hustet dort im Holzstall, Frau?« fragte er.

»Drei Derwische«, antwortete sie.

»Ja, ich weiß«, erwiderte er. »Derwische mögen gern im Holzstall schlafen.« Und dann begannen sie zu essen. Der Mann, seine Frau und ihr Liebhaber, der immer noch in der Küche weilte. Ihr Mann aß zwei Brote, und sie eins. Als ihr Mann abermals nach den Broten griff, fand er nur noch einen Fladen.

»Wie viele Brote hast du gegessen, Frau?«

»Ich habe eins gegessen.«

»Und ich habe zwei gegessen. Geblieben ist eins, das macht vier. Kannst du mir folgen, Frau? Wo ist das fünfte Brot?«

»Der Bäcker hat dich reingelegt und vier statt fünf eingepackt«, antwortete sie ruhig.

»Frau, ich bin der klügste in dieser Stadt. Ich lege die Damaszener Händler herein, und ein lausiger Bäcker soll mich betrogen haben? Du kennst deinen Mann nicht. Die Händler von Beirut gehen bei mir in die Schule, und die von Kairo schließen die Läden, wenn sie hören, ich sei in der Stadt angekommen, und die Händler von Bagdad...«

»Ist ja gut. Es war nur eine Idee.« In diesem Augenblick fiel der Mondschein durch ein kleines Fenster auf die Stelle, wo sie aßen, und der Mann betrachtete die Schüssel; da sah er, daß außer seiner Hand und der seiner Frau noch eine dritte Hand in die Schüssel langte.

»Du hast ja jemanden bei dir, der mitißt, und behauptest, der Bäcker habe mich betrogen!«

»Ich soll einen Mann bei mir haben?« verwunderte sich die Frau. »Du hast ihn mitgebracht. Er war im Sesamölbehälter, den du gekauft hast.« Da faßte der Ehemann den Liebhaber bei der Hand. »Ich werde den Krämer fragen und wehe dir, Weib, wenn du mich belogen hast.« Er ging mit dem Liebhaber zum Krämer. »Ich habe bei dir Sirup und Sesamöl gekauft. Warum hast du mir diesen Mann in das Sesamöl getan? Du wolltest damit den Behälter schwerer machen, nicht wahr? Nicht mit mir!« protestierte er. Der Krämer bemerkte gleich, daß der Angeber von seiner Frau hereingelegt worden war. Er erhob seine Hand, gab dem Liebhaber eine Ohrfeige und tadelte ihn: »Du verfluchter Kerl, ich setze dich in den Sesamöltopf, damit du das Öl rührst. Ich bezahle dir deinen Lohn, damit mein Sesamöl nicht klumpt, und du haust immer wieder ab.« Er wandte sich zum Ehemann: »Nimm es mir nicht übel, lieber Mann, ich wollte dich nicht betrügen, aber dieser Halunke schmuggelt sich immer wieder fort.« Als Zeichen seiner Güte gab er dem wartenden Kunden zwei Löffel Sesamöl umsonst. »Paß nächstens besser auf, sonst verdirbt er dir noch das Geschäft«, rief der Ehemann und eilte mit der kleinen Schale nach Hause. Dort angekommen, pries er seine Klugheit bis zur Morgendämmerung.

Am Morgen brachen die drei Derwische auf und verließen diesen Ort. Als sie ihres Weges zogen, erblickten sie einen Bauern, der sein Feld pflügte. Er trug dabei einen großen Kasten auf dem Rücken. Da staunte der Sultan: »Warum trägt dieser Bauer einen solch schweren Kasten auf dem Rücken? Laßt uns ihn fragen.« Sie gingen zu ihm und fragten nach dem Grund. »Ich bin erst seit einem

Monat verheiratet und aus Furcht, daß jemand zu meiner wunderschönen Frau gehen könnte, setze ich sie jeden Morgen in diesen Kasten und nehme sie mit.«

»Bist du sicher, daß sie im Kasten ist?« fragte der Richter.

»Natürlich bin ich sicher!« rief der Bauer und wischte sich den Schweiß von der Stirn.

»Nimm den Kasten von der Schulter, daß wir sehen, ob du wirklich den ganzen Tag deine Frau auf dem Rücken tragen kannst«, erwiderte der Sultan. Der Bauer ließ den Kasten von seinem Rücken herunter und öffnete ihn; da fanden sie die Frau mit ihrem Liebhaber im Kasten. Die beiden sprangen heraus und suchten das Weite. Der Bauer schrie laut auf und wollte hinter den beiden herlaufen, doch der Sultan hielt ihn fest und versuchte ihn zu beruhigen. Die beiden Liebenden waren inzwischen im nahen Wald verschwunden.

»Laßt uns zu unseren Frauen zurückgehen. Sie sind nicht schlechter als die anderen«, rief der Sultan.

»Zurück in die Stadt will ich, aber nie wieder zu den Weibern«, antwortete der Richter.

Blumer aber atmete erleichtert auf und eilte nach Hause. Er entschuldigte sich bei seiner Frau für all die vergangenen Jahre und liebkoste sie vom Nachmittag bis zur Morgendämmerung.

Das stille Wasser

So vieles geschah auf unserer Erde in vergangenen Zeiten, Völkerscharen lösten einander ab und zerfielen zu Staub, und von ihren Taten blieben nur die Geschichten unsterblich wie die Sonne.

Einst saß ein Sultan mit seinem klügsten Wesir zusammen beim Schachspiel. Der Sultan ärgerte sich über seinen Minister, weil dieser ihm an jenem Tag im Schachspiel überlegen war. Er nahm eine Schale, füllte sie mit Wasser und stellte sie aufs Feuer. Als nun das Wasser zu sieden anfing, fragte der Sultan seinen Wesir: »Was sagt das Wasser, wenn es siedet, Neunmalklug?«

»Ich weiß es nicht«, antwortete der Wesir verwirrt.

»Du solltest es aber wissen. Was flüstert also das Wasser?«

»O Herr«, erwiderte der Wesir, »woher sollte ich wissen, was es sagt?«

»Einerlei«, gab der Sultan zurück, »gib dir Mühe, und wenn du mir in drei Tagen nicht berichten kannst, was das Wasser sagt, so lasse ich dir den Kopf abschlagen.«

Der Wesir eilte zu den Philosophen und Dichtern der Hauptstadt, doch auch sie wußten keine Antwort. Der Meister der Gelehrten begleitete den traurigen Wesir bis zur Tür. »Exzellenz«, sprach er leise beim Abschied, »wenn ein Schälchen Wasser imstande wäre, auch nur einen Buchstaben zu sprechen, welche Bücher würden das Plätschern der Bäche, die feurigen und sanften Reden der Flüsse und die Wellenlieder der Meere füllen.« Doch auch mit dieser weisen Antwort wollte der Wesir nicht zurückkehren. Am nächsten Tag ritt er zu einem Mönch, der seit über vierzig Jahren zurückgezogen auf dem Gipfel eines hohen Berges lebte, um über das Leben nachzudenken. Als der Mönch das Rätsel hörte, dachte er lange nach, schloß die Augen und versank in tiefes Schweigen, bis er in Schlaf fiel und leise vor sich hinschnarchte. Doch als der Minister ihn aufweckte, wußte der erschrockene Einsiedler auch nicht, was das Wasser spricht.

Langsam und ohne Hoffnung ritt der Wesir zurück. Auf dem Weg zur Hauptstadt beschloß er, bei einem Beduinenstamm eine kleine Rast einzulegen. Der Scheich sah den grübelnden Wesir an. »Was ist mit dir, Gast?« fragte er höflich.

»Mir ist eine schwere Bürde auferlegt worden«, erwiderte der Wesir und erzählte dem Scheich von seiner Ratlosigkeit, das Rätsel des Sultans zu lösen. »Das ist leicht«, überraschte der Scheich seinen Gast, »sei guten Mutes und vergnüge dich am Essen. Ich habe in meinem Stamm eine gescheite Frau, die wird dein Rätsel lösen können. Aber nun greif erst einmal zu«, fügte der Scheich hinzu. Doch der Wesir wollte kein Stück Brot anrühren, bevor die Frau das Rätsel nicht gelöst hätte. So ließ der Scheich sie rufen. Die Frau hörte sich das Rätsel aufmerksam an, dann sagte sie mit leiser Stimme: »Das Wasser in der Schale klagte: Recht geschieht mir, das Leid entsteht aus mir selbst; im Tale floß ich, und dieses Holz, welches von mir trank, verbrennt mich nun mit seinem Feuer.« Der Wesir klatschte begeistert in die Hände, dann aß und trank er bis tief in die Nacht hinein.

Am anderen Morgen brach der Wesir auf und begab sich eiligst zum Sultan. »Nun, bringst du die Antwort?« fragte dieser barsch.

»Ich bringe sie«, versetzte der Wesir den Sultan in Staunen.

»So laß mich sie hören«, befahl der Sultan.

Als der Wesir die Lösung aussprach, strahlte der Herrscher. Er verlangte von seinem Wesir, er solle ihm verraten, wer diese weise Antwort gegeben habe. Der Wesir nannte die Frau, und kurze Zeit später machten sich die beiden auf den Weg zu den Beduinen. Dort angekommen, wollte der Sultan die Frau sehen. »Ich will bei ihrem Vater um ihre Hand anhalten.«

Alsbald traten die junge Frau und ihr Vater vor den Sultan. »O Herr, du willst die Tochter eines armen Beduinen heiraten?« fragte der alte Mann.

»Ja freilich, laß den Prediger kommen, damit er mir deine Tochter antraut«, befahl der Sultan. Man holte den Prediger, und dieser segnete die Ehe. Als nun der Sultan mit seiner Frau zu Bett gegangen war, sprach er zu ihr: »Schau, die Antwort ist dir bestimmt nur so eingefallen. Im Lande bin ich der klügste, daher bin ich dein und der Gläubigen oberster Herr. Doch ich will sehen, ob du klüger bist als ich, denn nur dann erkenne ich dich als meine Frau und als Königin des Reiches an.«

Statt, wie es die junge Frau erwartet hatte, seine Kleider auszuziehen und sie zu liebkosen und zu verführen, zog der Sultan sein Schwert aus der Scheide und legte es zwischen sich und das Mädchen. Dann schenkte er ihr eine Kette seltener Perlen. »Diese Kette soll unser gemeinsamer Sohn tragen, den du aber niemals von mir empfangen wirst.« Danach zog er eine kleine Schachtel aus seiner Gewandtasche und übergab sie ihr. »Diese Schachtel«, sagte er, »enthält zwanzig Goldstücke und zwanzig Juwelen. Sie ist versiegelt. Dir gehört dieser Schatz, wenn du die Schachtel öffnen kannst, ohne mein Siegel zu zerstören. Brichst du es auf, so mußt du sterben. Jedes Jahr zu dieser Zeit mußt du meinem Wesir die Schachtel zeigen, damit er das Siegel prüft«, sagte er und fiel kurz darauf in einen tiefen Schlaf. Am nächsten Morgen reiste er ab.

Einen Monat später wollte der Sultan zur Jagd ausreiten, um sich von seinen Regierungsgeschäften zu erholen. Er nahm seinen Wesir und einige seiner engsten Berater mit. Eine Schar von Treibern mit Trommeln und Jagdhunden hetzte dem Sultan die scheuen Gazellen, Hasen und Steinhühner in die Arme. Doch nicht weit entfernt vom Jagdrevier, wo der Sultan und sein Gefolge dem Wild auflauerten, zog ein Ritter von edler Gestalt die Aufmerksamkeit auf sich. Er ritt auf einem Rappen, überholte die Gazellen, und ergriff sie mit der bloßen Hand vom Rücken seines Pferdes aus. Er hob die verängstigten Tiere hoch, küßte sie und ließ sie wieder laufen. Und als der Sultan einen Pfeil auf eine Gazelle abschoß, schwebte der Ritter auf seinem Rappen heran und packte den Pfeil, bevor er die Beute traf. Er schaute sich zum Sultan um, hob den Pfeil hoch und lachte. Der Wesir blickte seinen Herrscher entsetzt an, doch dieser lächelte. »Was für ein großartiger Ritter!« bewunderte er den Unbekannten. »Schneller als der Pfeil, mutiger als ein Löwe, und doch hat er ein edles Herz. Geht hin und sagt dem Ritter, ich möchte ihn heute abend zu Gast in meinem Zelt haben.« Zwei Sklaven eilten zum nahen Jagdlager des edlen Herrn und teilten ihm den Wunsch ihres Herrschers mit.

Als es Abend wurde, kam der Ritter. Der Sultan ließ ihm Speisen und Getränke vorsetzen, und als der Gast gesättigt war, rief der Sultan: »Ein edler Ritter bist du schon. Du bist der erste, der das Herz einer Gazelle vor meinem Pfeil gerettet hat. Kannst du die Schachfiguren ebenso gut vor meinen Angriffen schützen?«

»Das kann ich wohl, denn ich habe bis jetzt noch nie verloren. Dreihundert Siegelringe meiner Gegenspieler habe ich bisher im Schachspiel gewonnen. Meinen Siegelring zu gewinnen ist dagegen der unerfüllte Traum meiner Gegner geblieben. Doch erst sollst du, o Herrscher der Gläubigen, zuschauen, wie ich spiele. Wer ist dein bester Schachspieler?« fragte der Ritter.

»Mein Wesir«, antwortete der Sultan belustigt. Der Wesir legte seinen Siegelring neben den des Herausforderers auf den kleinen Tisch.

»Spiel gnädig mit unserem edlen Gast. Er soll nicht zu

schnell verlieren«, lachte der Sultan, der die Spielkunst seines Wesirs gut kannte. Doch nach genau sieben Zügen erkannte dieser die unrettbare Lage. Mit ruhiger Hand nahm der fremde Ritter das Siegel des Ministers. »Dreihundertundein Träumer«, flüsterte er.

»Nun aber genug der Gnade!« rief der Sultan und legte seinen Siegelring neben das Brett. Doch es dauerte nicht lange, bis auch er verloren hatte. Der Ritter nahm den Ring. »Dreihundertundzwei Träumer«, sprach er leise und gähnte. »Morgen kannst du dich, o Herrscher aller Gläubigen, rächen«, verabschiedete er sich und ritt in die dunkle Nacht hinaus.

Am nächsten Abend wartete der Sultan ungeduldig, bis der Gast kam. »Ich habe es mir überlegt«, sagte der Ritter lachend nach der Begrüßung, »dein Siegel will ich nicht behalten. Es ist viel zu bedeutsam für unser Reich, als daß ich es an der Kette mit den anderen Ringen tragen könnte. Hier ist es, doch heute will ich mit dir um eine Sklavin spielen. Wenn du gewinnst, o Herrscher der Gläubigen, so darfst du meine allerliebste Sklavin für eine Nacht besitzen. Gewinne ich, so habe ich das Recht auf die deinige.«

»Es ist mir recht«, antwortete der Sultan und setzte sich zum Spiel nieder. Nach drei Stunden erntete er die Früchte seines Sieges. »So laß deine schönste Sklavin mir die Nacht in meinem Zelt zur hellen Freude verzaubern. Doch du kannst dich morgen rächen«, verabschiedete sich der Sultan von seinem verärgert scheinenden Gegenspieler und begab sich in sein Schlafzelt. Nach einer Stunde betrat eine verschleierte Frau das Zelt. »Mein Herr befahl mir, o Herrscher der Gläubigen, dir eine Liebesnacht zu schenken.« Im Dämmerlicht der Öllampen bewunderte der Sultan die Schönheit der Frau. Sie tanzte und ließ einen Schleier nach dem anderen fallen, doch der Sultan konnte das Ende des Tanzes nicht mehr abwarten, er nahm die Frau in die Arme und genoß mit ihr die

Freuden der Liebe. Immer wieder ermunterte sie ihn durch ihre Liebeskünste zum erneuten Spiel ihrer Körper und Seelen. Erst in der Morgendämmerung fiel der Sultan in tiefen Schlaf.

Am nächsten Tag wachte er gegen Mittag auf, wusch sich, aß und trank. Er hatte das Interesse an der Jagd verloren. Er bat seinen Minister, ihm einige listige Schachzüge beizubringen. Dies tat der Wesir gern, da er den Fremden nicht leiden konnte. Es schien, als hätte die Niederlage dem jungen Ritter den Schlaf geraubt, denn er kam voller Unruhe und früher als erwartet in das Zelt des Sultans.

»Ich wette mit dir um die schöne Sklavin von gestern«, bot der Sultan und stellte das Schachbrett auf den kleinen Tisch.

»Einverstanden.« Doch so sehr der Gast sich auch bemühte, er konnte den heimtückischen Fallen des Herrschers nicht entgehen. Er verabschiedete sich unter dem Gelächter des Sultans und seines Wesirs und eilte hinaus. Auch in dieser Nacht kam die schöne Sklavin, tanzte, liebkoste ihn und genoß die Zärtlichkeiten des Sultans, so daß dieser verzauberter war als in der Nacht zuvor.

Am dritten Tag verlor der Ritter abermals und seine Miene war finster, als er das Zelt verließ. »Nie wieder werde ich diesen Boden betreten, auf dem ich dreimal meine geliebte Sklavin verloren habe.«

Die Sklavin kam, und der Sultan fühlte sich so glücklich wie nie zuvor. Er streichelte, umarmte und küßte sie. »Bleib doch bei mir«, sprach er, nicht befehlend, sondern fast flehend. Die schöne Sklavin lächelte geheimnisvoll, und als der Sultan aufwachte, war vom Ritter und seinem Gefolge keine Spur mehr zu sehen.

Die Zeit verging, und Jahr für Jahr kam die Beduinenfrau zum Wesir, zeigte ihm das unberührte Siegel und kehrte mit der Schachtel zurück. Mit den Jahren vergaß der Sultan sie, doch die Frau kam unbeirrt zum Minister, daß dieser nach über zwanzig Jahren Mitleid mit ihr hatte. Er wagte es aber nicht, dem Wort des Sultans zuwider zu handeln. »Ja, ja«, flüsterte er, »es ist immer noch unberührt.« Manchmal wunderte er sich über das merkwürdige Lächeln der Frau.

Eines Tages hörte die Tochter des Wesirs eine ihrer Freundinnen von der Schönheit eines Gewürzhändlers schwärmen. Sie eilte zum Gewürzmarkt und wanderte von Laden zu Laden, bis sie den jungen Mann sah. Auch sie war hingerissen von seiner Schönheit. Ihr Herz blieb fast stehen, als der Händler sie ansprach und sie fragte, was sie wünsche. »Thymian, nein Rosinen, ja Rosinen möchte ich haben.« Wie benommen füllte der Händler eine große Tüte mit den besten Rosinen, gab sie der Frau, und erst als sie zu Hause angekommen war, merkte sie, daß sie nicht bezahlt hatte. Der Händler war nicht weniger ihrem Blick erlegen als sie dem seinen. Es vergingen nicht einmal zwei Tage, bis die Tochter des Wesirs zum Markt zurückkehrte. Der Händler atmete erleichtert auf und gab ihr wieder eine Tüte voller auserlesener Rosinen. Dann fragte er sie, wo sie wohne, und versprach, in der Nacht zu ihr zu kommen. Tollkühn, wie es nur Verliebte sein können, schlich er an den Wächtern des Wesirpalastes vorbei und kletterte zu seiner Geliebten. Die junge Frau öffnete das Fenster und verbrachte mit ihrem mutigen Liebhaber die schönsten Stunden.

Nacht für Nacht schlich der junge Händler zu seiner Geliebten. Nun, Liebe bleibt am wenigsten für den geheim, dem sie verweigert wird. So bemerkte der Prinz, dem die Tochter des Wesirs versprochen war, immer mehr ihre abweisende Haltung. Er ließ einen seiner Sklaven seine Verlobte überwachen, und dieser erfuhr alsbald, daß die Wesirstochter jeden Tag zum Laden ging, nicht nur, um ihren Geliebten zu sehen, sondern auch um ihm genau zu sagen, wie er am besten heil zu ihr schleichen könne. Als der Prinz dem ahnungslosen Vater das erzählte, schäumte dieser vor Wut. Weil er aber unmittelbar danach in einer wichtigen Angelegenheit vor dem Sultan erscheinen mußte, bemühte er sich, seinen Zorn zu unterdrücken, doch der schlaue Sultan bemerkte bald den Kummer seines engsten Vertrauten.

»Was ist mit dir, alter Knabe? Du bist heute ungenießbar!« Der Wesir versuchte sich herauszureden, doch der Sultan unterbrach ihn: »Mein Lieber, nun sind wir beide über dreißig Jahre zusammen. Wir sind mehr als Freunde geworden. Wie oft hast du mir mein Leben gerettet und noch öfter, als ich dir je erzählen könnte, zerschlug ich die niederträchtigsten Intrigen, die gegen dich gerichtet waren. Nun erzähle mir, und ich verspreche dir, ich werde alles daran setzen, daß deine liebe Seele wieder munter wird.« Die Worte des Sultans erleichterten dem Wesir die Last, er erzählte von seinem Kummer, da er weder dem Bericht des Prinzen ganz vertraute, noch wollte, daß sich irgendein Fremder in diese Angelegenheit einmischte.

»Da bleibt nur eins, alter Freund. Wir werden die Sache selbst in die Hand nehmen, und wehe dem Händler, wenn er deine Ehre in den Schmutz gezogen hat, dann wird er für sein leichtes Blut seinen Kopf verlieren.« Also legten sich die beiden Derwischkleider an und begaben sich zum Gewürzhändler. Sie verweilten in der Nähe des Ladens und beobachteten den schönen Mann. Nach einer Weile erblickte der Wesir eine Zofe seiner Tochter, die rasch auf den Laden zueilte. Der Sultan mischte sich unter die Kunden und lauschte den Worten der Sklavin. »Meine Herrin ist heute krank. Du sollst aber um Mitternacht kommen. Sie wartet auf dich«, flüsterte die Frau und eilte davon. Der Händler füllte eine große Tüte mit Rosinen, Nüssen und kandierten Früchten und übergab sie dem Sultan. »Guter Derwisch«, flehte er ihn an, »bete für meine Geliebte und wenn sie gesund wird, bekommst du jeden Tag eine solche Tüte von mir.«

»Ja, ja, ich werde für sie und dich beten«, näselte der Sultan und kehrte zum Wesir zurück.

»Was hast du erfahren?« fragte dieser besorgt.

»Du weißt, alte Herrscher haben schlechte Ohren«, erwiderte der Sultan. »Erst das Auge kann uns klüger werden lassen«, fügte er hinzu, aber in seinem Herzen fühlte er eine merkwürdige Angst. »Der Junge ist großzügig. Er gab mir diese Rosinen, Nüsse und kandierten Früchte und bat mich darum, für das Herrscherhaus und seine Minister zu beten. Hier nimm, sie sind köstlich.« Aber den Wesir beschäftigte nur eine Frage: »Und wann sollen wir sie sehen?«

»Um Mitternacht«, antwortete der Sultan, und so schlichen die zwei in den Garten des Ministers und kletterten dort in die Krone eines alten Walnußbaumes. Dort konnten sie die Tochter in ihrem Bett liegen sehen. Sie mußten nicht lange warten, denn schon ging das Fenster auf, und der junge Händler schlüpfte ins Zimmer hinein. »Wo kommt der jetzt so plötzlich her? Hast du ihn bemerkt?« flüsterte der Minister.

»Nein, du siehst doch, er hat sich schwarze Kleider angelegt«, flüsterte der Sultan; seine Augen weiteten sich, als er sah, wie die Liebenden ihre Kleider ablegten und auf dem großen Bett ihr wildes Liebesspiel trieben. Genüßlich schaute er den beiden zu, doch der Minister eilte hinunter. »Den werde ich eigenhändig umbringen«, rief er. Unten angekommen schrie er die verschlafenen Wächter an und hetzte sie ins Gemach seiner Tochter. Dort konnten sie ohne große Mühe den jungen Händler festnehmen. Die Tochter schrie, doch es half nichts.

»Nun, du hast versprochen, ihn zu köpfen«, erinnerte der Wesir seinen Herrn.

»Das werde ich morgen früh auch tun. Schade um seine Jugend und seine Schönheit«, seufzte der Sultan und ging schlafen.

Am nächsten Morgen eilte der Wesir zum Palast. Der

Sultan ließ den jungen Händler vorführen. »Du hast einer edlen Familie Schande zugefügt. Dafür mußt du sterben!« sprach er. Er gab seinem Scharfrichter einen Wink. Zwei Soldaten traten zum jungen Händler und rissen ihm das Hemd vom Leib. In diesem Augenblick erblickte der Sultan die Perlenkette am Halse des Verurteilten.

»Halt!« schrie der Sultan laut, als der Scharfrichter das Schwert erhob. Alle Anwesenden staunten. »Woher hast du diese Kette?« fragte er den Händler.

»O Herr«, antwortete der Mann mit trockener Kehle, »meine Mutter hat sie mir umgelegt. Sie hat sie vor langer Zeit von einem Sultan bekommen, den sie einmal besiegt hatte.« Der Wesir schaute seinen Herrscher an. »Komm näher«, rief der Sultan und prüfte die Perlen. »Sie sind es. Diese Perlen gibt es nur einmal. Wo ist deine Mutter?« fragte der Sultan.

»Zu Hause. Wir bewohnen die Wohnung über dem Laden.« Der Sultan befahl zwei seiner Offiziere, zu der Frau zu reiten und sie zu ihm zu bitten. Das taten sie, und es dauerte nicht lange, bis die Frau eintraf. Sie ging zu ihrem Sohn, streichelte ihm die Wange und trat mit erhobenem Haupt vor den Sultan. Der Wesir erkannte die Frau sofort, die ihm Jahr für Jahr die versiegelte Schachtel vorgezeigt hatte. Sie trug auch an diesem Tag das Kästchen bei sich.

»Salam aleikum, Herrscher der Gläubigen!« grüßte die Frau.

Der Sultan schaute die Frau verwirrt an. »Sprich!« befahl er nach einer Weile leise.

»Ich spreche, wenn du mir einen Wunsch erfüllst«, antwortete die Frau.

»Er sei dir gewährt, was du auch immer außer meinem Leben wünschst«, erwiderte der Sultan.

»Dieser Junge ist dein Sohn, o Sultan. Statt mich zu lieben hast du dein Schwert zwischen uns gelegt. Du gabst mir die Perlenkette, damit ich sie unserem Sohn schenke, und die Schachtel mit dem Siegel. Die Wege der Städter sind verzweigt, doch die List der Beduinen führt zum Ziel. Ich habe am nächsten Tag, nachdem du mich verlassen hattest, zwanzig Mädchen meines Stammes gewählt. Die Tapfersten und Klügsten habe ich ausgesucht. Wir lauerten als Männer verkleidet vor der Hauptstadt, bis du eines Tages zur Jagd gingst. Wir ritten euch nach, und ich führte dir einige Reitkünste der Beduinen vor, die dich in Staunen versetzten. Dann forderte ich dich zum Schachspiel heraus. Ich konnte dich besiegen. Ich nahm am ersten Abend dein Siegel, öffnete die Schachtel, nahm die Juwelen und das Gold heraus, füllte sie dann mit Spreu, verschloß und versiegelte sie wieder. Am nächsten Tag gab ich dir dein Siegel zurück und verlor das Schachspiel. Gott weiß, wie schlecht du an jenem Tag gespielt hast. Ich mußte aber verlieren, damit meine List Erfolg hatte. Du hast eine Nacht mit meiner Sklavin gewonnen, aber diese verschleierte Sklavin war niemand anderes als ich. Ich liebte dich an jenem bedeutenden Tag und besiegte dich. Doch ich wollte sicher gehen. Die Nacht mit dir war schön und sie nahm mir die letzte Kraft, doch am nächsten Tag mußte ich wieder als Ritter erscheinen und gegen dich spielen, und diesmal hast du wirklich gewonnen, denn die Sehnsucht nach dir und die Müdigkeit hatten mir die Geistesgegenwart genommen. Schachspieler müssen all ihre anderen Leidenschaften begraben, sonst sind sie im Taumel der Schlacht verloren. So unterlag ich und genoß die Nacht mit dir. So ging es auch in der dritten Nacht. Dieser Sohn ist die Frucht unserer Liebe. Die Schachtel habe ich dem erfahrenen Minister immer wieder in die Hand gedrückt, in der Hoffnung, daß er irgendwann einmal ihr leichtes Gewicht bemerkt, doch er nickte nur immer wieder und wiederholte: ›Sie ist unberührt.‹« Sie warf die Schachtel dem Wesir zu. Er brach das Siegel auf, und es war tatsächlich nichts als Spreu darin, wie die Frau gesagt hatte.

»Mein Gott, und ich hätte beinahe meinen eigenen Sohn umgebracht«, murmelte der Sultan. Er drehte sich zum Wesir um: »Was für eine Freude! Mein Sohn soll deine Tochter heiraten. Schicke den vertrottelten Prinzen in die Wüste, damit er klüger wird, sonst schicke ich ihn zu seinem Erschaffer.«

»Dein Wunsch ist mir Befehl«, atmete der Wesir erleichtert auf.

»Und du hast es verdient, meine Gemahlin zu werden. Von meinen anderen Frauen habe ich nur Mädchen geschenkt bekommen. Es ist wahrscheinlich ein Fingerzeig Gottes, daß ich Gerechtigkeit walten lasse«, fuhr der Sultan fort.

»Ich habe aber meinen Wunsch noch nicht ausgesprochen«, antwortete die Frau.

»Ach ja, dein Wunsch!« entschuldigte sich der Sultan. »Sage, was dein Herz begehrt. Ich werde es dir erfüllen.«

»So lange habe ich um dich gekämpft, und doch, jetzt, da ich dich endgültig gewonnen habe, will ich nicht mit dir leben. Mein Sohn wird dein Nachfolger sein, doch ich möchte weiter Gewürze verkaufen. Ich will allein leben.« Der Sultan weinte bei diesen Worten, doch er erhob sich von seinem Thron verneigte sich vor der Frau und sprach: »Gegen die wütenden Wellen war ich gewappnet, doch das stille Wasser besiegte mich.«

Der Mäusevertilger

Es war einmal ein Ölverkäufer. Er zog von Dorf zu Dorf und bot sein Olivenöl dort zu einem guten Preis feil, wo die Bauern keine Olivenbäume pflanzten und selten in die ferne Stadt fuhren. Damals, als sich diese Geschichte abspielte, war es nicht selten, daß Bauern ihr ganzes Leben im Dorf blieben.

Eines Tages kam der Ölverkäufer in eine entlegene Gegend. Er verkaufte sein Öl bis zum späten Abend und beschloß, in diesem Dorf zu übernachten. So erkundigte er sich nach dem Haus des Dorfältesten. Fremde waren zu jener Zeit gern gesehene Gäste, doch der erfahrene Händler lehnte die Einladungen von drei Bauern freundlich ab, weil er sich ein üppigeres Mahl beim Dorfältesten erhoffte, und er irrte sich nicht. Der Dorfälteste lud einige Nachbarn zum Abendessen ein, damit sein Gast sich gut unterhielte und bald wieder ins Dorf kommen würde. Die Hausherrin tischte ihrem Gast ein deftiges Gericht aus Lammfleisch, Reis und Joghurt auf. Als sie das frische Roggenbrot hereintrug, konnte der Ölhändler seine Gier nur schwer im Zaum halten. Doch kaum saßen die Gäste um das Essen herum, da huschten alsbald viele Mäuse herein, machten sich über das Essen her und fraßen alles in Windeseile auf. Nur mit Mühe konnten der Dorfälteste und seine Nachbarn ein paar Brote und kleine Fleischstücke vor den gefräßigen Mäusen retten. Der Ölhändler aber ekelte sich derartig, daß er nichts anfaßte. Als die Mäuse alles kahlgefressen hatten, verschwanden sie so plötzlich, wie sie hereingestürmt waren.

»Was war das?« fragte der Ölhändler verärgert.

»So ist unser Leben mit diesen Ungeheuern«, antwortete der Dorfälteste etwas beschämt. »Sie kommen, fressen und verschwinden«, fügte er leise hinzu und winkte hilflos mit der Hand ab.

»Das gibt es doch nicht«, staunte der Ölhändler. »Habe ich richtig gehört, ihr nennt diese winzigen Mäuse Ungeheuer?«

»Sie sind Ungeheuer. Sie haben uns besiegt. Nichts haben wir unversucht gelassen, sie zu vertilgen. Aber sie werden immer zahlreicher, und wenn sie wütend werden, so können sie einen Menschen überfallen und ihn sogar töten«, erklärte der Dorfälteste.

»Und ihr habt wirklich Angst vor diesen Tieren? Seid ihr tatsächlich so feige in diesem Dorf?« höhnte der Ölhändler.

»Das sind wir nicht. Bären und Wölfe haben wir gejagt, unsere Männer töten mit ihrem Blick einen Adler, doch diese Ungeheuer sind stärker. Sie schleichen auf samtenen Pfoten. Sie brüllen nicht und sie fletschen nicht ihre Zähne, doch in der Masse sind sie gefährlicher als ein verletzter Wolf«, antwortete der Lehrer.

»Und was gebt ihr mir, wenn ich euch von diesen Ungeheuern befreie?« fragte der Ölhändler, und seine Augen glänzten erwartungsvoll.

»Wir geben dir, was du verlangst!« rief der Dorfälteste.

»Ich verlange zweitausend Piaster«, erwiderte der Ölhändler. »Ich bringe euch ein Tier, das diese Ungeheuer frißt.«

»Dieses Tier gibt es nicht. Willst du dich über uns lustig machen?« unterbrach ihn ein Bauer.

»Nein, ich habe ein solches Tier. Ihr sollt erst zahlen, wenn es die ersten zehn Ungeheuer gefressen hat«, sagte der Ölhändler nachdrücklich.

»Und was zahlst du, wenn dein Tier, das wir noch nicht kennen, von diesen Ungeheuern gefressen wird?« fragte der Lehrer mißtrauisch.

»Ich zahle euch das Doppelte«, erwiderte der Ölhändler.

»Das ist ein anständiges Angebot«, entschied der Dorfälteste.

Am nächsten Morgen stieg der Ölhändler auf sein Maultier und ritt davon. Einige Bauern lachten aber hinter dem Händler her. »Er hält uns wohl für dumm? Nun wird er für sein großes Maul zahlen oder sich nie wieder blicken lassen«, machte sich ein junger Bauer lustig.

»Ja, ja«, bestätigte der Dorfälteste und sah in die Ferne, »Händler versprechen oft das Blaue vom Himmel, und einfältig ist der, der erwartungsvoll hinaufschaut, denn diese Gauner ziehen ihm den Boden unter den Füßen weg, und er fällt auf die Nase.« Sieben Tage lang heiterten sich die Bauern mit Geschichten über die Dummheit der Händler auf. Am siebten Tag kam der Ölhändler auf seinem Maultier ins Dorf geritten. Als er den Dorfplatz erreichte, traf er den Lehrer.

»Hast du uns das Wundertier mitgebracht?« fragte dieser und lachte laut.

»Ja«, erwiderte der Ölhändler, »ich habe es hier in diesem Sack. Bereite mir ein Mittagessen und lade den Dorfältesten und so viele Gäste ein, wie dein Haus aufnehmen kann, damit ich euch zeige, wie mein Wundertier eure Ungeheuer in die Flucht schlägt.«

Der Lehrer eilte mit seinem Gast nach Hause. Er schickte nach dem Dorfältesten und einigen Oberhäuptern der reichsten Familien im Dorf. Kurz darauf waren alle versammelt. Als seine Frau dem Ölhändler das Essen auftischte, sprangen die Mäuse aus allen Ecken des Hauses hervor; doch als der Ölhändler sein Tier aus dem Sack ließ, stürzte es sich auf die Mäuse, fraß eine Menge und biß noch mehr von ihnen zu Tode. Die Leute staunten, wie schnell die kleinen Ungeheuer das Weite suchten. Keine einzige Maus blieb auf dem Tisch sitzen. Der Händler genoß als einziger das Essen und lachte sich krumm über die Bauern, die ängstlich die Jagd verfolgten.

»Nun, habe ich übertrieben?« fragte er gelassen. Die

Bauern bedankten sich bei ihm und sammelten noch in derselben Nacht die versprochene Geldsumme, da der Ölhändler es eilig hatte, seine Reise fortzusetzen.

»Und wie heißt das Tier, das die Ungeheuer frißt?« fragte der Lehrer.

»Mäusevertilger«, antwortete der Ölhändler.

Am nächsten Morgen bereiteten die Dorfbewohner ihm einen würdigen Abschied, und der Dorfälteste rief ihm nach: »Gehe in Frieden, Retter unserer Vorräte!«

Der Mäusevertilger streifte Tag für Tag im Dorf herum, um die Mäuse zu fressen. Als er alle Nagetiere vertilgt hatte, war er bereits so groß und stark wie ein Hund. Wenn er nun ein Huhn sah, so fraß er das, und wenn er ein Kaninchen erblickte, so hetzte er es zu Tode. Tauben und Gänsen ging es nicht besser. Der Mäusevertilger war unersättlich und wurde immer größer und stärker. Da gingen die Bauern zum Lehrer und sagten: »O Lehrer, gegen den Mäusevertilger muß Rat geschaffen werden.«

»Warum?« fragte er.

»Er hat erst die Mäuse gefressen, dann die Hühner, und danach jagte er nach Kaninchen und Gänsen. Seit Wochen legen die übriggebliebenen Hühner keine Eier mehr. Sie zittern den ganzen Tag um ihr Leben. Vor drei Tagen griff er kurz nach Mitternacht eine Bauernfamilie an. Sie konnte sich zwar selber retten, aber ihren Hammel nicht mehr. Heute mittag sprang er eine Bäuerin an, warf sie zu Boden und biß sie in den Hals. Die Frau wäre verblutet, wenn die Nachbarn nicht herbeigeeilt wären. Niemand ist seines Lebens mehr sicher. Bald wird er uns alle fressen.«

»Gut, laßt uns auf das freie Feld ziehen und ihn hier allein lassen; wenn er im Dorf niemanden mehr findet, so geht er vielleicht an einen anderen Ort.« Der Dorfälteste fand den Vorschlag weise und gab seinen Befehl zum Umzug. Einer der Männer stieg auf das Dach und rief: »O ihr Dorfleute, ladet eure Vorräte auf, nehmt eure

Kinder an die Hand und laßt euch auf dem freien Felde nieder, damit euch der Mäusevertilger nicht frißt.« Da holten die Leute ihr Vieh aus den Ställen, luden ihre Vorräte und ihre Kinder auf die Karren und zogen aufs Feld.

Einen Monat lang wohnten sie dort. Da sagte der Dorfälteste eines Morgens: »Es sollen zwei tapfere Männer ins Dorf gehen, um auszukundschaften, ob das Tier noch da ist.« Zwei mutige Männer begaben sich in das Dorf. Nach kurzer Zeit kamen sie mit aschfahlem Gesicht angerannt und riefen atemlos: »O unser Dorfältester, der Mäusevertilger ist noch größer geworden.«

»Habt ihr ihn gesehen?« fragte der Lehrer.

»Wir haben nur seinen Schatten an der Wand gesehen. Er war so groß wie ein Maultier.«

»Dann bleibt uns nur eines«, sagte der Lehrer nach einer Weile, »wir müssen das Dorf verbrennen, dann wird er uns mit Sicherheit verlassen oder im Feuer verbrennen. Einer von euch soll dort bleiben und uns berichten.«

Drei Männer gingen ins Dorf und steckten es an mehreren Stellen gleichzeitig an. Nach einer Weile loderte eine gewaltige Flamme empor. Bis zur Morgendämmerung fraß sich das Feuer durch die Häuser und hinterließ nur Asche und rauchende Balken. Doch der Mäusevertilger verließ das Dorf nicht, sondern kletterte auf einen der vier Bäume, die auf dem Dorfplatz vom Feuer verschont blieben. Der Späher eilte zu den wartenden Leuten und erzählte: »Nicht einmal das Feuer kann ihm etwas anhaben. Die Flammen waren wie eine dichte Mauer, doch der Mäusevertilger sprang hindurch und setzte sich auf die große Trauerweide. Er rief mir zu: ›Geh, du Unglücklicher, sage deinem Dorfältesten, ich werde ihn fressen. Weder Feuer noch Wasser können mich hier vertreiben.‹«

»Geht hin und fällt die Bäume, wir werden sehen, ob er es dann immer noch aushält«, sagte der Dorfälteste. Acht kräftige Männer schlugen daraufhin die vier Bäume ab. Als sie erschöpft ihre Arbeit beendet hatten, sahen sie den Mäusevertilger auf einem fernen Gemäuer sitzen. Er legte seine Pfoten an sein Maul und wischte sich über das Gesicht.

»Was mag er wohl sagen?« fragte einer von ihnen, doch niemand konnte hören, ob das Tier etwas sagte. Sie schickten den Jüngsten los, um zu lauschen, was der Mäusevertilger flüsterte. Der Junge schlich sich sehr ängstlich an das Gemäuer heran, blieb eine Weile versteckt stehen und kehrte mit eiligen Schritten zurück. »Er flüsterte«, sagte er außer Atem, »›habt nur Geduld, ihr Häuserverbrenner und Bäumefäller. Ich werde euch alle vertilgen.‹« Eilig liefen sie zu ihrem Dorfältesten und berichteten ihm und der besorgten Versammlung von der furchtbaren Drohung. Die ganze Nacht sprachen die Leute aufgeregt darüber, und manche packten schon ihre Sachen, da sie diesen Ort des Grauens verlassen wollten.

Am nächsten Morgen kam der Ölhändler wieder einmal in die Gegend, er fand das Dorf zerstört und die alten hohen Bäume abgeholzt. Er wunderte sich darüber und wanderte weiter, bis er zu dem Ort gelangte, wo die Leute lagerten.

»Was ist passiert?« fragte er. Der Lehrer erzählte ihm vom fürchterlichen Ungeheuer, zu dem der Mäusevertilger geworden war, und berichtete von den Leuten, die auswandern wollten.

»Ihr braucht keine Angst zu haben. Ich befreie euch von diesem Ungeheuer.«

»Gott segne dich. Du hast unsere Vorräte gerettet und nun willst du dein Leben aufs Spiel setzen, um das unsrige zu schonen. Wie können wir uns nur erkenntlich zeigen?«

»Ich bekomme dafür zweitausend Piaster, und ihr kauft nie bei einem anderen Händler Öl. Ich setze ja mein Leben aufs Spiel«, antwortete der Ölhändler und erntete die dankbare Zustimmung seiner Zuhörer. Alsdann ließ er eine junge Ziege schlachten, holte eine bräunliche Flasche aus seiner Satteltasche hervor und goß ihren Inhalt über den Kadaver. Es roch nach bitteren Mandeln. Nun nahm der Händler die Ziege auf die Schulter und ging ins Dorf. Voller Sorge warteten die Bauern, und die Stunden krochen so langsam dahin, als wären sie Schildkröten. Nach einem halben Tag kehrte der Ölhändler zurück.

»Was ist geschehen?« wollte der Dorfälteste wissen.

»Die Bestie ist tot«, antwortete der Ölhändler und wusch sich seelenruhig die Hände. »Tot... Unglaublich... Das kann nicht sein...«, raunten die Versammelten.

»Ihre Leiche liegt auf dem Dorfplatz. Geht hin und seht sie euch an. Ich habe es eilig.«

Lange zögerten die Bauern, bis zwei mutige Kundschafter mit der erlösenden Nachricht zurückkamen. »Das Ungeheuer ist tot!« riefen sie. Die Leute jubelten, zahlten dem Händler die versprochene Summe und wünschten ihm Glück und Gesundheit auf seiner Reise. Am selben Tag kehrten die Bauern ins Dorf zurück, und nach ein paar Monaten vergaßen sie den Mäusevertilger und die Qualen der Angst. Auch die gefräßigen Mäuse kehrten wieder, und wären die Baumstümpfe am Dorfplatz nicht gewesen, hätten die Leute die Geschichte längst vergessen.

Der Ölhändler aber zog von Dorf zu Dorf und bot seine jungen Löwen an.

Es war einmal eine Frau, die kinderlos geblieben war. Eines Tages kam ein Arzt ins Dorf und bot eine Arznei an, durch die jede Frau schwanger werden könne. Die Frau hörte die Rufe des Medizinmannes, verließ ihr Haus und bat ihn darum, ihr das Mittel zu geben. Er überreichte ihr drei kleine braune Kugeln, riet ihr jedoch leise, sie nicht eher einzunehmen, als sie ein Bad genommen hätte. Die Frau legte das Mittel in die Wandnische und ging ins Bad. Unterdessen kam ihr Gatte nach Hause. Er war ein gefräßiger Mann und verschlang alles, was ihm in die Hände fiel. Man erzählte, er hätte einst ganz allein einen Hammel vertilgt. Er war groß und dick wie ein Koloß und doch so sanftmütig wie ein Lamm. Nun kam dieser Mann nach Hause, und sobald er das Zimmer betrat, witterte er mit seiner erfahrenen Nase den Geruch der Medizin. Es dauerte nicht lange, bis er die bräunlichen Kugeln in der Wandnische fand.

Als die Frau aus dem Bad kam, suchte sie die Wunderkugeln, doch sie fand sie nicht. »Hast du meine Medizin gegessen?« fragte sie ihren Mann ängstlich.

»Ja, weshalb fragst du?«

»O Gott im Himmel, du wirst schwanger werden. Wehe mir, warum habe ich mich mit diesem Vielfraß eingelassen?« jammerte die Frau und wünschte sich, der Medizinmann wäre einer der vielen Scharlatane gewesen.

»Beruhige dich, Frau! Sie haben viel zu fade geschmeckt, um mich schwanger zu machen.«

Aber von Monat zu Monat wurde der Mann dicker. Erst merkten die Leute es nicht, doch nach dem sechsten Monat war es niemandem mehr zu verheimlichen. »Sag mal, bist du schwanger?« fragte ein Nachbar eines Morgens scherzend. Er wußte jedoch nicht, daß er bei dem

Koloß eine offene Wunde traf. Im neunten Monat konnte der Mann es nicht mehr aushalten. »Was soll ich machen, Frau?« fragte er hilflos.

»Mach dich auf und geh aufs Feld, dort schneide deine Hüfte auf und ziehe das Kind heraus.« Es war Winter, und überall lag Schnee. Der Mann nahm also ein Messer und ging aufs Feld, und als er dort angekommen war, schnitt er mit dem Messer seine Hüfte auf. Ein kleines Mädchen kam zur Welt. Er ließ es dort im freien Feld zurück und kehrte heim. Er war sicher, daß das Mädchen in kürzester Zeit sterben würde. Doch einige Gazellen, die bei einer nahen Tränke standen, beobachteten das kleine Wesen, dessen Schrei ihnen ins Herz schnitt. Sie hatten Mitleid mit dem weinenden Mädchen und säugten es, und von nun an kamen die Gazellen jeden Abend, leckten und stillten Wintertraube. So nannten sie das Mädchen, weil es blutverschmiert mitten im Schnee gelegen und wie eine rote Traube ausgesehen hatte. Jahrelang pflegten die Gazellen ihr Mädchen, bis es zu einer wunderschönen Frau herangewachsen war. Sie erfuhr ihre Geschichte von ihren Zieheltern und nahm sich ihren Rat zu Herzen, die Sprache der Menschen zu lernen, da sie früher oder später zu ihnen gehören würde.

Wintertraube konnte die Menschen nicht ausstehen, weil die sie dem Tode ausgesetzt hatten. Doch auf ihren Streifzügen mit den Gazellen belauschte sie die Gespräche der Reisenden, Bauern und Jäger. Sie wiederholte die Wörter, bis sie sie gelernt hatte, und je mehr sie die Sprache der Menschen verstand, um so mehr zog sie für sich und die Gazellen Nutzen daraus; denn sie konnte die heimtückischen Fallen erkennen, die die Jäger den Gazellen gestellt hatten, und ihre Freundinnen und Freunde davor warnen. Da kamen eines Tages der Kronprinz und der Sohn des Wesirs geritten, um Gazellen zu jagen. Der Prinz ritt voraus und er begegnete Wintertraube als erster. Ihre Schönheit berührte sein Herz.

»Was machst du denn hier?« fragte er verdutzt. Wintertraube erzählte ihm ihre Geschichte, doch bevor sie zu Ende erzählen konnte, kam der Sohn des Wesirs.

»Wollen wir sie uns teilen?« fragte er.

»All unsere Jagdbeute soll dein sein«, erwiderte der Prinz, »aber diese hier gehört mir.«

»Wie du befiehlst, mein Prinz«, antwortete sein Begleiter.

»Ich gehöre nur mir selbst«, widersprach Wintertraube, die Gefallen am Prinzen gefunden hatte, »doch ich gehe mit dir, wenn von jetzt bis zum Ende unserer Zeit kein Mensch mehr den Gazellen nachstellt. Sie sind meine Eltern.«

»Das gibt es doch nicht. Eine Wilde will Seiner Hoheit Befehle erteilen«, empörte sich der Sohn des Wesirs. Er drehte sich zu Wintertraube um: »Mache es dir in deinem wilden Kopf klar: Der Wunsch Seiner Hoheit ist für uns Untertanen Befehl.«

»Aber nicht für mich!« widersprach Wintertraube. »Was ist ein Prinz anderes als du und ich. Hat er etwa drei Beine?« fragte sie und trat einen Schritt zum steilen Hang zurück, um sich einen Fluchtweg zu sichern, der für die Pferde unzugänglich war.

»Ihr Wille ist mein Wunsch. Reite zum Dorfältesten und gib ihm die Anweisung: Ab heute dürfen hier keine Gazellen mehr gejagt werden. Er soll auf Staatskosten fünfzig Wildhüter aufstellen. Hier ist mein Siegel. Beeile dich!« befahl der verliebte Prinz. Der Begleiter verstand die Welt nicht mehr, doch als ein gut erzogener Untertan nickte er, nahm das Siegel und gab seinem Pferd die Sporen.

Zu Hause angekommen, ließ der Prinz einen Flügel seines Palastes für Wintertraube herrichten. Doch am nächsten Tag mußte er auf Wallfahrt gehen. Da bat er seine Mutter, auf Wintertraube achtzugeben, sie zu pflegen und zu erziehen, da er sie nach der Wallfahrt heiraten wolle. Die Mutter, jung verwitwet, versprach es, und der Prinz reiste ab, um den letzten Willen seines Vaters, des verstorbenen Sultans, zu erfüllen. Erst danach durfte er den Thron besteigen.

Als aber die Zeit herannahte, daß der Prinz zurückkehren sollte, nahm die Mutter Wintertraube mit an den Fluß und setzte sich dort mit ihr zusammen an den Rand des Wassers. Sie warf ihr seidenes Taschentuch mitten in den Fluß und befahl Wintertraube, es herauszufischen. Wintertraube bog sich nach vorn und streckte ihre Hand aus, um das Taschentuch zu ergreifen, aber die Mutter stieß sie in den Fluß hinein. Wintertraube schrie um Hilfe, als das Wasser sie fortriß, doch die Mutter lachte nur, überließ sie den Wellen und kehrte nach Hause zurück.

Das Wasser führte Wintertraube mit sich fort, und sie wäre ertrunken, hätte ihre Hand nicht den Zweig eines alten Baumes erreicht, der am Ufer des Flusses wuchs. Mit letzter Kraft umklammerte sie den Zweig und stieg langsam aus der gefährlichen Strömung. Sie setzte sich in die Sonne, zitterte und weinte. Es dauerte aber nicht lange, bis plötzlich eine junge Frau mit zerfetzten Kleidern um Hilfe schreiend zu ihr stürzte. »Ich bitte dich, verbirg mich!« Wintertraube schaute um sich und entdeckte eine kleine Mulde. »Hier kannst du dich verstecken«, sagte sie und setzte sich so über die Vertiefung, daß ihr langes Kleid über der Mulde lag. Bald darauf kam ein Mann und fragte vor Wut schäumend nach der Frau. Wintertraube sagte, eine Frau wäre vorbeigerannt und ins Wasser gesprungen. »Ich bringe dich um, du Lügnerin«, schrie der Mann. »Meine Frau kann nicht schwimmen. Wo ist sie?« rief er und kam auf Wintertraube zu. »Unter meinem Rock«, antwortete Wintertraube ruhig. Der Mann schaute sie erstaunt an. »Komm, hole sie dir heraus!« schrie sie ihn an. Der Mann starrte ungläubig, doch als er das Wimmern der Frau vernahm, schritt er auf Wintertraube zu, beugte sich nieder, um das Kleid hochzuziehen, aber

Wintertraube nahm blitzschnell einen Stein und erschlug ihn damit.

»Du hast mich gerettet, ohne nach dem Grund zu fragen«, schluchzte die Frau erleichtert. »Durch meine Zauberkunst konnte ich alles in der Welt erreichen, nur diesen Mann nicht loswerden. Du hast mich von ihm befreit. Verlange von mir, was du magst. Ich erfülle es dir.« Wintertraube erzählte der Frau ihre Geschichte und sprach ihren Wunsch aus: »Ich möchte ein Schloß auf dem Hügel gegenüber dem Palast des Prinzen haben, in dessen Garten sich meine Zieheltern, die Gazellen, wohlfühlen.«

»Dein Wunsch ist erfüllt«, sprach die Zauberin. Wintertraube fiel in Ohnmacht, und als sie zu sich kam, befand sie sich in einem herrlichen Schloß auf dem Hügel gegenüber dem königlichen Palast. Der Wein umrankte eine Laube im Garten des Schlosses und trug reichlich rote Früchte.

Die Mutter des Prinzen aber kehrte nach Hause zurück, nachdem sie Wintertraube ins Wasser gestoßen hatte, schlachtete ein Schaf, begrub es im Hofe und ließ darauf ein marmornes Grab errichten mit der Inschrift: »Hier ruht unsere Königin, die ihren Sohn über alles liebte.« Sie eilte zum Hexenmeister am Hofe und verlangte von ihm, daß er ihr das Antlitz von Wintertraube gäbe. Das war für den erfahrenen Meister der Schwarzen Kunst nicht schwer. Nach einer kurzen Weile kam die Mutter verwandelt zurück. Ihre treuesten Diener vermochten sie nicht zu erkennen. Sie ordnete am nächsten Morgen im ganzen Land eine Trauerfeier für die verstorbene Königin an, und es vergingen nicht einmal zwei Tage, bis das ganze Land vom Tod der Königin erfahren hatte.

Gegen Mittag des dritten Tages fuhr das königliche Schiff in den Hafen der Hauptstadt ein. Der Prinz und seine Begleiter wunderten sich über die schwarzen Fahnen, die über allen Häusern und Palästen der Stadt wehten. Als er im Schloß ankam, trat ihm seine Mutter, die nun Wintertraube zum Verwechseln ähnlich sah, weinend entgegen. »Ich hatte nicht das Herz, sie draußen zu begraben, sie liebte nur dich und wollte auch nach dem Ableben in deiner Nähe bleiben. Das war ihr letzter Wunsch«, rief sie und zeigte dem Prinzen das Grab, wo sie das Schaf begraben hatte. Der Prinz weinte bitterlich und warf Asche über sein Haupt. Vierzig Tage lang trauerte er, dann ließ er den Geistlichen zu sich rufen und befahl ihm, die Ehe mit seiner Mutter, die er für Wintertraube hielt, zu segnen. In dieser Nacht vertrieb die Freude an der Zärtlichkeit seine Trauer um seine Mutter, und er genoß sie, bis die Nacht dem Morgen wich.

Am nächsten Morgen trat er auf die Terrasse seines Palastes. Sein Blick wanderte über das Tal, in das der Herbst eingezogen war. Die Blätter glühten unter der aufgehenden Sonne. Plötzlich zog das Schloß auf dem Hügel gegenüber mit seiner grünen Weinlaube seinen Blick auf sich. »Hat meine Reise so lange gedauert, oder haben die Nachbarn Dämonen als Baumeister gehabt?« fragte er seine Gattin verwundert.

»Ich weiß es nicht, auf einmal war das Schloß da. Man erzählte, daß ein reicher Kaufmann dieses große Schloß für seine Tochter von unzähligen Baumeistern und Sklaven in einer Nacht habe bauen lassen«, antwortete diese.

»Was schnell gebaut wird, zerfällt im Nu«, erwiderte der Prinz, lachte und kehrte in den Salon zurück. Die folgenden Monate vergingen schnell. Der Prinz wurde zum König ausgerufen, und so vergaß er das Schloß auf dem Hügel und dessen merkwürdige Weinlaube, die mitten im Winter immer noch grün war. Er eilte Nacht für Nacht sehnsüchtig zu seiner Frau und vergaß in ihren Armen seinen Kummer.

Seine Mutter wurde schwanger und als sie eines kalten Wintertages auf die Terrasse trat, um sich etwas zu sonnen, sah sie die schönen roten Früchte dort drüben in der Weinlaube und wünschte sich eine Traube. Der Wunsch schwangerer Frauen war damals heilig. Sie schickte einen Sklaven zum Schloß, um sich eine Weintraube holen zu lassen. Doch alsbald kehrte dieser stumm zurück. Die Königin staunte über seinen Zustand und schickte ihre treueste Zofe hinüber. Doch als diese zurückkehrte, vermochte auch sie nicht mehr zu sprechen. Als der junge König das erfuhr, tadelte er seine Gattin: »Geh doch selbst zur Nachbarin, begrüße sie und bleibe ein wenig bei ihr sitzen; dann wird sie dir wohl einen Teller Trauben vorsetzen.«

»Ich habe Angst, alleine zu ihr zu gehen«, erwiderte die Königin. »Und doch will ich von diesen wunderbaren Trauben kosten.« So brachen beide zum Schloß auf. Als sie ankamen und den Garten mit den Gazellen bewundert hatten, stiegen sie die Treppen zum Gästeraum empor. Dort wurden sie von einer freundlichen alten Dame empfangen. Sie führte die beiden zu einem großen Sofa, legte ihnen zwei Federkissen in den Rücken und lächelte. »Die Herrin läßt sich entschuldigen, bis sie sich ihrem hohen Besuch entsprechend zurechtgemacht hat«, sprach sie und brachte beiden zwei goldene Wasserpfeifen. Das königliche Paar genoß den feinen Tabak, und als die Dienerin eine große Obstschale hereintrug, war ihre Freude über die großen roten Trauben unermeßlich. Voller Gier und Ungeduld griff die Königin zu und stopfte die Trauben hastig in ihren Mund. Plötzlich aber schrie sie auf und warf die Trauben zu Boden. »Sie sind vergiftet. Sie brennen wie Feuer«, kreischte sie und wälzte sich vor Schmerz auf dem Sofa. Der König wunderte sich, da er von den Trauben gegessen hatte, ohne einen Schmerz zu spüren. Er sprang aber voller Sorge auf und eilte zu seiner Gattin, gerade als Wintertraube den Raum betrat. Der König drehte sich zornig zu ihr um, doch er erschrak, denn sie trug die alten zerfetzten Kleider und schaute ihn mit dem wilden Antlitz an, das ihn so verzaubert hatte, als er ihr zum ersten Mal begegnet war.

»Win...ter...traube...«, stotterte der König, schaute seine Mutter an, deren Gesicht immer mehr glühte und dunkelrot anlief. »Wer... ist diese Frau denn?« fragte er und trat von seiner Mutter zurück, als die Haut ihres Gesichtes aufplatzte. »Die Trauben werden es dir zeigen, mein Geliebter. Sie ist deine Mutter!« Voller Wut wollte die Mutter auf Wintertraube zuspringen, doch diese rief: »Klebe, Kissen, klebe, laß sie nicht davonkommen«, und das Kissen verhinderte die Flucht der Mutter. Der König wollte seine Mutter erwürgen, doch Wintertraube hielt ihn zurück. »Laß sie. Sie wird mit ihren Wünschen hier im Schloß gefangen bleiben.«

Im Nu verfiel das Schloß zu einer furchtbaren Ruine, in der die zornigen Flüche der Königin widerhallten. Der König nahm seine Wintertraube in den Arm und eilte nach Hause. Und wenn die Sklaven heute noch lebten, so würden sie schwören, daß sie den Unterschied zwischen beiden Wintertrauben nie bemerkt haben.

Takla oder Warum mein Großvater vierhundert Jahre sein Gewehr trug

Ich war fünfzehn Jahre alt, als mein Großvater starb. Meine Eltern fuhren nach Malula, um ihn dort zu begraben, denn das war sein letzter Wunsch gewesen. Man erzählt, daß seine Brüder ihn hatten mitnehmen wollen, als sie nach Amerika auswanderten, doch er soll zu ihnen gesagt haben: »Ich will in Malula begraben werden. In Amerika fühlen sich meine Knochen nicht wohl.« Meine Eltern fuhren ohne uns Kinder zur Beerdigung. In der Nacht weinte ich leise unter meiner Decke. Ich liebte den alten Mann, obwohl er mich nicht besonders gemocht hatte.

Er hatte einen ganz eigenen Humor. Wenn er bei uns zu Besuch war, was selten vorkam, da er in Malula lebte und Damaskus nicht leiden konnte, wollte er immer bei uns Kindern schlafen. Meine Eltern versuchten stets, ihm ihr großes Bett aufzudrängen, doch er zog es vor, im winzigen Kinderzimmer auf einer dünnen Matratze zu schlafen. Die ganze Nacht tollte er mit uns herum; er spielte Karten wie ein Teufel, und mit den Murmeln konnte kein Gassenjunge besser umgehen als dieser alte Mann. Er warf die kleinen Glaskugeln so gut, daß er andauernd gewann. Verlor er doch einmal, so mußten sich alle Heiligen seine Flüche und Verwünschungen gefallen lassen. Er mogelte wie ein Taschenspieler, und seine Finger waren so erbarmungslos schnell, daß es richtig Spaß machte, ihn aufs Kreuz zu legen. Die anderen Erwachsenen waren viel zu dumm, uns beim Spiel ernstzunehmen.

Wenn er bei uns war, spürten wir keine Müdigkeit und spielten, bis mein Vater die Geduld verlor und seinen eigenen Vater mahnend ins Bett schickte. Der Alte mimte vor seinem Sohn den erschrockenen Lausbuben. Doch nach einer Weile meldete er sich leise im Dunkeln. Wir waren immer noch wach, und er erzählte uns Geschichten, die ich überhaupt nicht verstand, doch seine warme Stimme füllte das kleine Zimmer und zog mich in ihren Bann. Manchmal sprang er in seinem Bett auf und stellte die Helden dar, von denen er erzählte, doch wir sahen nur seine weiße Unterwäsche hin- und herspringen.

Er sprach nie Arabisch, sondern immer nur Aramäisch, die Sprache seines Dorfes Malula. Meine Eltern und älteren Brüder konnten Aramäisch gut sprechen. Ich dagegen bin in Damaskus aufgewachsen und lernte erst später die Sprache meiner Eltern. Damals also, als er uns besuchte, sprach ich ihn immer wieder auf arabisch an. Er antwortete mir nicht, sondern zog verstimmt seine buschigen Augenbrauen zusammen und meckerte meinen Vater an. Ich verstand kein Wort, aber ich wußte, daß er ihm meinetwegen nicht gerade Komplimente machte. Heute denke ich, daß er mich wegen meiner Unkenntnis seiner geliebten Sprache weniger gemocht hat.

Man sagt, die Damaszener bekommen im Monat August die meisten Alpträume. Wen soll es auch wundern bei dieser Bruthitze? Eines Nachts, im August 1961, fast zwei Wochen nach Großvaters Tod, erschien er mir im Traum:

»Vierhundert Jahre lang kämpfte ich hier, mein Junge«, sprach er zu mir auf arabisch. »Vierhundert Sommer habe ich es hier unter der sengenden Sonne ausgehalten, damit die Kinder unten auf dem Dorfplatz in Ruhe spielen können. Schau dir meine Flinte an. Sie ist meine einäugige und treue Geliebte. Ich pflege und streichele sie, und sie läßt mich nie im Stich, auch dann nicht, wenn der König wiederkommt, um Takla zu holen.« Mein Großvater saß schwitzend in seinem Fell auf einem hohen Felsen über dem Dorf. Sein Blick streifte wie ein Adler über die Häuser am Fuße der Felsen und die Terrassenfelder in der Ferne.

»Großvater, zieh das Fell aus. Es ist heiß!« sagte ich aus Mitleid, aber der Alte lachte. »Was Kälte wehrt, taugt auch gegen die Hitze. Aber meine Flinte ...«

»Ach Opa«, unterbrach ich ihn. »Was soll das mit der alten Knarre. Sie trifft nicht einmal einen Elefanten auf einen Meter Entfernung. Nimm dir doch eine Kalaschnikow. Sie ist viel besser.« Das fand er aber gar nicht lustig. »Rede nicht schlecht von meiner einäugigen Geliebten«, schrie er mich an. »Sie kann einen Adler im siebten Himmel treffen«, fügte er hinzu, zielte mit der Flinte nach oben und drückte ab. Es krachte furchtbar, und ich fuhr erschrocken im Bett auf. Draußen dämmerte der Morgen. Ich war hellwach. Eine Weile blieb ich im Bett liegen und hörte durch das offene Fenster den Nachbarn Elias im Erdgeschoß schnarchen. Der Verkehrspolizist wurde oft wegen seiner Sägekonzerte gehänselt. Er aber antwortete jedesmal unerschrocken: »Das bin nicht ich. Das sind die Autos, die am Tage in meinen Kopf eindringen.«

Kurz nach fünf sah ich meine Mutter in die Küche gehen. Jeden Morgen stand sie auf, kochte einen Mokka für meinen Vater und unterhielt sich etwas mit ihm, bevor er in die Bäckerei ging. Ich schlich zu ihr. »Was machst du zu dieser Stunde?« fragte sie überrascht, weil sie sonst immer die größte Mühe hatte, mich aus den Federn zu locken.

»Der Opa hat mich im Traum erschreckt«, antwortete ich. »Stimmt es, Mutter, daß Opa vierhundert Jahre mit der Flinte gekämpft hat?« fuhr ich fort und setzte mich auf einen kleinen Hocker.

»Kein Mensch auf Erden bringt es auf vierhundert Jahre«, sagte sie mit leiser Stimme, dann lächelte sie. »Und dein Opa hat oft eine Arrakflasche, aber nie eine Flinte in der Hand gehabt. Er war immer besoffen und schlug deine Oma, Gott sei ihrer Seele gnädig. Geh jetzt wieder schlafen!« sagte sie und lachte. »Der Alte und eine Flinte!« wiederholte sie kopfschüttelnd. Meine Mutter hatte ihren Schwiegervater nie besonders leiden können.

»Und dein Vater, hat der Malula mit der Flinte verteidigt?«

»Ein Gewehr war damals ein Vermögen wert. Meine Eltern waren sehr arme Leute. Nein, mein Vater hat nie eine Flinte besessen, aber er hatte Hände so stark wie die Felsen, selig soll er im Schoße Gottes ruhen. Er war Schmied, und wenn er mit dem Hammer auf den Amboß schlug, konnten die Bauern im Nachbardorf die Schläge mitzählen. Solche Schultern hatte er«, sagte sie und breitete ihre Arme aus. »Und doch war er so zärtlich wie ein Küken mit deiner Oma. Frage sie, und du wirst sehen. Sie wird sofort weinen vor lauter Sehnsucht. Doch eines kann ich dir noch berichten. Einmal ist ein Stier ausgebrochen und rannte wild durch die Gassen. Drei Männer hat er schwer verletzt, doch da stand dein Großvater mitten auf der Gasse, rief ›O heilige Maria, steh mir bei!‹ und schlug das Biest mit der Faust mitten zwischen die Hörner, da brach der Stier zusammen und war auf der Stelle tot.« Sie hielt eine kurze Weile inne und schaute mich an. »Von allen Kindern bist du ihm am ähnlichsten. Gott gebe dir seine Kraft.«

Mein Vater schaute mich auf dem Weg ins Bad erstaunt an. »Sieh da, auch der Bäckerssohn wacht früh auf! Der Apfel fällt wohl doch nicht weit vom Stamm.«

»Vater, sag, war mein Opa ein Held?« fragte ich ihn am Waschbecken.

»Held? Nein ein Held war er nicht«, sagte er und seifte sein Gesicht ein.

»Hatte er eine Flinte? Ich meine, konnte er gut zielen?« setzte ich nach.

»Nein, eine Flinte besaß er nicht. Er war ein sehr friedlicher Bauer, aber seine Zunge war gefürchtet. Mein Gott, du hättest seine Verse hören sollen, jedes Wort treffender als ein Pfeil. Die Dichter waren früher Propheten, sie konnten hellsehen. Dein Opa sah die Angreifer von Malula schon Wochen im voraus. Er trieb die Bauern an, damit sie Vorräte in Sicherheit brachten, denn Malula liegt geschützt in den Felsen, aber wenn man keine Vorräte hat, wird die Festung zur Todesfalle. Am Anfang lachten ihn die Leute aus und sagten, unser Dichter ist wieder betrunken und träumt mit offenen Augen, doch nach genau zwei Wochen kamen die Angreifer, auf den Tag und die Stunde genau, wie es mein seliger Vater vorausgesagt hatte«, fügte er hinzu und kehrte in das Schlafzimmer zurück. Ich folgte ihm. »Können Menschen vierhundert Jahre leben?«

»Warum nicht? In der Bibel lebten sie auch lange. Warum also nicht?« fragte er erneut und zuckte mit den Schultern. »Aber unsereins ist schon mit vierzig eine Leiche. Damals waren die Leute arm, lebten aber nicht so elend wie wir«, fuhr er fort.

Beruhigt ging ich wieder ins Bett und alsbald schlief ich ein. Doch plötzlich war mein Großvater wieder da. »Vierhundert Jahre lang habe ich Malula vor dem König beschützt. Schau dir meine Orden an!« rief er und riß sein Hemd auf. Große Narben übersäten seine Brust. »Nun, warum habe ich das alles gemacht? Damit du auf aramäisch singen kannst, mein Junge, sing mir was Schönes vor, singe!«

»Ich kann doch kein Aramäisch«, antwortete ich.

»Was?!« schrie der Alte entsetzt. »Dreihundertmal wurde Malula verbrannt und du kannst keine aramäischen Lieder?« Und als ich den Kopf schüttelte, drückte er den Lauf seiner Flinte auf meine Brust. Da wachte ich erschrocken auf.

»Mutter, erzähl doch, hat der Großvater nie gekämpft?« fragte ich beim Frühstück weiter.

»Doch, in der Kneipe fast jede Nacht. Er war ein guter Dichter, hatte aber eine gräßliche Stimme, bei der die

Raben auf ihr Krächzen stolz geworden wären. So sang er und wollte nicht aufhören, bis eine Schlägerei ausbrach, dann verprügelte er singend seine Widersacher.«

»Und Malula, wurde Malula wirklich dreihundertmal verbrannt, oder lügt der Opa?«

»Nein, er lügt nicht. Malula wurde oft verbrannt, aber dein Vater weiß mehr darüber. Frage ihn.« So fragte ich meinen Vater, als er aus der Bäckerei kam. »Mein Gott«, stöhnte er, »auf einmal willst du alles über Malula erfahren. Was ist in dich gefahren?«

»Opa!« antwortete ich. Mein Vater legte sich wie immer nach dem Essen eine halbe Stunde hin, und als er aufwachte, rief er nach mir. »Du wolltest von Malula hören. Gut. Malula wurde dreihundertmal verbrannt, doch seine Bewohner wollten es nicht verlassen. Sie klammerten sich an den Felsen. Man erzählt von Königen, die den Malulianern das Paradies versprachen, wenn sie das Dorf verlassen würden, doch sie wollten lieber in der kargen Landschaft ausharren. Man erzählt viel, die Legenden durchtränken den Boden so stark, daß die Suche nach der Wahrheit nur auf schweren Füßen geht.

Eines Tages kamen die Banden der Brandstifter. Sie griffen unser kleines Dorf an, dessen Bewohner sich zum Schutz auf die höchsten Berge zurückgezogen hatten, doch die Mörder rückten mit ihren Banden näher, besetzten die Felsen, plünderten und steckten das Kloster, drei Häuser und einige Felder in Brand. Man brachte uns Kinder in einer tiefen Höhle in Sicherheit, die man bis heute noch Burg nennt. Es waren wenige Gewehre im Dorf, doch die Malulianer kämpften mit dem Mut der Verzweifelten, sie vertrieben die Angreifer von den Felsen und verfolgten sie bis zur Ebene von Ain el-Tine. Danach kehrten die Männer zurück, und das Dorf empfing sie mit Jubel. Wir Kinder konnten von der Höhle inmitten des Felsens alles mitansehen. Doch alsbald rückten die Banden in einer zweiten Angriffswelle auf Malula zu.

Diesmal kamen sie von der Ebene über die Terrassenfelder, und sie steckten die Bäume in Brand. Dein Großvater hat damals ein Lied über die Bäume gedichtet, die den Himmel verfluchen, weil er diese Banden nicht bestraft. Das Feuer machte die Nacht zum Tag, und so ging der Kampf ununterbrochen weiter bis zum nächsten Tag. Viele Malulianer mußten ihr Leben lassen, doch als die Brandstifter, Gott verfluche ihre Seelen, dem Dorf die Botschaft schickten ›Ergebt euch, sonst werdet ihr getötet‹, antworteten die Malulianer: ›Wir ergeben uns nie, auch wenn keiner von uns übrig bleiben sollte!‹

Der Kampf dauerte lange. Ein mutiger Bote wurde gesucht, um Waffen zu besorgen. Stell dir vor, wer sich da freiwillig gemeldet hat! Der Pfarrer. Eine heikle Aufgabe. Er mußte durch den Belagerungsring schlüpfen. Als Derwisch verkleidet, trug er sehr alte Kleider, einen Bettelnapf und einen Wanderstab in der Hand, doch in der Gegend von Jabrud faßten ihn einige Belagerer und fragten, wer er sei und woher er komme. ›Die Welt ist meine Heimat‹, antwortete er. ›Du bist doch der Pfarrer von Malula‹, widersprach einer, der ihm einmal im Dorf begegnet war. ›Ich kenne das Dorf nicht, doch gehört habe ich davon. Was ist mit Malula?‹ fragte der festgehaltene Derwisch.

›Das letzte Dorf der Aramäer‹, lachte einer der Belagerer.

›Auf meinen weiten Reisen habe ich viele Aramäer getroffen‹, entgegnete der Derwisch. ›Sie leben im Norden Syriens und in der Türkei. Wollt ihr alle diese Menschen umbringen?‹

›Ja‹, entgegnete der Hauptmann. ›Und wenn sie sich hinter den sieben Meeren verstecken, werde ich sie aufspüren und ihr letztes Kind umbringen‹, fügte er drohend hinzu, und seine Männer jubelten.

›Laß es dir von einem Derwisch sagen, mein Junge. Nur Gott ist allwissend, doch ich habe in einem alten

Buch gelesen: Unter den Häusern Syriens sind aramäische Grundmauern, und jedes Mal, wenn ein Aramäer stirbt, löst sich ein Stein davon in Luft auf. Die Mauer wird mit jedem verlorenen Stein schwächer. Hingegen befestigt jeder aramäische Neugeborene sie mit einem neuen Stein. Denkt daran, bevor es für eure Häuser zu spät ist‹, sprach der Pfarrer und ging vom Gelächter der Schar begleitet seines Weges.

Immer wieder wurde er aufgehalten, doch er redete sich jedesmal heraus und setzte seine Reise fort. In Damaskus besorgte er Waffen und schmuggelte sie nach Malula. Mit diesen Waffen vertrieben die Malulianer die Angreifer und zerschlugen ihren Belagerungsring. Aber ein Jahr später kam wieder eine Bande, die das Dorf umzingelte. Die Bauern von Malula schlugen sie nach einem dreiwöchigen Kampf zurück. Der Anführer der Bande war ein merkwürdiger Mann. Er zog mit seinen Männern mordend und plündernd nach Jabrud ab. Es war ein kleines Städtchen. Seine Bewohner sind sehr friedliche Handwerker. Und seine Bauern haben sich in ganz Syrien durch den Anbau von Kartoffeln einen Namen gemacht. So gute Kartoffeln wie die von Jabrud gibt es in ganz Syrien nicht, und diese Knolle brachte ihnen Ruhm und Reichtum. Nun, die Stadt Jabrud konnte sich nicht einmal fünf Stunden verteidigen, die Mörder ritten in die Stadt und raubten sie aus. Stell dir vor, worauf sie ganz wild waren! Man glaubt es nicht. Auf Musikinstrumente! Als sie die Stadt verließen, waren alle Trommeln, Zithern, Lauten und Flöten verschwunden. Nicht einmal ein einziges Schellentamburin ließen sie zurück. Niemand konnte erklären, weshalb die Plünderer zwar Seide und Gold, aber keine Laute übersahen!

Mein Sohn, später sollte es für Malula noch schwerer werden. Eines Tages griff ein Trupp von über achthundert schwerbewaffneten Banditen unter der Führung eines Mörders das Dorf an, Gott verbrenne seine Seele. Das

Dorf zählte samt Kindern nicht einmal 1500 Einwohner. Nun, die Überzahl der Belagerer wäre nicht so schlimm gewesen, wenn sie nicht über Kanonen verfügt hätten. Dieser Angriff war der schwerste von allen. Über achthundert Männer zogen einen festen Ring um das kleine Dorf. Sie konnten von Norden anrücken und die Felsen besetzen, doch die Malulianer kämpften mutig. Mehrere Leute fielen gleich am ersten Tag. Die Botschaft des Anführers verwirrte das Dorf: ›Wir wollen euch nur befreien, doch wenn ihr nicht wollt, so müssen wir euch umbringen.‹ Einige wollten aufgeben, doch ein junger Mann rief: ›Eine Befreiung kommt nie von außen!‹ und diese Worte brüllten die Bewohner den Angreifern als Antwort entgegen.

Die Malulianer versteckten die Kinder und ihr Vieh und verschanzten sich gegenüber dem schwerbewaffneten Heer. Sie schickten zwei mutige Männer in die Hauptstadt, um der Regierung mitzuteilen, daß die Belagerer mit Kanonen ausgerüstet waren. Der Anführer der Brandstifter ließ seine Kanonen auf das Kloster richten und bombardierte es, um die Bewohner zu demütigen, doch eine Handvoll Leute verteidigte das Kloster und hinderte ihn daran, es zu besetzen. Nacht für Nacht schlichen erfahrene Bauern zum feindlichen Lager und steckten die Vorratszelte in Brand. Der Kampf dauerte Wochen, und als die Belagerten im Kloster die letzten Reserven verzehrt hatten, riefen sie: ›Wir haben nichts mehr zu essen. Wir werden nicht kapitulieren, aber laßt uns nicht den Hungertod sterben!‹ Doch dieser Verfluchte hatte alle Wege zwischen dem Kloster in den hohen Felsen und dem Dorf abgeschnitten, so ließen die belagerten Verteidiger ein Seil zum Dorf herunter, und die Malulianer sammelten Essen für sie in einem großen Korb, den die Belagerten hinaufzogen. Der Bandenführer ließ auf den Korb schießen, doch er konnte ihn nicht treffen. Die Granaten zerstörten damals den Glockenturm. Im Dorf waren genug Vorräte, und mit der Zeit wendete sich das Blatt. Die Belagerer litten von Tag zu Tag mehr unter dem Hunger, und so mußten sie abziehen.

Eine große Freude war das, als wir am folgenden Tag durch die Rufe der Männer vom Klosterdach herab geweckt wurden. ›Sie sind abgezogen, sie sind abgezogen! Malula ist frei!‹ riefen sie. Großer Jubel brach im Dorf aus. Die Leute tanzten und weinten vor Freude, dann trieben sie ihre Tiere auf die Felder, damit die armen Geschöpfe nach Wochen der Dunkelheit etwas frische Luft schnappen konnten. Das ganze Dorf war auf den Beinen. Alsbald kamen auch Flugzeuge der Regierung, die Menschen winkten und sprangen in die Luft, doch plötzlich griffen die Flugzeuge sie an, weil die Piloten wahrscheinlich die Malulianer für Banditen hielten. Sie schossen auf alles, was sich bewegte. Ich war auch dabei und rannte ängstlich in eine Erdhöhle. Einige alte Bauern sahen zum ersten Mal in ihrem Leben ein Flugzeug. Sie wurden starr vor Angst. Ich erinnere mich noch an ihre hilflosen Rufe. ›Das ist der Zorn Gottes!‹ riefen die einen. ›Das sind fliegende Busse!‹ riefen die anderen. Ich muß lachen, wenn ich daran denke, wie mancher Muskelprotz sich hilflos hinter einer Maispflanze verstecken wollte und ernst um Ruhe bat. Die Malulianer, mein Junge, haben im Laufe der Jahrhunderte gelernt, Angriffe aus allen Himmelsrichtungen abzuwehren, doch gegen einen Überfall vom Himmel herab hatten sie kein Mittel. Die Flieger beschossen uns nicht nur. Sie warfen auch Bomben ab. Das Geschrei steckt mir noch heute tief in den Knochen. Viele von uns wurden verletzt und einer starb. Er hieß Chalil Sora. Den armen Bauer werde ich nie vergessen. Unsere Freude war in Trauer umgeschlagen, die lange Wochen andauerte. Als der Pfarrer bei der Regierung in Damaskus protestieren wollte, beschimpften ihn die Militärs: ›Erst bettelt ihr um Hilfe, und wenn wir euch helfen wollen, meckert ihr‹, spotteten sie. Seitdem können viele Malulianer kein Militär der Welt mehr leiden.« Mein Vater machte eine Pause, dann fuhr er fort: »Nun, das war vor vierzig Jahren. Seitdem hat niemand mehr Malula angegriffen. Doch ich erinnere mich genau daran, daß dein Großvater einmal Fieber hatte. Er richtete sich plötzlich in seinem Bett auf und rief laut: ›Sie kommen unbemerkt auf leisen Sohlen!‹ Als wir ihn fragten, wer da kommen sollte, lachte er bitter. ›Was helfen die Felsen, wenn die Malulianer dem Eroberer ihre Schlafzimmer anbieten.‹ Vielleicht war das das Fieber, denn er hat sich diesmal doch geirrt. Denn so dumm können die Malulianer nicht sein, den Mördern und Brandstiftern auch noch ihre Schlafzimmer aufzuschließen«, fügte mein Vater hinzu und drückte auf den Knopf des Fernsehers.

»Vierhundert Jahre habe ich es hier ausgehalten, denn ich wußte, der König wird immer wieder versuchen, Takla zu entführen«, sprach mein Großvater in der nächsten Nacht im Traum zu mir und leckte seine ausgetrockneten Lippen. »Wer ist dieser König, und was hat Malula ihm angetan?« fragte ich neugierig.

»Was? Hast du noch nicht vom König gehört?« wunderte sich der Alte.

»Nein, erzähl doch mal, Opa«, bat ich den alten Mann.

»Mein Gott, wo soll ich bloß anfangen?« stöhnte er, dann aber rief er: »Gut, ich werde dir die ganze Geschichte erzählen:

Jauma mjumo oth ehda bertsch elmalka uschma Takla, uaibin tisoja ma'aptil Sanma.«

»Aber Opa, ich verstehe kein Wort«, rief ich.

»Ach ja. Ich habe vergessen, daß du kein Aramäisch kannst«, sagte er verschmitzt und streichelte mir über den Kopf. »Na gut, ich erzähle dir die Geschichte auf arabisch. Es war einmal eine Königstochter namens Takla. Man erzählte, ihre Eltern beteten damals noch zu Götzen. Takla aber schloß sich heimlich den Christen an. Damals wurden die Christen überall verfolgt. Takla war eine kleine und schmächtige Frau, doch sie besaß das Herz einer Löwin. Als sie siebzehn Jahre alt wurde, wollten ihre Eltern sie einem Prinzen zur Frau geben, doch Takla lehnte ab. Sie wollte nicht heiraten. Damals war es einer Frau nicht erlaubt, dem Willen ihrer Eltern zu widersprechen oder ihn gar abzulehnen. So schlugen die Eltern auf Takla ein, doch sie gab nicht nach. Ihr Vater versprach sie dem freienden Prinzen und setzte den Tag der Hochzeit fest. Takla versuchte ihre Eltern und den Prinzen zu überzeugen, daß sie ihren eigenen Weg gehen müsse, doch sie predigte tauben Ohren. Einen Tag vor der Hochzeitsnacht flüchtete sie. Ihre Zofe, eine griechische Sklavin, gab ihr den Rat, nach Malula zu fliehen. Warum nach Malula, wirst du fragen. Ganz einfach. Malula war in der damaligen Welt als Zufluchtsort für Sklaven bekannt. Aber warum war ausgerechnet ein kleines Dorf am Ende der Welt in aller Munde? Das hat eine Geschichte, die ich dir gleich erzählen will.

Vor langer, langer Zeit waren die Aramäer, die Urgroßeltern der Malulianer, ein mächtiges Volk. Doch so mächtig sie auch immer waren, sie konnten ihren Niedergang nicht verhindern, genau wie es die Ägypter, Griechen, Perser und Araber nicht vermochten. Ein mächtiges Heer zog gegen die letzte Festung der Aramäer, um sie zu vernichten. Die Aramäer kämpften verzweifelt und brachten dem Eroberer empfindliche Verluste bei, doch dann erlagen sie seiner Übermacht und fielen in Scharen unter seinen Schwertern und Pfeilen. Etwa hundert Aramäer konnten flüchten. Sie irrten in den Bergen und Ebenen umher. Der Eroberer setzte ihnen nach, bis seine Truppen die halb Verhungerten in eine Schlucht treiben konnten und die Fluchtwege abschnitten. Nun wollte der Heerführer, der den Verlust seiner besten Offizieren zu beklagen hatte, den geschundenen Aramäern nicht einmal einen schnellen Tod gönnen. Sie sollten samt ihren Kindern durch Hunger und Durst elend zugrunde gehen. Zwei Tage lange dämmerten die Aramäer in jener Schlucht vor sich hin. Das Geschrei der Kinder schnitt sich in die Herzen der Erwachsenen bitterer als der Tod. Am dritten Tag hörte eine Fee die Rufe der Kinder und eilte zu ihnen. ›Seid ihr nicht die einst mächtigen Aramäer?‹ fragte sie. ›Eure Bauten, Lieder und Märchen sind der feste Boden für die Nachgeborenen. Ihr habt ein gutes Werk vollbracht. Seid froh drum!‹

›Du machst vielleicht Witze‹, zürnte ein junger Schäfer. ›Wir verrecken heute, und du erzählst uns, wie schön es gestern war.‹ Der älteste der Überlebenden wollte sich für die Frechheit des unerfahrenen Jünglings entschuldigen, doch die Fee fand Gefallen an seinem Mut. ›Laß nur. Er hat recht‹, beruhigte sie den alten weisen Mann und verschwand, um nach kurzer Zeit mit Brot, Milch und Wasser zurückzukehren. Nachdem die Aramäer ihren Durst und Hunger etwas gestillt hatten, sprach die Fee: ›Ich hole euch hier heraus und führe euch an einen sicheren Ort, doch ihr müßt mir euer Wort geben, daß ihr, so hoch auch der Preis dafür sein möge, Flüchtenden euer Haus und Herz öffnet. Und so wie ich eure Rufe nicht überhörte, so dürft ihr eure Ohren ihren Hilferufen nicht verschließen.‹

›Wir versprechen es und setzen unser Leben dafür ein, daß jeder Flüchtling in unserer Mitte Zuflucht findet‹, versprachen die geschundenen Aramäer in jener Schlucht. Die Fee nahm sie an die Hand und führte sie durch die Schar der Soldaten, ohne daß diese sie sehen konnten. So erreichten sie den höchsten Berg in Syrien. ›Dort in dem Felsen wird keiner euch unterwerfen können. Vergeßt euer Wort nicht‹, sagte sie zum Abschied.

›Nein, das werden wir nicht. Wir werden unseren Ort nach dir benennen, damit noch unsere Urenkel nie einen schutzsuchenden Fremden zurückweisen. Wie heißt du, gute Fee?‹ fragte der junge Schäfer.

›Malula‹, antwortete die Fee leicht errötend und flog davon, doch man erzählt, sie hätte sich in den jungen Schäfer verliebt und ihn in den nächsten Jahren immer wieder besucht.

Von nun an lebten die Malulianer sicher im Schutz der Felsen. Sie nahmen jeden flüchtenden Soldaten, Sklaven oder Räuber auf, und von Mund zu Mund ging diese Kunde um die Welt, so daß in vielen Armeen der Name Malula als Aufruf zum Ungehorsam galt.

Nun zurück zu Takla. Als sie von Malula erfuhr, machte sie sich auf den Weg. Am nächsten Tag erfuhr die königliche Familie von der Flucht ihrer Tochter. Der König schäumte vor Wut und schickte seine besten Reiter, sie wieder einzufangen. Takla wanderte durch Wälder und Wüsten. Sie ruhte sich am Tage nur für ein paar Stunden aus, doch sie hatte auch nach einem Monat die Reiter noch auf den Fersen. Eines Nachmittags sah sie Staub am Horizont aufsteigen. Sie ahnte, daß sie verloren sei, da ihre Häscher sie noch vor Einbruch der Dunkelheit erreichen würden. Am Straßenrand sah sie einen Bauern seinen Weizen säen. Er schaute sie an. ›Wovor hast du Angst, junge Frau?‹ erkundigte er sich.

›Sie wollen mich umbringen!‹ antwortete Takla.

›Wie kann ich dir helfen?‹ fragte er.

›Gib mir einen Schluck Wasser‹, bat sie und holte Atem. ›Und wenn sie dich nach mir fragen, sage, du hättest mich gesehen, als du gesät hast.‹

›Aber Mädchen, sie werden dich hinter dem nahen Hügel erwischen‹, erwiderte der Mann und gab ihr Wasser. Takla trank und eilte davon. Als der besorgte Bauer sich zu seinem Feld umdrehte, stand der Weizen voll in Ähren. Der Mann fiel vor Schreck auf die Knie. Schnell bündelte er seine Sachen, sattelte sein Maultier und wollte Takla folgen, als plötzlich die Reiter auftauchten. ›He Bauer‹, rief ihr Anführer, ›hast du eine junge Frau von edler Gestalt hier vorbeigehen sehen?‹

›Ja‹, erwiderte der Bauer, hielt eine kurze Weile inne. ›Als ich den Weizen gesät habe‹, fügte er hinzu und schaute den Anführer an. Dieser drehte sich zu seinem Gefolge um. ›Hier stimmt etwas nicht‹, mutmaßte er. ›In dieser Zeit wird kein Weizen reif. Sie ist bestimmt eine Hexe. Wer mitten im Herbst Weizen in Ähren stehen lassen kann, der kann uns mit leichter Hand im Schlaf töten‹, stöhnte er und gab den Befehl zur Umkehr.

Takla erreichte nach einem weiteren Monat das Dorf Malula. Sie wurde aufgenommen und lebte zufrieden unter seinen Bewohnern. Doch als die Reiter dem König vom Weizenfeld erzählten, das in Ähren stand, barst er vor Wut. ›Was für Idioten habe ich hinter der verschlagenen Schlange hergeschickt?‹ brüllte er und ließ die Schar enthaupten, dann peitschte er eigenhändig so lange die Zofe aus, bis sie zusammenbrach und ihr Geheimnis preisgab.

›Dieses verfluchte Dorf!‹ schnaubte der König. ›Es reicht nicht, daß diese Barbaren meine Soldaten verderben. Nun nehmen sie mir auch noch meine eigene Tochter. Auf nach Malula!‹ schrie er seinen versammelten Offizieren entgegen. Das Heer des Königs füllte die Ebene unterhalb von Malula, und der aufgewirbelte Staub bedeckte den Himmel. Takla erkannte die Fahnen ihres Vaters. Sie bot den Malulianern an, das Dorf zu verlassen, um es vor dem Zorn des Königs zu schützen, doch die Malulianer lehnten das ab. ›Wer in Malula Zuflucht findet‹, beruhigte sie der weise Dorfälteste, ›hat auch einen Platz in unserem Herzen gefunden.‹ Er schickte sie mit den Kindern in eine Höhle in der Felsmauer und erwartete auf dem Dorfplatz die Ankunft des Königs. Als dieser ankam, schrie er dem Dorfältesten und seinen Begleitern zu, er solle Takla herausgeben. Doch der alte Mann lächelte. ›Majestät‹, sagte er leise, ›du bist der langen Reise müde. Beehre mich mit deinem Besuch in meinem bescheidenen Haus. Wir haben hier in den Bergen sogar im

Sommer Schnee, und ein kühles Rosinenwasser wird dein edles Herz erfrischen. Ich verstehe als Vater deinen Zorn, doch Takla hat ihren Weg gewählt und unser Dorf erreicht...‹

›Halt den Mund, alter Barbar‹, unterbrach ihn ein Wesir des Königs, ›und wenn du mit dem König aller Könige redest, so knie nieder vor dem liebsten Sohn der Götter!‹ Er schlug dem Dorfältesten mit der Peitsche ins Gesicht. Einige junge Kämpfer des Dorfes wollten ihre Schwerter ziehen, doch der weise alte Mann hob seine Hand. ›Ich bin ein einfacher Bauer‹, erwiderte er, ›doch eines Abends hörte ich ein Schaf zu einem anderen sagen, wie göttlich ist doch der Mensch, er kann mit seinen Händen nach den Sternen greifen. Seitdem knie ich vor niemandem. Ich will nicht, daß die Schafe mich zu ihresgleichen zählen!‹ Er wandte sich zum König. ›Mein bescheidenes Haus beehrt sich, dir Schatten und Freundschaft zu schenken.‹

›Wir sind nicht hier, um Märchen zu hören. Gib Takla heraus, oder du stirbst‹, schrie der Kronprinz, Taklas ältester Bruder, als er merkte, daß der König bei den Worten des alten Mannes nachdenklich wurde.

›Mein Sohn‹, erwiderte der alte Mann. ›Du drohst mir mit dem unvermeidlichen Reiseziel eines jeden Menschen seit Gilgamesch. Ich bin alt. Wenn ich sterbe, wird das Dorf mich kurz beweinen, aber der Zukunft mit erhobenem Haupt entgegenblicken. Wenn ich aber für mein billiges Leben Takla ausliefere, wird uns die Schmach unserer Feigheit und der Fluch von Malula jeden Tag aufs neue töten. Wenn du erlaubst, werde ich dir die Geschichte dieser Fee erzählen, die uns verpflichtete...‹ Doch der alte Mann brach bei diesen Worten vom Speer des Kronprinzen getroffen zusammen. Wie aus seinen Gedanken aufgeweckt rief der König: ›Alle zu mir. Holt euch Takla!‹ Und die Soldaten griffen das Dorf an. Sie steckten die Häuser in Brand, und die Malulianer kämpften drei volle Tage, bis keine Frau und kein Mann mehr lebten, doch Takla fanden die Eroberer nicht unter den Toten. ›Ich weiß, daß sie da ist. Ich fühle es. Sie ist da. Sucht weiter!‹ rief der König immer wieder in seinem Zelt. Doch auch als das ganze Dorf ein einziges Flammenmeer war, und das Feuer die letzte Katze und die letzte Maus aus den Ruinen vertrieben hatte, war Takla nicht aufgetaucht. Nun aber erblickte der Kronprinz den Eingang der Höhle in der Felswand. ›Hier ist sie‹, rief er und schickte nach seinem Vater. Der König ritt, von seinen Offizieren begleitet, zu der bezeichneten Stelle. ›Takla!‹ brüllte er, und seine Stimme hallte in den Felsen wider, zu deren Füßen schweigend die Soldaten standen. ›Takla, du hast dem Dorf Mord und Totschlag gebracht. Komm heraus!‹ Takla wollte sich ergeben, um die mit ihr verborgenen Kinder zu retten, doch diese klammerten sich an sie und weinten. ›Takla‹, brüllte der König, der nun durch das Geheul der Kinder sicher war, daß seine Tochter sich in diesem Versteck aufhielt. ›Nur meine Leiche könnt ihr haben, ihr Mörder‹, rief Takla zurück. Der Eingang der Höhle lag mehr als zwanzig Mann hoch über dem Boden, man konnte nur durch eine Leiter in das Versteck gelangen, die man dann hochzog. ›Baut eine Leiter und holt Takla‹, befahl der König und wandte sich zum Kronprinzen um. ›Du holst sie mit deinen eigenen Händen. Keiner dieser Sklaven und Soldaten darf sie anfassen. Schleife sie zu mir herunter. Ich werde sie eigenhändig in mein Reich zurückbringen.‹

›Und die Kinder?‹ fragte einer der Offiziere.

›Kein Kind darf überleben. Keiner unter der Sonne soll von dieser Schmach erzählen können. Der Wind wird die Reste dieses Dorfes zerstreuen‹, antwortete der König, befahl seinen Offizieren, beim Kronprinzen zu bleiben, und ritt zu seinem Zelt zurück. Die Soldaten fällten zwei Pappelbäume, die am Bach neben dem Felsen wuchsen, bauten eine gewaltige Leiter und lehnten sie an den Felsen. ›Keiner wird mir entkommen. Du wärst besser nicht geboren, Unglückselige!‹ rief der Bruder und stieg die Sprossen der Leiter hinauf. Als er mit gezogenem Schwert triumphierend in der Öffnung der Höhle erschien, schrie Takla ihre Angst um die Kinder aus dem Herzen heraus. Da spaltete sich plötzlich der Fels mit einem furchtbaren Donner. Die Pferde am Fuße des Felsens stoben zurück, und die Soldaten suchten das Weite, aber sie wurden von den herabstürzenden Steinbrocken erschlagen. Takla und die Kinder blieben unversehrt in der Höhle. Im Schutze der gewaltigen Staubwolke flüchteten sie durch die entstandene enge Schlucht, die bis heute Taklas Namen trägt. Ein Bild des Grauens bot sich den Augen des Königs. Sein liebster Sohn lag unter den Steinen verschüttet. Vierzig Tage lang soll der König seinen Sohn beweint haben. ›Hier wird keiner mehr auch nur den Schatten eines Hauses finden‹, soll er gesagt haben, bevor er sein Pferd bestieg und mit den verängstigten Überlebenden seines Heeres in sein Reich zurückritt.

Takla kehrte mit den Kindern zurück, sie begruben die Toten und bauten langsam das Dorf wieder auf. Die Kinder wuchsen zu Frauen und Männern heran. Takla sorgte für sie wie eine Mutter.

Takla kannte ihren Vater gut. Sie war sicher, daß er und seine Nachfahren immer wieder kommen würden. Deshalb ließ sie von der Wasserquelle aus kleine Kanäle bauen, die in die Berghöhlen führten. Jahr für Jahr trug sie Vorräte in die verschiedensten Verstecke und ruhte sich kaum aus. Tag für Tag ließ sie Wächter auf den höchsten Felsen sitzen, da wo auch ich jetzt sitze, und die Ebene bewachen. Mein Junge, es war eine Ehre, der Wächter des Dorfes zu sein. Der König starb kurz nach seiner Rückkehr, doch sein Haß auf Malula pflanzte sich in seinen Nachfahren fort.

Takla war eine großartige Frau. Als sie starb, trauerte das ganze Dorf ein Jahr lang, keiner sang und keiner feierte eine Hochzeit. Doch was vermag der Tod gegen einen solchen Menschen? Takla lebt in den Herzen der Malulianer und trotzt der Zeit. Seit heute lebt sie auch in deinem jungen Herzen.« Mein Großvater schwieg und richtete seinen Blick auf die Berge, die weit am Horizont im Dunst untertauchten.

»Noch eine Geschichte, Opa!«

»Ich kann nicht mehr, mein Junge. Doch wenn du Aramäisch lernst, erzähle ich dir ein paar spannende Geschichten, die ich auf arabisch nicht zusammenkriege.«

An jenem Tag begann ich meinen ersten Selbstunterricht in der Sprache meiner Eltern. Es war sieben Uhr abends. Mein Vater lag auf dem Sofa und schaute im Fernsehen mit halbgeschlossenen Augen eine alte ägyptische Schnulze an. Meine Mutter saß neben ihm und heulte über das schreckliche Schicksal einer armen Magd, die in einen Prinzen verliebt war. »Was bedeutet Freund auf aramäisch?« fragte ich meinen Vater.

»Stika.«

»Und Herz?«

»Leppa«, antwortete er.

»Und Erde?«

»Ar'a«, jammerte mein Alter.

»Und brennt, ja was bedeutet brennt?« bohrte ich hartnäckig weiter.

»Nun laß doch deinen Vater den Film sehen, du Quälgeist«, meckerte meine Mutter, weil sie dem Kitsch nicht mehr folgen konnte.

»Nun will er Aramäisch lernen, gerade jetzt, wo ich mich etwas ausruhen will. Aber was willst du? Mit einem Freund die Erde verbrennen?« Doch ich versicherte meinem Vater, daß ich mit den Wörtern nur friedliche Absichten hätte. Er antwortete, und ich notierte das Wort in das kleine Heft, das ich mir eigens aus Papier geschnitten und gebunden hatte. Tag für Tag lernte ich eifrig, und am dritten Tag hatte ich einen Satz auswendig gelernt. Von nun an schlief ich Nacht für Nacht mit einem siegessicheren Lächeln auf dem Mund ein. Ich war sicher, daß Großvater wiederkommen würde, und irgendwann, zwei oder drei Wochen später, kam er tatsächlich. Er saß auf seinem Felsen, aber diesmal ließ ich ihn nicht reden. »Mein Leppa charah a'lach.« Er lachte laut, legte seine Flinte auf den Felsen und kugelte sich vor Lachen. Ich war der Überraschung sicher gewesen, aber ihr Ausmaß versetzte mich in Staunen. Langsam kam er zu sich. »Zum Schießen, wie du so aufgeblasen falsch redest. Es heißt: Lippi charah a'lach«, korrigierte er und küßte mich zärtlich auf den Kopf.

Warum der Fisch spuckte

Man erzählt, die Sterne waren einmal Träume, die sich in den Himmel erhoben haben, weil die Erde zu eng für sie wurde. Sie erhellen die Nacht und zeigen Wege, doch sie entziehen sich jedem Griff. Doch immer wieder erlebt auch die Erde eine Sternstunde, und von einer solchen erzählt diese Geschichte.

König Habib lebte vor langer Zeit. Als er den Thron bestieg, löste er die Armee auf und schickte die Polizisten, Steuereintreiber und Wächter nach Hause. Eine Welle der Hoffnung und Erleichterung breitete sich über das Land aus, doch die Händler der Hauptstadt bekamen große Angst. »Das kann nicht gutgehen«, stöhnten sie, und das wunderte ihre Kunden, die gerade anfingen, frei aufzuatmen. Viele dachten, die Händler irrten sich, da der Handel ja bekanntlich im Frieden blüht. Händler sind aber halbe Propheten. Sie irren sich selten, und in diesem Fall versagte ihre Hellsicht am wenigsten.

Eines schönen Morgens rief der junge König seine engsten Berater zusammen und erklärte ihnen, daß er nun das Übel an der Wurzel packen wolle.

»Und wie gedenkst du das anzustellen?« fragte ihn sein liebster Wesir. Er hieß Rotatkid und war seit der Kindheit Spielkamerad und Geheimnisträger des Königs Habib.

»Die Gemeinschaft hat alles und ein einzelner nichts. So einfach ist das!« Doch als der König die offenen Münder seiner Berater sah, lächelte er und erläuterte seine Wurzelbehandlung näher: »Habt ihr jemals eine Hand, einen Fuß oder gar einen Kopf gesehen, die alleine was taugen? Eine Gemeinschaft, deren Füße schwach sind, deren Bauch groß ist und deren Kopf sich nur damit beschäftigt, seine Haare zu vergolden, hat keine Zukunft.

Ab heute gehört alles der Gemeinschaft. Der einzelne besitzt nur sein Kleid und seinen Traum.«

»Das ist das Ende«, flüsterte Rotatkid, doch als der König ihn fragte, was er damit meine, rief er: »Dein Beschluß ist weise, all das muß zentral organisiert...«

»Rotatkid, mein Freund, das haben die ägyptischen Sklaven schon versucht. Sie fegten mit Mut und Opferbereitschaft die Herrscher hinweg und setzten die Priester ein, um den jungen wunderbaren Staat, wie du sagst, zentral zu organisieren, aber es dauerte nicht lange, und die Priester waren die Herrscher, und alles fing wieder von vorne an. Nein, jedes Dorf, jede Straße meiner Hauptstadt muß wie ein eigener Körper lebensfähig sein. So lebt, leidet und vergnügt man sich zusammen.«

»Aber was ist, wenn die Händler sich gegen dich auflehnen?« fragte einer der Berater.

»Die jahrhundertelang Hungernden werden mich schützen«, erwiderte König Habib.

»Und was ist, wenn die Nachbarreiche uns angreifen? Es liegt auf der Hand, daß die Könige eine solche Gesinnung mehr als die Pest fürchten«, stellte Rotatkid fest.

»Du hast recht, mein kluger Freund, daran habe ich auch gedacht. Ich habe die Armee aufgelöst und den Völkern der Welt den Frieden erklärt, doch der Frieden der Völker ist eine Kriegserklärung an ihre Herrscher. Ich habe deshalb beschlossen, die Lehre eines großen Chinesen zu beherzigen. Er schrieb Wunderbares darüber, wie man seine Gegner durchschaut. Ich werde das Auge sein, das das Glück unserer Gemeinschaft schützt.«

Wie gesagt, die Händler irrten sich nicht, denn am nächsten Tag herrschte Chaos im Lande, nachdem sich die Nachricht verbreitet hatte, daß jedem nur Kleid und Traum gehören sollten. Nach und nach aber errichteten die Leute Vorratskammern, Gemeinschaftsmühlen und Theater. Die Menschen arbeiteten weniger und genossen dafür mehr ihr Leben. Doch auch der kluge Wesir hatte sich nicht geirrt, denn die Könige der benachbarten Reiche schauten erst verächtlich auf das Land und erwarteten, daß es bald zugrunde gehen würde, doch die Gemeinschaft blühte von Tag zu Tag immer mehr auf. Die Verachtung der Könige schwand dahin, und an ihre Stelle traten Sorge und Mißtrauen. Reisende erzählten voller Staunen vom märchenhaften Leben im Lande König Habibs. Ihre Zuhörer konnten kaum glauben, daß ein König in nur drei Zimmern lebte, und daß die übrigen fünfhundert Räume des Palastes von Handwerkern, Künstlern und Straßenkehrern bewohnt wurden. Noch unglaublicher erschien es den Bewohnern aller Nachbarreiche, daß in jenem Land die Menschen ohne Steuern, Götzen und Offiziere glücklicher lebten. Jeder durfte an seinen eigenen Gott glauben. Dreiundsiebzig Religionen zählten die Reisenden und staunten nicht weniger als ihre Zuhörer darüber, daß viele nur an sich selbst glaubten. Wie sollte einer so etwas für möglich halten?

Wie gesagt, die Sorge der Nachbarkönige wuchs immer mehr. Eines Morgens rief König Habib seine Berater zu sich, und als sie sich alle am Teich des Gartens um ihn versammelt hatten, staunten sie über seine düstere Miene.

»Am 14. August wird König Hussein uns angreifen. Er wird sagen, daß er den Krieg gegen uns führt, weil wir gottlos seien. Dreißigtausend Fußsoldaten, fünfhundert Reiter und etwa hundert Schiffe werden uns zu See und zu Lande angreifen. Erst werden die Schiffe unsere Hauptstadt belagern und mit Pfeilen und Steinen zu zerstören versuchen, dann rückt die Armee vom Lande heran, nicht wie man erwarten könnte, über die Ebene, sondern von den Bergen her wollen sie uns überraschen und unsere fruchtbare Ebene angreifen.«

»Aber Habib«, staunte der Wesir, »der 14. August ist erst in drei Monaten. Hast du das im Traum gesehen?«

»Und so ausführlich wie der biblische Joseph?« machte

sich einer der Berater über Habib lustig. Doch der König schaute ihn nur verärgert an.

»Glaubt ihr wirklich, ich habe die ganze Zeit geschlafen? Ich habe all das erfahren, weil ich den Herrschern der Nachbarreiche nicht zutraute, daß sie uns den Frieden gönnen. Allein im Reiche Husseins habe ich siebenhundert Augen, die Tag und Nacht jedes Gespräch und jedes Geschehen genau beobachten und mir durch Kuriere mitteilen, was im Lande gegen uns gedacht oder gemacht wird. Nicht einmal das Schlafzimmer Husseins ist unseren Augen verschlossen geblieben. So, und nur so, können wir unser Glück schützen.« Totenstille herrschte.

»Und ich dachte, du seist ein Träumer«, versuchte Rotatkid zu scherzen.

»Bin ich auch«, erwiderte der König und beriet sich dann lange mit seinen Vertrauten.

Am nächsten Tag trafen sich viele Bergbauern, Seeleute, Fischer, Schmiede und Hexen im großen Garten und berieten sich bis zur Morgendämmerung. Kuriere stiegen immer wieder auf ihre Pferde und ritten davon. Drei Tage lang glich der Garten einem Bienenstock, und als die Nacht ihren kühlen Mantel über die hitzig Streitenden warf, wußte jede Gasse und das kleinste Dorf im Lande vom bevorstehenden Angriff, der im Nachbarreich nur dem kleinen Kreis der Mächtigen bekannt war.

Auf den Tag genau rief König Hussein vom Balkon seines Palastes zum Heiligen Krieg auf. Seine Worte bewegten seine Untertanen dermaßen, daß viele bereit waren, nicht nur das kleine Nachbarland, sondern gleich die ganze Welt anzugreifen. Doch weit kamen die Truppen nicht. Die Reiter und Fußsoldaten wurden noch auf eigenem Boden Nacht für Nacht angegriffen. Die Soldaten erzählten einander voller Furcht, daß sie in der Nacht entführt worden seien. Man habe sie reichlich bewirtet und unterhalten, bis kurz vor der Morgendämmerung plötzlich Todesengel gekommen seien und sie gewarnt hätten, daß sie verspeist werden würden, wenn sie nicht unverzüglich nach Hause zurückkehrten. So flohen die Soldaten, und nur wenige Erschöpfte erreichten die Berge des Nachbarreiches, aber statt den Feind zu überraschen, wie man ihnen versprochen hatte, war ihre Überraschung groß, als sie mitten in einer Schlucht umzingelt wurden. Sie waren hoffnungslos und halb verhungert, doch nur die Offiziere wurden mit je hundert Hieben bestraft. Die Soldaten bekamen zu essen und zu trinken. Am nächsten Tag verabschiedeten sie sich beschämt von ihren Gastgebern und eilten nach Hause.

Nicht anders erging es Husseins Seeleuten. Noch weit entfernt von der Küste wurden ihre Schiffe leckgeschlagen. Die Truppen wären ertrunken, hätten nicht Tausende von Fischern mit ihren kleinen Booten sie gerettet. Sie wurden nicht gefangengenommen, sondern bewirtet und nach Hause gebracht. Nur die Seeoffiziere mußten Hiebe über sich ergehen lassen und hätten diese genau wie ihre Berufskollegen zu Lande leichter ertragen, hätte König Habib sie nicht vor ihren eigenen Untergebenen peitschen lassen.

Nicht besser als König Hussein erging es den anderen Königen, die das kleine Land überfallen wollten. Ihre Soldaten kehrten geschlagen zurück, doch in ihren Herzen trugen sie den Keim des Lebens, dem sie begegnet waren und von dem sie immer schon geträumt hatten. Die Nachbarkönige mußten Beschneidungen ihrer Privilegien hinnehmen, um überhaupt ihren Thron halten zu können. Sie ließen ihre Priester die Götter anflehen, Pech und Schwefel über das kleine Land regnen zu lassen. König Habib aber verließ sich lieber auf die Opferbereitschaft, List und Liebe der Bewohner seines Landes. Vor allem aber übte er äußerste Sorgfalt bei der Suche nach Spionen unter den gerissensten Frauen und Männern seines Landes. Kundschafter leben gefährlich und müssen deshalb jedem mißtrauen. Man erzählt sogar, daß Spione nach ihrem Tod weder in den Himmel noch in die Hölle kommen. Für sie sei ein besonderer Platz reserviert. Säße ein Spion in der Hölle oder im Himmel, so wäre er nur dort, um für die andere Macht Geheimnisse auszukundschaften. Aber wie dem auch sei, König Habib sparte nicht mit den härtesten Übungen, damit seine Spione lange das Glück seines Landes schützen konnten. Er ließ sie in allen Künsten unterrichten, damit sie in jedem Kreis mitsprechen konnten, und schickte sie zu ihren Bestimmungsorten.

Die Jahre vergingen, und das Glück dauerte an. Und wäre König Habib nicht im Frühjahr des dritten Jahres erkrankt, so wären die Leute in seinem Reich die glücklichsten Menschen der Erde gewesen. Die Hexen bemühten sich mit ihren Künsten, ihn zu heilen, doch er wurde von Tag zu Tag blasser. Die Menschen strömten in den Palast und brachten ihm Geschenke, um sein Herz zu erfreuen, doch König Habib wurde immer schwächer.

In diesem Land lebte ein Fischer. Tag für Tag fing er Fische und brachte sie zur Versorgungshalle seines Stadtviertels, holte sich dort das, was seine Familie für den Tag brauchte, und kehrte damit zufrieden heim. Wenn er Glück hatte, war er besonders stolz darauf, den Nachbarn seinen guten Fang zu bringen, und manche beschlossen beim Anblick der herrlichen Fische, auf Gemüse und Reis, Fleisch oder Bohnen zu verzichten. Hatte er Pech, so brauchte er weder Hunger noch Kummer zu haben. Er ging einfach in die Halle und konnte sich das holen, was seine kleine Familie brauchte.

Eines Tages zog er sein Netz aus dem Wasser und fand nur einen einzigen Fisch darin, dessen Rücken wie aus Gold geschmiedet war. Der Fischer befreite den Fisch aus dem Netz und ließ ihn in einen Eimer voll Wasser gleiten. Erfreut eilte er nach Hause, um Frau und Tochter diesen seltsamen Fang zu zeigen.

»Was für ein zauberhafter Rücken!« rief seine Frau. Sie

wischte ihre Hände an der Schürze ab und schaute den Fisch mitleidsvoll an. »Eigentlich wäre es eine Dummheit, so einen Fisch zu essen.«

»Was sollen wir anderes damit tun?« fragte der Fischer.

»Am besten schenken wir den Fisch unserem allerliebsten Habib«, schlug die Tochter vor. »Ja, er soll sich etwas erholen. Sein kluger Kopf gibt uns Freude, doch sein Herz trägt unseren Kummer. Da hilft kein Hexenkraut.«

»Samira hat recht«, bestätigte die Mutter. »Nirgends wird dieser Fisch sich wohler fühlen als im Teich des gerechten Habib.« So ging Samira mit dem Fisch zum König, und dieser war gerührt von seiner Schönheit. Er ließ den Fisch sofort in den Teich springen, setzte sich hin und beobachtete seine anmutigen Spiele. Der Fisch schien den kranken König unterhalten zu wollen. Er machte Luftsprünge, stand Kopf im Wasser und schwamm rückwärts, bis Habib lachte, da tauchte der Fisch in das tiefe Wasser. Der König bedankte sich bei Samira und schenkte ihr seinen Ring. »Nimm ihn, bitte! So viel Freude hatte ich seit Tagen nicht«, flehte er das Mädchen an, das sich genierte, das prachtvolle Geschenk anzunehmen.

Als Samira nach Hause kam, war die Freude ihrer Eltern über den schönen Ring unermeßlich, und genauso groß war die Sorge der Tochter um den König.

Am nächsten Morgen setzten sich König Habib, sein Minister Rotatkid und die Königin an den Teich. »So etwas habt ihr noch nicht gesehen«, sagte Habib und schaute erwartungsvoll in das klare Wasser des Teiches. Alsbald tauchte der Fisch auf, schwamm zur Königin hin, nahm das Maul voll Wasser und spuckte ihr ins Gesicht. Die Königin schrie entsetzt auf, König Habib lachte, doch sein Wesir beeilte sich, das Gesicht der Königin mit einem Tuch zu trocknen. Er saß aber noch nicht wieder richtig, als der Fisch auf ihn zu schwamm und ihn ebenfalls bespuckte. »Unverschämt!« rief der Wesir erbost. »Ist dieser verfluchte Fisch das zauberhafte Geschenk, das du uns zeigen wolltest?« Doch König Habib lachte nur ganz vergnügt.

»Das lasse ich mir nicht bieten. Schicke nach diesem unerzogenen Mädchen, das dir den Fisch gebracht hat«, rief die Königin verärgert. Als ein Gesandter Samira darum bat, zum König zu kommen, sagte ihr Vater: »Vielleicht will er seinen schönen Ring zurückhaben.« Samira eilte zum Palast.

»Nimm dich in acht, Mädchen!« fuhr die Königin sie an. »Erkläre mir, warum der Fisch ausgerechnet mir und dem Wesir Rotatkid ins Gesicht gespuckt hat!«

»Ich will es dir erklären«, erwiderte Samira, »aber du wirst es bereuen, wie der Jäger es bereute, als er um seinen Falken trauerte.«

»Und was ist geschehen, daß der Jäger seinen Falken beweinte?« fragte die Königin.

»Es war einmal«, fing Samira an, »ein Jäger, der mit seinem Falken in der Steppe jagte. Gegen Nachmittag wurde er durstig und konnte kein Wasser entdecken. Nach langer Suche und halb verdurstet fand er endlich eine Höhle. Er ging hinein, in der Hoffnung, etwas Wasser zu finden. Dort sah er, daß von der Höhlendecke Wasser heruntertröpfelte. Nur wenige Tropfen von Zeit zu Zeit. So stellte er seinen Trinkbecher an die Stelle, um etwas Wasser zu sammeln. Als der Becher halbvoll war, nahm er ihn, um seinen Durst zu stillen. Da flog sein Falke gegen den Becher und verschüttete das Wasser. Wutentbrannt packte der Jäger seinen Falken und drehte ihm den Hals um. Dann blickte er zur Decke der Höhle empor, um die Stelle genauer zu betrachten, aus der das Wasser kam; da erblickte er eine große Schlange, die aus ihrem Maul Gift tropfen ließ. Nun erkannte der Jäger, daß der Falke sein Leben gerettet hatte und bereute seine Tat bis zum Ende seines Lebens.

Ich will dir erklären, warum der Fisch dir und dem Wesir ins Gesicht spuckte, doch du wirst es bereuen.«

»Dummes Zeug!« rief Rotatkid. »Und ich? Werde auch ich es bereuen, weil dieses Miststück mir ins Gesicht spuckte?« fragte er und lachte.

»Ja, auch du wirst es bereuen«, antwortete Samira.

»Sprich schon!« zürnte der Wesir.

»Wenn die Nacht dich nicht anderen Sinnes werden läßt, so schicke nach mir, dann will ich es dir erklären«, antwortete Samira und eilte nach Hause.

»Es war eigentlich ein trauriges Märchen«, sprach König Habib, »doch das Mädchen übertreibt etwas. Vielleicht war es ein Zufall, daß der Fisch etwas Wasser in eure Richtung spritzte«, fügte er hinzu und ging in sein Arbeitszimmer.

Am nächsten Morgen lud König Habib seinen Wesir zum Frühstück am Teich ein. Als dieser aber das erste Stück Brot in den Mund stecken wollte, spuckte der Fisch vom Rand des Teiches aus und traf ihn mitten in seinen offenen Mund. Die Königin, die mit dem Rücken zum Teich saß, schrie laut auf und drehte sich um, doch in diesem Augenblick traf auch sie das Wasser aus dem Maul des Fisches. »Er ist verhext!« schrie der Wesir. »Er will uns nur lächerlich machen«, brüllte er und drehte sich zum lachenden König. »Und du lachst? Hole lieber das Mädchen!«

»Du wolltest heute erklären, warum der Fisch uns ins Gesicht spuckt. Nun, ich höre«, herrschte der Wesir Rotatkid das herbeigerufene Mädchen an.

»Ich will es dir erklären, aber du wirst es bereuen, wie der Schmied bereute, als es ihm um seinen Schatz leid tat«, erwiderte Samira. »Heraus damit!« rief der Wesir. »Wie war das mit dem Schmied und seinem Schatz?«

»Es war einmal«, erzählte das Mädchen, »ein geiziger Schmied, der sich selbst nichts versagte, seiner Familie und seinen Freunden aber nichts gönnte. Tag für Tag schlemmte er sich heimlich den Bauch voll, aber wenn er nach Hause kam, nahm er nur ein paar Bohnen vom Teller seiner Frau und seiner Kinder und lobte die Tugend der Enthaltsamkeit. ›Hast du den ganzen Tag nichts gegessen und jetzt, nach soviel Arbeit, nimmst du nur drei Bohnen?‹ fragte seine Frau ihn mitleidsvoll.

›Gier ist Sünde, Frau‹, rief er, und seine Frau schämte sich. Seine Schmiede brachte ihm genug Geld ein, doch er spendete den Bettlern nicht einmal die Knochen der Hammelkeulen, Bratgänse und Enten, die er Tag für Tag allein zu Mittag aß. Eines Tages ließ er sich eine gebratene Gans bringen, setzte sich hin, riß ein Bein heraus und verschlang es gierig. Als er den Knochen auf den Boden warf, öffnete sich plötzlich die Erde. Ein Mann kam heraus und trat zu ihm. ›Komm hierher und schaue dir diesen Schatz an!‹ befahl er. Der Schmied schaute durch den Spalt der Erde und sah eine Gruft voller Goldmünzen. Er rieb seine Augen, doch der Schatz war kein Traum. Er beugte sich tiefer zur Erdhöhle, um nach den Münzen zu greifen. ›Halt!‹ rief der Dämon. ›Die Gans, die du heute ißt, ist eine besondere, nur alle tausend Jahre schlüpft eine solche aus einem Ei. Ich muß sie essen, und du darfst dafür das ganze Gold haben. Aber wenn du willst, gebe ich dir statt dessen den zweiten Schatz‹, sprach der Geist.

›Und was wäre der zweite?‹ fragte der Schmied mißtrauisch. Der Dämon schlug mit der Hand auf die Erde. Sie schloß sich, und im Nu öffnete sie sich wieder, und in der Gruft lagen drei Kisten voller Juwelen.

›Überlege es dir nicht lange, Mann! Ich muß die Gans essen. Für dich ist sie gewöhnliches Fleisch, doch wenn ein Dämon wie ich sie ißt, wird er das Reich der Unterwelt für die nächsten tausend Jahre beherrschen. Du kannst nun die Juwelen oder einen dritten Schatz haben. Nur, du mußt mir die Gans freiwillig schenken, so steht es in unseren Büchern.‹ Der Schmied dachte kurz nach:

Wenn der erste Schatz Gold war und der zweite Juwelen, wie herrlich würde dann der dritte Schatz sein?

›Nein, ich möchte lieber den dritten Schatz haben und schenke dir die Gans von ganzem Herzen‹, heuchelte er den Großzügigen. Der Dämon verschlang schnell die Gans und fing an, den Schmied zu prügeln. ›Was machst du mit mir?‹ schrie dieser entsetzt. ›Tut mir leid. Das ist der dritte Schatz: hundertundelf Hiebe fürs Leben, so steht es in den Büchern. Tut mir leid, du hast es so gewollt. Nun mußt du den Schatz bis zum letzten Hieb bekommen, sonst stirbst du auf der Stelle‹, rief der Dämon und schlug den Schmied, bis dieser in Ohnmacht fiel. Als er zu sich kam, bereute er es sehr, und so wirst du, o Wesir, es bereuen, wenn ich dir erkläre, warum der Fisch dich und die Königin bespuckt hat.«

»Unsinn, erkläre es jetzt«, zürnte die Königin.

»Laß die Nacht noch einmal den Morgen gebären, und wenn du es dir nicht anders überlegt hast und immer noch den Grund wissen willst, dann erzähle ich es dir morgen.«

Am nächsten Tag ließ die Königin nach dem Mädchen schicken. Samira ließ den Gesandten der Königin mitteilen, sie würde heute den wahren Grund erzählen, sie käme zum Mittagessen. Als sie kam, war das Mittagessen schon aufgetischt. »Was willst du, o Königin?« fragte das Mädchen und schaute dabei den König voller Sorge an.

»Du sollst mir sagen, warum der Fisch mir ins Gesicht gespuckt hat«, erwiderte die Königin.

»Ich will es dir sagen, aber der König darf weder trinken noch essen, bis ich erzählt habe, und du wirst es bereuen, wie es der Sänger bereute.«

»Und was hat der Sänger bereut?« wollte der anwesende Wesir wissen. Der König versprach, nichts von den Speisen anzufassen, bis die Geschichte zu Ende sei.

»Es war einmal ein armer Sänger, der seine Familie kaum ernähren konnte. Eines Tages stieg er auf sein Dach und sang laut von seinem Kummer. Die Nachbarn lachten über ihn. Doch plötzlich kam ein Vogel, hieß ihn auf seinen Rücken steigen und flog mit ihm davon. Nach einer kurzen Weile erreichte der Vogel einen Garten von bezaubernder Schönheit. Der Sänger wanderte im Garten umher und genoß zum ersten Mal Früchte, von denen er bisher nur geträumt hatte. Da entdeckte er eine Gartenlaube, in der fünf Frauen ihn in Empfang nahmen. Sie badeten ihn, legten ihm seidene Kleider an und betteten ihn auf Straußenfedern.

›Wir haben deine Stimme schon immer geliebt, und es hat uns traurig gestimmt, daß deine Nachbarn dich auslachten. Sie sind undankbare Barbaren. Hier kannst du in Frieden leben und für uns singen‹, sprach die älteste der fünf Frauen.

›Und wer seid ihr?‹ fragte der Mann.

›Wir sind die fünf Gesangfeen‹, antworteten sie wie im Chor. Und der Mann begann zu singen, eine der Feen spielte Laute, eine andere Zither, die dritte Flöte, die vierte Tamburin und die jüngste und schönste tanzte. So vergingen die Stunden, und als der Sänger Durst und Hunger bekam, zauberten ihm die Feen die erlesensten Gerichte und Getränke herbei. Dann aber wollte er gehen.

›Wohin willst du?‹ fragte eine Fee.

›Meine Kinder haben nichts zu essen!‹ antwortete er.

›Hab keine Sorge, in diesem Augenblick wird einer unserer Diener die Tür öffnen, Essen und Getränke in den Flur stellen und dazu fünfhundert Piaster als Taschengeld hinterlassen‹, beruhigte ihn die alte Fee.

›Und was ist, wenn ihr mich belügt?‹ zweifelte der Sänger.

›Feen lügen nie. Du kannst es sehen!‹ herrschte ihn die Fee an, und in diesem Augenblick sah der Sänger seine Kinder am Tisch sitzen und gierig einen Gänsebraten verschmausen. Er konnte hören, wie seine Frau dem Diener ein langes und gesundes Leben wünschte, der ihr auch noch fünfhundert Piaster überreicht hatte. Der Sänger beruhigte sich und sang noch schöner und noch lauter als vorher, und die Feen staunten über seine Stimme und klatschten begeistert Beifall, als der Sänger geendet hatte. Der aber stand auf und wollte gehen.

›Wohin willst du jetzt schon wieder?‹ fragte ihn die älteste Fee. ›Am Nachmittag pflege ich ein Nickerchen zu machen. Ich gehe nach Hause.‹

›Aber du kannst doch auch hier schlafen.‹

›Nein, ich bin diese weichen Kissen nicht gewohnt. Ich muß auf Heu schlafen, meinen Rücken richtig daran reiben und meine Nase an seinem Geruch weiden‹, erwiderte der Sänger. Die Fee drehte die Hand, und im Nu lag ein Heuhaufen da. Der Mann legte sich hin, wälzte sich mehrmals, aber dann stand er auf, um zu gehen.

›Was ist nun schon wieder?‹ empörte sich die älteste Fee.

›Euer Heu in allen Ehren, aber ich brauche mein Heu. Es ist anders‹, antwortete der Mann verlegen.

›Gut‹, stöhnte die Fee und drehte ihren kleinen Finger im Kreis. Das Heu verschwand augenblicklich, dann malte sie mit dem Zeigefinger noch einmal einen Kreis, und sein eigener Heuhaufen lag vor ihm. ›Hier ist dein vergammeltes Heu‹, sprach die Fee trocken. Der Mann legte sich nur einen Augenblick hin, doch er stand auf und wollte gehen.

›Was ist mit dir?‹

›Das ist zwar mein Heu, aber es muß in meiner Scheune sein. Ich muß den Nachbarn, meine Ziege und seinen Hund hören, erst dann kann ich schlafen‹, erwiderte der Sänger.

›Hund und Ziege dürfen unser Reich nicht betreten‹, zürnte die älteste Fee, ›du bist von besonderer Dummheit. Hier fehlt dir nichts, und doch willst du gehen. Nun, es sei dir erlaubt. Wie lange willst du schlafen?‹

›Ein Nickerchen nur‹, erwiderte er.

›Genügt es dir bis zum Abendgebet?‹ fragte die Fee.

›Das ist zu viel. Eine halbe Stunde reicht mir‹, erwiderte der Mann.

›Gut, du hast es gewollt. In einer Stunde kommt der Vogel und holt dich, doch wenn du ihn verpaßt, dann kannst du nie wieder zu uns kommen, denn der Vogel fliegt nur alle hundert Jahre zweimal auf die Erde.‹

›Mach dir keine Sorge. Ich bin längst wach, wenn er kommt, erwiderte der Sänger und verabschiedete sich von den gütigen Feen. Der Vogel kam und brachte ihn im Nu nach Hause. Als seine Frau ihn wieder auf dem Dach sah, wunderte sie sich über seine feine Kleidung, und sie staunte noch mehr, als ihr Mann ihr sagte, er wisse vom Essen und von den fünfhundert Piastern. Er habe sie ihr zuschicken lassen. Die Frau war aufgebracht, denn sie hielt ihren Mann für einen üblen Aufschneider, er aber eilte unverzüglich in die kleine Scheune und legte sich hin, um sein Nickerchen zu genießen. Da fing der Hund an, fürchterlich zu bellen. Die Ziege meckerte ihre Kehle wund, und der Nachbar schimpfte mit den Kindern des Sängers, die mit einem Stein nach dem Hund geworfen hatten. ›Was für erbärmliche Kinder eines Taugenichts!‹ schrie der Nachbar. Der Sänger drehte sich um und wollte schlafen, doch der Hund jaulte, und er hörte seinen zwölfjährigen Sohn rufen: ›Ach du Fettwanst, wenn auch unser Vater nichts taugt, wir taugen allemal etwas.‹ Lange dauerte der Streit an, doch irgendwann nickte der müde Sänger unter der Last seines vollen Bauches ein.

Als er aufwachte, war es schon dunkel. Im Heu hokkend hörte er die Rufe des Muezzins zum Abendgebet. Der Sänger sprang auf, doch es war zu spät. – So werdet ihr es wie dieser bereuen, wenn ich erzähle, warum der Fisch euch bespuckt hat«, endete Samira.

»Dann tu es doch. Ich möchte es wissen und zu Mittag essen. Ich sterbe vor Hunger, während ihr vor meinen Augen genießen könnt«, scherzte König Habib.

»O liebster Bruder der Gerechten«, wandte sich Samira an den König. »Der Fisch hat den Wesir und deine Frau bespuckt, weil sie dich seit über sechs Monaten langsam vergiften. Sie wagten es nicht, dich zu töten, sondern wollten dich einen grausam langen Tod sterben lassen, damit sie über jeden Verdacht erhaben sein würden. Doch im Traum sah ich, daß sie deinem Essen und dem Wein heute ein tödliches Salz beigemischt haben. Weder der Fisch noch die Geschichten haben sie zur Umkehr bewogen. Sie wollten dich umbringen und mich beschuldigen.«

Der Wesir Rotatkid lachte laut. »Sie ist verrückt, die Kleine!« rief er.

»Weißt du, was du da sagst, Samira?« fragte der König mit trockener Kehle.

»Ja, o Freund, das weiß ich, die Hexen bemühten sich tüchtig, aber sie waren auf dem falschen Weg. Du hast deine Augen auf alle Länder gerichtet, um uns zu schützen, während du die Habsucht Rotatkids und deiner Frau nicht hast sehen können, weil sie dir zu nahe standen. Laß sie deinen Teller leeren und deinen Wein austrinken, und wenn ich gelogen habe, dann kannst du mich töten.«

»Ich will niemanden töten«, flüsterte der König und schaute seine erbleichende Frau an. Eine Weile verging, doch weder die Frau noch der Wesir wagten es, vom vergifteten Essen oder Wein zu sich zu nehmen.

»Trinkt und eßt, wie Samira vorschlug, oder verschwindet für alle Ewigkeit aus meinem Haus«, befahl Habib und blickte zu Boden.

»Sie ist verrückt und du bist wirklich ein Narr! Ich lasse mir nicht von einer stinkenden Fischerstochter befehlen, was ich zu essen und zu trinken habe«, schrie Rotatkid und wollte hinausrennen, aber die Freunde des Königs hielten ihn fest.

»Habib, verzeih mir«, schluchzte die Königin, »er hat gesagt ...«

»Verschwinde!« unterbrach der König sie, doch die Versammelten prügelten Rotatkid so lange, bis er verriet, was für ein Gift er seit Monaten dem König gegeben hatte.

»Nun, laßt diesen Verbrecher laufen. Er ist in unseren Herzen bereits gestorben. Gegen das Gift haben wir schon ein gutes Mittel«, sagte eine weise Hexe, die herbeigerufen worden war. Die beiden Verschwörer verschwanden für immer.

König Habib aber erholte sich langsam vom Gift und lebte, wie man erzählt, lange und glücklich.

Na, Sie wollen noch wissen, ob der König Samira heiratete, ja?

Man hat es den beiden zwar empfohlen, doch auf ein solch abgenutztes Ende der Geschichte hatten sie keine Lust und haben darauf verzichtet.

Die Leichtgläubigen

Es war einmal eine Frau, die große Angst um ihren einzigen Sohn hatte. Drei Kinder waren ihr bereits im jüngsten Alter gestorben. So sparte sie weder mit Weihrauch noch mit Amuletten, um die bösen Blicke von ihrem Einzigen abzuwenden. Ihr Gatte, ein Schneider, war nicht weniger um seinen Stammhalter besorgt. Er wäre nicht davor zurückgeschreckt, Löwenmilch zu besorgen, wenn sie für die Gesundheit seines kränkelnden Sohnes nützlich gewesen wäre. Das Ehepaar war wegen seiner Überängstlichkeit bekannt, und die Nachbarschaft lachte über seine übertriebene Sorge um das Kind, das weder mit den anderen Kindern spielen noch etwas von ihren Broten naschen durfte.

Eines Tages kam der Mann mit einer großen Gans nach Hause. »Ein Kunde hat mir empfohlen, unser Sohn solle Gänseleber essen, damit er kräftig wird. Hier, brate sie für ihn«, sagte er und eilte in sein Geschäft zurück.

Ein Mann, der den Schneider mit der Gans gesehen hatte, wartete, bis die Frau wieder allein war und klopfte bei ihr an. »Koche für mich einen Kaffee, damit ich dein Kind segne«, verlangte er. Die Frau lud ihn sofort in ihr Haus ein und kochte für ihn einen jemenitischen Mokka, den besten Kaffee der Welt. Als der Mann den ersten Schluck genommen hatte, schaute er um sich. »Gott schütze deinen Sohn für diesen Kaffee, aber ich rieche eine Gans.«

»Ja, mein Mann hat sie gebracht, damit wir...«

»Schenke mir die Gans«, unterbrach sie der Gast, »sonst verfluche ich deinen Sohn. Mein Fluch wird ihm Gelbfieber und Masern bringen. Ich bin sehr fromm, und meine Wünsche und Verwünschungen werden im Himmel erhört«, fuhr der Mann fort.

»Um Gottes willen!« entsetzte sich die Frau. »Nimm diese Worte nicht in deinen Mund, sie könnten meinem Kind Unheil bringen. Ich gebe dir die Gans, aber was soll ich meinem Mann sagen, wenn er nach Hause kommt?«

»Sage, weil er die Gans nicht vorher geschlachtet habe, sei sie davongeflogen. Eine Lüge von dir ist besser als das Gelbfieber für deinen Sohn«, antwortete der Mann barsch.

»Aber laß meinem Sohn bitte die Leber. Er braucht sie«, flehte die Frau.

»Keine Feder lasse ich zurück. Wenn du mir die Gans nicht gibst, lädtst du Schuld auf dich«, fuhr der Mann sie an. Er stand auf, als wolle er das Haus verlassen.

»Ist ja gut. Es war nur eine Frage«, entschuldigte sich die Frau, gab ihm die Gans und bat ihn, für ihren Sohn zu beten.

»Ja, ja, das werde ich gleich machen«, sagte der Mann und eilte mit der Gans nach Hause.

Am Abend kam der Schneider und und fragte:

»Frau, hast du die Gans zubereitet?«

»Laß mich in Ruhe mit deiner Gans. Ich wollte sie schlachten, da gab sie mir einen kräftigen Hieb mit ihrem starken Schnabel und flog davon.« Sie zeigte ihrem Mann ihre geschwollene Hand. Sie hatte sie kurz davor so lange gegen die Wand gehauen, bis sie rot angelaufen war.

»Tut mir leid. Ich hätte daran denken müssen, daß Gänse üble Federviecher sind. Morgen bringe ich dir eine andere, und die wird beim Metzger ihre miese Seele aushauchen, mein Täubchen«, sagte der Mann mitleidsvoll, und die Frau war sichtlich erleichtert, daß sie ihren Sohn vor dem Gelbfieber gerettet hatte.

Am nächsten Tag brachte der Schneider eine zweite Gans. »Hier, Frau! Ich habe sie geschlachtet. Jetzt kann sie weder fliegen noch in deine schöne Hand hacken!« Er legte die Gans auf den Küchentisch und eilte ins Geschäft.

Die Frau stellte Wasser aufs Feuer, rupfte und wusch die Gans, dann bereitete sie Hackfleisch, Reis, Pinienkerne und die Gewürze für die Füllung vor. Die Leber hob sie in einer kleinen Schüssel auf. Stundenlang werkelte die Frau. Als sie aber gerade die Leber zu Pastete verarbeitete und die gebratene Gans garnieren wollte, hörte sie jemanden an die Tür klopfen. »Herein«, rief sie und erstarrte, als sie den Mann vom Vortag sah. »Frau, die ganze Nacht konnte ich nicht schlafen. Die Gans konnte ich nicht genießen, und ich hätte deinem Sohn beinahe das Gelbfieber gewünscht, weil ich seinetwegen meinen Magen verdorben hatte, doch ich habe es nicht übers Herz gebracht.«

»Gott sei Dank«, murmelte die Frau. Der Mann nahm ein Fladenbrot aus einem Korb und legte die Leberpastete darauf. »Was machst du?« schrie die Frau.

»Ich muß etwas im Magen haben, sonst falle ich um. Seit gestern nacht erbreche ich mich an deiner Gans«, erwiderte er und verschlang im Nu das Brot mit der köstlichen Gänseleber.

»Aber... das...«

»Was stotterst du herum, Frau? Du hast Glück, daß ich mich mit Verwünschungen zurückgehalten habe. Mein Magen dreht sich um. Hast du etwa Gift in diese Leber getan? Sie schmeckt so merkwürdig«, schrie der Mann und faßte sich an den Bauch. Seine Augen quollen aus seinem aufgedunsenen Gesicht.

»Gift? Mein Gott«, flüsterte die Frau und schaute ängstlich den Mann an, der sich vor Schmerz auf dem Boden wälzte.

»Vielleicht hat mich der Engel der Barmherzigkeit geschickt, um deinen Sohn vor dieser giftigen Leber zu schützen. Mein Bauch, mein Bauch!« schrie der Mann und schnappte nach Luft.

»Mein Gott! Ich habe den Mann vergiftet. Was soll ich bloß machen?« stammelte die Frau aufgeregt und trocknete die Hände an ihrer Schürze ab.

»Kaffee«, stöhnte der Mann, »die Beduinen sagen, Kaffee heilt den Magen.«

Die Frau eilte in die Küche, kochte jemenitischen Kaffee und würzte ihn mit Kardamom.

»Hier, guter Mann, bei uns sagt man, Kardamom stärkt die Seele.«

Der Mann richtete sich auf, schlürfte laut den Kaffee, und von Schluck zu Schluck ging es ihm sichtlich besser. »Gott schütze deinen Sohn vor den Pfeilen der bösen Blicke und vor alldem, was ihm im Verborgenen auflauert«, sprach er bedeutungsvoll.

»Du hast ein gutes Herz. Ich hätte dich beinahe umgebracht, und du hast meinem Sohn nur Gutes gewünscht. Wie kann ich dir bloß dafür danken?« fragte die Frau erleichtert.

»Sühne tut not, Frau. Gib mir die Gans, und ich werde deinen Sohn nicht verfluchen.«

»Die Gans? Aber was soll ich meinem Mann sagen, wenn er nach Hause kommt? Die Gans wäre weggeflogen? Er wird mich schlagen, er hat sie doch geschlachtet.«

»Sage ihm, die Gans wäre verhext. Du hast sie im Topf gekocht, da hat sie sich aufgelöst. Die Brühe lasse ich dir hier. Ich bin ja kein Unmensch.«

»Aber was ist, wenn er nach der Leber fragt?«

»Du sagst ihm, eine Katze habe sie gefressen und sei daran gestorben.«

»Ja, aber woher soll ich eine tote Katze nehmen?« fragte die Frau.

»Überlasse das mir. Ich helfe dir. Ich werde, wenn die Gans mich nicht vergiftet, auch die ganze Nacht für deinen Sohn beten.«

So gab die Frau dem Halunken die Gans, und der eilte davon. Nach einer Stunde brachte er ihr eine vergiftete Katze und verschwand wieder.

Als der Schneider abends nach Hause kam, erschrak er beim Anblick seiner heulenden Frau.

»Was ist passiert?« fragte er besorgt.

»Ach, mein lieber Gatte. Um ein Haar hätten wir unseren Sohn vergiftet«, schluchzte sie.

»Vergiftet? Wir? Was ist in dich gefahren, Frau?« rief der Mann verwirrt.

»Die Gans war verhext. Ich rupfte und füllte sie, doch als ich sie kochen wollte, löste sie sich spurlos im Wasser auf.«

»Das gibt es nicht, Frau! Und die Leber, hat sie sich auch in Luft aufgelöst? Hm?«

»Nein, noch schlimmer. Als ich erschrocken aus der Küche rannte, schlich sich eine Katze hinein, fraß die Leber und war auf der Stelle tot. Sie liegt immer noch dort.« Der Schneider wußte nicht, ob er schreien oder seine Haare raufen sollte. Er rannte in die Küche und erschrak beim Anblick der toten Katze. Auf dem Herd stand immer noch der Topf mit Wasser, der Schneider roch daran, doch er wagte es nicht, zu kosten. Blaß und mutlos kehrte er ins Zimmer zurück und fiel wie ein Sack Kartoffeln auf das Sofa.

»Wir haben Glück. Was zum Teufel hat mir dieser Gauner von einem Bauern verkauft? Dabei sah er so ärmlich aus, daß ich ihm zehn Piaster mehr für die Gans gegeben habe, als er verlangte.« Er schaute seine jammernde Frau mitleidig an. »Aber morgen, mein Täubchen, morgen werde ich dir für all das, was du durchgemacht hast, zwei Gänse bringen. Komm her, mein Täubchen. Wir werden heute Brot und Käse essen.«

Am nächsten Tag brachte der Schneider zwei Gänse. Seine Frau saß am Fenster und sah, daß der Gauner bereits draußen lauerte. Da lächelte sie boshaft. »Warte, du Schweinehund!« flüsterte sie und eilte zur Tür, um ihren Mann zu empfangen.

»Hier, mein Täubchen, es sind ganz normale Gänse vom Geflügelhändler. Und wenn die eine sich im Wasser auflöst, dann bleibt uns die andere«, scherzte er.

»Aber nein, mein Herz«, erwiderte die Frau. »Heute

morgen kam ein Mönch vorbei und sagte mir, der Spuk sei zu Ende. Unserem Sohn wird ab heute nichts mehr passieren. Das hat der gute Mann im Traum gesehen. Der Traum der Mönche ist Vorsehung. Und weil er mir diese frohe Botschaft brachte, habe ich versprochen, ihm eine Gans zu geben. Uns genügt ja die eine. Übrigens brauche ich noch Pinienkerne, Knoblauch, Zimt und Muskat. Kannst du mir die Zutaten besorgen, bevor du ins Geschäft gehst?« fragte sie.

»Sicher kann ich das. Heute habe ich nicht viel zu tun«, erwiderte der Ehemann und eilte hinaus. Die Frau kochte sich einen Mokka und wartete mit einem teuflischen Lächeln auf den Lippen. Es verging keine Viertelstunde, bis es an die Tür klopfte. »Willkommen, ehrenwerter Gast!« rief sie, und als der Gauner anfing, von seinen Qualen der letzten Nacht zu reden, unterbrach ihn die Frau: »Hier, trink den Kaffee. Er heilt, wie die Beduinen sagen, den Magen.«

»Habe ich richtig hellgesehen, du bekamst heute zwei Gänse?« fragte der Mann und nahm einen Schluck vom kalten Kaffee.

»Ja, ja«, lachte die Frau, »den Augen der Frommen entgeht nichts. Heute will ich sie dir schenken. Mein Sohn fühlt sich so gut wie noch nie. Er verdankt dir Glück und Gesundheit. Doch nun will ich dich um einen Gefallen bitten.«

»Und der wäre?« fragte der Gauner mißtrauisch.

»Mein Mann ist krank. Gott bewahre dich vor seiner Pein«, jammerte die Frau und schaute zum Fenster hinaus. »Doch warte, bevor ich dich um diesen Gefallen bitte, bringe ich dir die Gänse.«

»Ist gut«, sprach der Gauner leise und freute sich hämisch über diese Goldgrube, die er auch weiterhin zu schröpfen gedachte. Nach einer kurzen Weile kam die Frau mit einem Sack zurück. »Hier sind die beiden Gänse. Sie gehören dir, wenn du meinem Mann helfen kannst.«

»Ich kann jedem Gläubigen helfen, wenn er ein gutes Herz hat«, erwiderte der Mann mit gottesfürchtiger Stimme. Ein Lächeln huschte kurz über das Gesicht der Frau, als sie ihren Mann in der Ferne kommen sah. »Ja, mein Guter. Mein Mann kann geheilt werden, wenn er die linke Hode eines tugendhaften Mannes ißt, der zwei Tage hintereinander mit Gänsefleisch gefüttert wurde. Er ist fast wahnsinnig geworden, weil er seit Jahren jemanden sucht und keinen Frommen in dieser Stadt gefunden hat. So einen gottseligen Mann wie dich trifft man nicht alle Tage. Er ging gerade zum Markt, um ein neues Messer zu kaufen. Da kommt er, aber du sollst keine Angst haben. Er macht es geschickt und näht dir die Wunde so gut zu, daß du es nicht merkst.«

»Und ob ich das merke. Ich bin nicht fromm!« schrie der Gauner und sprang auf. Mit einem Satz erreichte er die Zimmertür, schnappte den Sack und stürzte hinaus. Beinahe hätte er den Schneider umgerannt.

»Was ist mit dem Mann los?« staunte der Schneider.

»Renn hinter ihm her, Mann! Das ist der Mönch, dem ich eine Gans versprach. Er ist aber schwerhörig. Er glaubte, ich hätte ihm mein Wort für zwei Gänse gegeben. So nahm er beide und rannte davon, weil er es eilig hatte. Er muß sein Mittagsgebet verrichten.« Der Schneider stellte die Einkaufstüte auf den Tisch und rannte hinter dem Gauner her.

»Nur eine, guter Mann! Nur eine!« rief er laut.

»Nie im Leben! Keine gebe ich dir«, rief der Gauner zurück.

»Ich will dir doch nichts tun. Eine für mich, und eine bleibt für dich«, erboste sich der Mann und rannte noch schneller, um den Gauner einzuholen.

»Du bist wahnsinnig. Und wenn du auch stirbst, ich gebe dir keine!« rief der Gauner und bekam Angst, da der Schneider immer näher kam.

»Wenn du so stur bist«, schrie der Schneider, »dann will ich beide haben. Auf der Stelle!«

»Beide? Hilfe! Haltet den Verrückten!« rief der Gauner, warf den schweren Sack zu Boden und raste davon.

»So ein Dummkopf«, bedauerte der Schneider, nahm den Sack und kehrte heim. Als er dort ankam, hatte seine Frau schon einen Kaffee aufgesetzt.

»Ruh dich aus, mein Herz. Du hast es ihm gegeben«, rief sie ihm entgegen.

»Von wegen. Er wollte entweder beide oder keine«, erwiderte ihr Mann enttäuscht und setzte sich auf einen Hocker. Er wunderte sich über das helle Lachen seiner Frau und noch mehr über die Stoffreste und den Weißkohl, die er aus dem Sack herausholte. Doch beim Kaffee erzählte ihm seine Taube von ihrer List und beide lachten Tränen über den Gauner.

Der Korb der Wünsche

In den alten Zeiten gingen die Malulianer selten nach Damaskus, und wenn einer es doch tat, so wußten seine Freunde und Verwandten schon Wochen zuvor von der Fahrt. Sie kamen am Abend vor der Abreise, verabschiedeten sich vom Reisenden und trugen ihm ihre Wünsche auf.

Machul war ein gutmütiger Bauer, und als er mit fünfunddreißig zum ersten Mal in die Hauptstadt fahren wollte, kamen die Freunde und Verwandten scharenweise zu ihm. Sein bester Freund, Ziki, brachte ihm ein schwarzes Lamm und trug ihm auf, er solle ihm dafür Stiefel mitbringen. Die Schuhgröße brauchte Ziki nicht zu nennen, da er ein Koloß war und die größten Stiefel in Damaskus ihm gerade noch paßten. Machuls Bruder brachte ein weißes Lamm und bat ihn, dafür eine Jacke zu kaufen, aus gutem Stoff und billig sollte sie sein. Sein Vetter väterlicherseits brachte eine Ziege und wünschte sich dafür eine Hose, so schön wie die des Ortsvorstehers. Sein Vetter mütterlicherseits brachte ein Zicklein und bat ihn, Salz, Pfeffer, Kaffee, Tee und Süßigkeiten für die Kinder dafür zu kaufen. Die Versammelten witzelten, ob der Vetter für das ausgemergelte Zicklein nicht auch noch eine Perlenkette haben wolle. Für fünfzig Eier wollte seine Schwester genug Stoff für drei Sommerkleider haben. Dabei hätte sie von Glück reden können, wenn sie für die kleinen Eier Stoff für eine Schürze bekommen würde. Seine schöne Schwägerin wünschte sich für fünf Piaster Rosenwasser und Orangenblütenöl. Machul wußte nicht, daß der Händler für fünf Piaster nicht einmal die Parfumflaschen öffnen würde. Verwandte können lästiger werden als Fliegen, doch der sanftmütige Machul wiederholte nach jedem Wunsch: »Gern werde ich dir deinen Wunsch erfüllen.« Er selbst brauchte nichts aus der Stadt. Er wollte nur die vielgepriesene Schönheit der Gärten und Paläste von Damaskus endlich einmal genießen.

Am nächsten Tag stieg Machul auf seinen Esel und trieb die Lämmer und Ziegen auf dem Weg in die große Stadt vor sich her. Er winkte ein letztes Mal und rief seinen Freunden und Verwandten zu: »Hoffentlich finde ich diese Stadt Damaskus!« und die Freunde lächelten über seine Sorge, denn Damaskus war nur etwa einen eintägigen Eselsritt von Malula entfernt.

Am späten Abend erreichte Machul die Stadt. Die Reise mit den widerspenstigen Ziegen hatte ihn ermüdet, und so suchte er eine Herberge, die er nach kurzer Suche auch fand.

»Guter Mann, ich bin zum ersten Mal in deiner Stadt. Wieviel kostet die Übernachtung für mich und meine Tiere?« fragte er den freundlichen Wirt.

»Ah, zum ersten Mal!« strahlte der Wirt. »Und du kennst niemanden in Damaskus? Da kannst du vom Glück reden, daß du bei mir eingekehrt bist!«

»Außer meinem Esel kenne ich niemanden, aber mit Gottes Hilfe werde ich mich in deiner Stadt nicht verirren«, antwortete Machul.

»Willkommen, Bruder. Für die erste Übernachtung in unserer herrlichen Stadt nehme ich kein Geld«, sagte der Wirt großmütig. Machul war angetan von seiner Freundlichkeit. Er ging in das kleine Zimmer und schlief sofort ein. Um Mitternacht aber weckte ihn plötzlich ein fürchterliches Geheul, Geklapper und Gepolter. Machul fuhr im Bett hoch, doch er wagte nicht, im Dunkeln die Tür seines Zimmers zu öffnen.

Am anderen Morgen traf er den Wirt, der so aussah, als hätte er die ganze Nacht nicht geschlafen. »Was war da los in der Nacht?« fragte Machul.

»Ach, Bruder, wie soll ich dir bloß in die Augen schauen. Diese Gegend ist von Geistern bewohnt. Sie kamen gestern nacht und schlugen so lange auf mich ein, bis ich zustimmte, daß sie das als Opfergabe nähmen, was ihnen gefiele. Ich kämpfte wie ein Löwe, doch die verfluchten Geister waren stärker. Endlich gab ich nach, und sie wählten eines deiner Lämmer, verspeisten es und verschwanden so plötzlich, wie sie hereingebrochen waren. Ich schäme mich, Bruder, aber was sollte ich machen?«

»Sei doch froh«, erwiderte Machul. »Du bist heil davongekommen. Was ist ein Lamm wert im Vergleich zu deiner Gesundheit. In Malula haben die Geister sogar einen geizigen Schäfer geblendet und einem starken Bauer, der ihnen Hiebe versetzte, die Hand gelähmt. Hab Dank für deine Bewirtung«, fügte er hinzu und ging in den Stall. Dort standen sein Esel, die zwei Ziegen und das weiße Lamm seines Bruders. »Gott sei Dank«, murmelte er, denn es war für ihn leichter, dem großzügigen Ziki als dem knauserigen Bruder den Verlust zu erklären.

Bald darauf erreichte er den Basar. Er wunderte sich über die große Anzahl der bis zur Decke mit den herrlichsten Stoffen, Haushaltswaren und Süßigkeiten gefüllten Läden. Er ging zu einem Händler, der Jacken verkaufte, und handelte lange mit ihm, bis er die schönste Jacke für das Lamm seines Bruders bekam.

»Ist dein Geschäft von Geistern bewohnt?« fragte Machul den Händler. Dieser lachte. »Von Geistern? Nein, weshalb fragst du, Mann?«

»Ich will mir Damaskus zwei Tage lang ansehen und die Jacke dann holen, statt sie die ganze Zeit mitzuschleppen, aber wenn dein Laden von bösen Geistern heimgesucht wird, möchte ich dich nicht mit der Jacke belasten.«

»Nein, nein, laß die Jacke nur hier und vergnüge dich in Damaskus«, antwortete der Händler. Zwei Läden weiter sah Machul ein Geschäft, in dem Hosen verkauft wurden, und nach langen Verhandlungen ergatterte er für seinen Vetter eine Hose im Tausch gegen die Ziege. Er erkundigte sich zum Erstaunen des Basarhändlers nach den Geistern und ließ danach die neue Hose bei ihm. Am südlichen Ende des Basars fand Machul einen Textilhändler, der wunderschöne Stoffe feilbot. Er wollte aber für die fünfzig Eier nur Stoff für ein Kleid geben. Nach zähem Handeln konnte Machul aber Stoff für ein zweites Kleid herausholen. Er war glücklich, daß er das für die Schwester erreicht hatte, fragte auch hier nach den Geistern, bezahlte und ließ den Stoff beim Händler. Der Gewürzmarkt lag nicht weit vom Basar entfernt. Machul fand bald einen Krämer und handelte für seinen Vetter mütterlicherseits eine gute Menge Salz, Tee, Pfeffer und Kaffee ein. Für die gewünschten Süßigkeiten und feinen Riechstoffe legte er aus eigener Tasche etwas dazu, damit seine schöne Schwägerin und die Kinder seines Vetters sich freuten. Er fragte den Krämer nach den Geistern und bat ihn, die Tüten bei sich zu behalten, bis er seine Augen an der Schönheit der Stadt erfreut haben würde.

Damaskus war zu jener Zeit tatsächlich eine wunderschöne Stadt. Die Araber gaben der Stadt nicht zufällig den Namen ›Das Schönheitsmal Arabiens‹. Machul wanderte am Tage durch die Straßen und Gassen, saß stundenlang am Fluß, und nach dem Mittagessen flüchtete er wie viele andere in den einladenden Schatten der großen Omaijadenmoschee, um auszuruhen. In der Nacht schlief er unter freiem Himmel. Sein Esel freute sich über die saftigen Melonenschalen, die an jeder Straßenecke zu finden waren. So vergingen die zwei Tage wie im Flug.

Als Machul am frühen Morgen des dritten Tages zum Gewürzkrämer zurückkehrte und seine Sachen abholen wollte, lachte dieser ihn aus: »Was für Tüten? Ich habe dich noch nie gesehen!«

Machul war wie gelähmt. »Wie... kannst... du... so schnell vergessen?« stammelte er hilflos. Doch der Krämer wollte nichts mehr von ihm hören. Der Stoffhändler schrie laut: »O ihr Leute, kommt und hört, was dieser lausige Bauer erzählt. Er ist nicht bei Trost.« Viele kamen und empfahlen Machul, sich eine andere List einfallen zu lassen, wenn er den anständigen Händler reinlegen wolle. Mit gesenktem Kopf und schweren Füßen ging Machul zum Jackenhändler, doch dieser wollte von einer bezahlten Jacke nichts wissen. »Es fehlt noch, daß er auch noch behauptet, er hätte bei mir eine Hose gekauft!« rief der Hosenhändler, der mit den anderen herbeigeeilt war.

»Sicher habe ich eine Hose bei dir zurückgelassen, nachdem du mir versichert hast, daß keine Geister deinen Laden bewohnen«, erwiderte Machul mit trockener Kehle; die Versammelten lachten über den Bauern. Da kam ein Mann und zog ihn zur Seite. »Du hast keine Chance, von den ausgefuchsten Händlern auch nur einen Groschen zurückzuerhalten«, flüsterte er ihm zu.

»Aber das ist Diebstahl!« empörte sich Machul.

»Das weiß ich. Ich sehe, du bist ein ehrlicher Mann, aber der Kadi wird eher diesen verfluchten Hundesöhnen glauben als dir. Kannst du gegen das Mundwerk eines Damaszeners anreden?« Machul schaute verzweifelt um sich. »Nein, ihre Stadt ist schön und aus ihrem Munde tropft das Gift so süß wie der Honig«, erinnerte er sich laut an die Warnung eines alten Schäfers, der in Damaskus um seine Herde gebracht worden war.

»Meine Rede! Hast du noch Geld?« erkundigte sich der Mann.

»Ja, fünfhundert Piaster habe ich noch«, antwortete Machul.

»Dann ist es nicht so schlimm. Ich kann dir helfen, daß du mit erhobenem Haupt deinen Lieben entgegentrittst«, sprach der Mann, als wüßte er den Grund, weshalb Machul betrübt war.

»Wie kann ich das bloß? Ich würde alles dafür geben«, stöhnte dieser verzweifelt.

»Laß uns erst einmal richtig essen, es ist bald Mittag, und dann wirst du frohen Herzens nach Hause fahren.«

Machul war dem Heulen nahe, denn so viel Güte hatte er in dieser Stadt nicht mehr erwartet. Er begleitete den Mann bis zu dessen Haus. »Warte hier. Ich muß meinem Weib erst Bescheid geben. Dem Gast gehört das Beste«, sagte der Mann und verschwand im Haus. Machul wunderte sich darüber, denn in Malula läßt man den Gast nie vor der Tür stehen und kocht auch nichts Besonderes für ihn. Die Gastgeber teilen Oliven, Käse, Brot und Wein mit ihm. Eine Stunde wartete Machul, dann stieg er auf seinen Esel und wollte wegreiten, aber in diesem Augenblick schaute der Mann zur Tür hinaus: »Entschuldige, es hat etwas länger gedauert, aber nun kannst du hereinkommen.« Machul folgte dem Mann durch den Eingang, nachdem er seinen Esel im Hof des Hauses an einen Orangenbaum gebunden hatte. Er wunderte sich, daß niemand außer dem Gastgeber im Hause war. »Lebst du allein?« fragte er unsicher.

»Ach was, ich habe ein Weib und zwei Töchter, aber sie dürfen sich einem Fremden nicht zeigen«, erwiderte der Mann und setzte damit Machul erneut in Erstaunen, denn in Malula empfangen alle Bewohner eines Hauses den Gast gemeinsam.

»Laß uns nun essen«, weckte ihn der Gastgeber aus seinen Gedanken. Er öffnete eine Tür und zeigte Machul einen niedrigen Tisch. »Nimm Platz, damit wir essen können«, fuhr er fort.

»Aber...«, wollte Machul widersprechen, da der Tisch nicht gedeckt war.

»Setz dich ruhig hin«, unterbrach der Gastgeber. »Hast du noch nie vom Korb der Wünsche gehört?« Machul erblickte den großen Korb, der an der hohen Decke hing, und schüttelte den Kopf. »Er ist ein Segen für den Menschen. Ich wünsche mir, was mein Herz begehrt, und der Korb erfüllt es mir. Nun habe ich Lust auf gefüllte Zucchini und Joghurt, und es wäre mir recht, wenn ich vorher ein paar Oliven und eingelegte Gurken bekäme«, sprach der Mann. Machul lachte laut: »Dein Witz ist gut, Mann, das erleichtert mir meinen Kummer.« Doch der Mann nahm unbeirrt eine lange Stange und klopfte dreimal gegen den hoch hängenden Korb. »Korb, erfülle meinen Wunsch!« rief er und ließ langsam den Korb von der Decke herunter. Machul gefror das Lachen im Gesicht, denn im Bauche des Korbes standen zwei Töpfe und zwei Schüsseln. Im ersten Topf dampften würzig die Zucchini. Im anderen Steintopf war frischer Joghurt, und die Schüsseln waren mit Oliven und sauren Gurken gefüllt, wie es der Mann sich gewünscht hatte.

»Entschuldige bitte, ich habe Brot und Wasser vergessen«, sagte der Mann höflich und zog den Korb bis zur Decke hoch. »O Korb, schenke mir und meinem Gast zwei Fladenbrote und eine Kanne kaltes Wasser.« Er klopfte mit der Stange gegen den Korb und ließ ihn wieder herunter. Machul bekam weiche Knie. Zwei warme Fladenbrote und eine Kanne Wasser waren im Korb. Er nahm die Tonkanne, um seine brennende Kehle anzufeuchten, und genoß das kühle Wasser in langen Zügen. Damaskus hat ein besonders wohlschmeckendes, frisches Wasser. Machul hatte erst Angst vor dem Essen, doch als sein Gastgeber in die duftenden Zucchini gebissen hatte, probierte er auch eine davon. Sie schmeckte ihm so gut, daß er gleich danach noch drei hinunterschlang. »Das ist ja wunderbar. Kann dieser Korb alle Wünsche erfüllen?« fragte er nach dem Essen und wünschte sich einen Mokka. Es dauerte keine Viertelstunde, und der Korb erfüllte dem Gast seinen Wunsch.

»So einen Korb müßte man haben«, schwärmte Machul, als der Gastgeber Früchte und Nüsse als Nachtisch vom Zauberkorb verlangt hatte und dieser den Wunsch gehorsam erfüllte.

»Na ja, einen solchen Korb bekommt nicht jeder. Ich

habe ihn von einem Mönch geschenkt bekommen, dem ich das Leben gerettet habe«, erwiderte der Mann.

»Rette mir mein Gesicht, Bruder«, flehte Machul, »ich werde dir alles geben, was du verlangst.«

»Es fällt mir schwer«, erwiderte der Gastgeber, »mich vom Korb der Wünsche zu trennen, aber ich will nicht, daß du eine schlechte Erinnerung an unsere liebe Stadt hast. Ich gebe dir den Korb für die lausigen fünfhundert Piaster, die du hast«, fügte der Mann mit leiser Stimme hinzu.

Machul holte mit zitternden Fingern die fünfhundert Piaster aus seiner Tasche, händigte sie dem Gastgeber aus, nahm den Korb, das Seil und die Stange und ritt, so schnell der Esel es zuließ, nach Malula zurück. Gegen Mitternacht erreichte er sein Haus und am frühen Morgen wußte das ganze Dorf, daß Machul wieder da war. Malula ist klein, und wenn eine Ameise auf dem Dorfplatz stolpert, wissen die Leute im entferntesten Haus davon, bevor die Ameise sich wieder aufgerichtet hat. So kamen die Freunde und Verwandten, um Machul zu begrüßen und ihre Sachen zu holen. Machul erzählte stundenlang von den Straßen und Gärten der Hauptstadt, doch er sprach kein Wort von den Einkäufen. Seine Gäste schauten einander ratlos an, doch dann brach die Schwester das Schweigen. »Machul, ich bin müde, hast du mir den Stoff mitgebracht?«

»Gedulde dich, Schwester, dann hole ich dir Stoff für hundert Kleider aus meinem Korb der Wünsche«, antwortete er. Die Schwester schwieg verlegen, und Machul schwärmte eine weitere Stunde von Damaskus, bis der Bruder laut gähnte. »Morgen muß ich früh raus, kann ich meine Jacke haben?«

»Gedulde dich, Bruder, der Korb der Wünsche wird dir eine wunderschöne Jacke bescheren«, erwiderte Machul und erzählte weiter. Auch als die zwei Vettern ihn um ihre Sachen baten, beruhigte sie Machul und beschrieb ausführlich die Gärten der Hauptstadt. Es war spät, als der geduldige Ziki Machul unterbrach: »Lieber Freund, ich bin wirklich müde geworden, und du sagst immer wieder, wir sollen warten, bis der Korb der Wünsche unsere Sachen bringt. Was ist mit diesem Korb?«

Machul stand auf, holte den Korb herbei, hängte ihn an die Decke, nahm die Stange und schlug dreimal gegen ihn. »O Korb, gib meinem Freund Ziki die besten Stiefel!« rief er und ließ den Korb herunter, doch er fand ihn leer. Schnell zog er ihn wieder hoch, schlug mit der Stange auf ihn und rief erneut: »O Korb, wenn du keine Stiefel mehr hast, dann liefere meinem Bruder seine begehrte Jacke!« Doch er fand auch diesmal nichts im Korb. Machul wiederholte immer wütender seine Wünsche und schlug immer kräftiger mit der Stange auf den Korb ein, doch dieser weigerte sich, auch nur eine einzige Prise Salz zu geben.

»Das verstehe ich nicht!« sprach Machul entsetzt.

»Und wir erst recht nicht«, brüllte der Bruder. »Würdest du so freundlich sein und das Spiel mit dem Korb beenden, damit ich nach Hause gehen kann?«

»Spiel sagst du? Das ist kein Spiel. Der Korb hat in Damaskus jeden Wunsch erfüllt. Irgendwas mache ich noch falsch. Laßt mich alleine und kommt alle morgen wieder, da werdet ihr staunen«, sprach er verzweifelt.

»Ich staune schon jetzt. Du bist verrückt geworden«, sagte die Schwester, und sie war nicht alleine dieser Meinung.

»Ruhe dich etwas aus. Wir kommen morgen, dann erinnerst du dich vielleicht daran, was du mit dem Geld gemacht hast«, stöhnte der Bruder und eilte voller Sorge und Zorn nach Hause. Die anderen folgten, nur Ziki blieb sitzen.

Nachdem die Gäste hinausgegangen waren, versuchte Machul immer wieder den Korb zu überreden, seine

Wünsche zu erfüllen, doch den schienen alle guten Geister verlassen zu haben. Sprachlos starrte Machul den gemeinen Korb an. »Was für ein Dummkopf war ich doch«, sagte er und weinte bitterlich.

»Beruhige dich«, sprach sein Freund Ziki und faßte ihn an der Schulter. »Erzähle mir die Geschichte von Anfang an«, bat er den traurigen Machul. Dieser erzählte vom Empfang beim Wirt der Herberge bis zum Essen beim letzten Gauner. Ziki hörte genau zu.

»Und kannst du dich genau erinnern, wo alles geschehen ist?« fragte er, als Machul zu Ende erzählt hatte.

»Sicher kann ich das, aber was hilft das?«

»Viel, laß uns sofort aufbrechen, bevor die Leute dich für verrückt erklären. Ich hole mein Pferd. Mach dich bereit für die Reise«, sagte Ziki und eilte nach Hause.

Der Morgen dämmerte bereits, als beide Freunde Malula verließen, und da sie schnell ritten, erreichten sie Damaskus schon am Nachmittag. Ziki ging zu einem Metzger und kaufte viele Hammelknochen. Er versteckte sie in seinem Bündel und ruhte sich mit seinem Freund im hohen Gras gegenüber der Herberge aus. Als er Machul seinen teuflischen Plan erklärte, lachte sich dieser fast schief. Sie harrten bis zum Einbruch der Dunkelheit aus. »Du wartest hier auf mich, bis ich dir ein Zeichen mit einer Kerze gebe, dann gehst du in den Stall, nimmst mein Pferd und reitest los. Sobald ich mit diesem Kerl fertig bin, komme ich dir nach. Wir treffen uns neben der Omaijadenmoschee«, erinnerte Ziki an die Abmachung und ritt davon.

»Gut«, antwortete Machul und sah, wie der Wirt der Herberge seinem Freund strahlend entgegenkam. »Hundesohn!« zischte er in seinem Versteck.

»Hast du einen Platz für einen Fremden und sein edles Pferd?« fragte Ziki den Wirt.

»Sicher, habe ich. Wohin aber des Weges, Bruder?« erkundigte sich dieser.

»Ich bin zum ersten Mal in meinem Leben in Damaskus, um dieses edle Pferd zu verkaufen. Seitdem ich es gekauft habe, lassen mich die Geister nicht in Ruhe. Jede Nacht muß ich gegen sie kämpfen, weil sie an ihm Gefallen gefunden haben. Dreimal haben sie mich beinahe gefressen. Ich bin des Kampfes müde geworden und will für meine müden Knochen ein altes Pferd kaufen«, erwiderte Ziki.

»Ein schönes Pferd. Wieviel hat es gekostet?« fragte der Wirt.

»Fünftausend Piaster. Ich würde es für die Hälfte hergeben, damit ich bloß diese Dämonen loswerde. Der Teufel soll sie holen. Doch jetzt habe ich Hunger. Kann man bei dir essen?«

»Was dein Herz auch immer begehrt«, antwortete der Wirt und tischte die schmackhaftesten Gerichte auf, als er das Geldbündel sah, das Ziki wie unbeabsichtigt aus der Tasche zog. Der Koloß aus Malula aß wie ein hungriger Wolf, gab dem Wirt zwanzig Piaster fürs Essen, obwohl dieser nur zehn verlangt hatte, und eilte dann in sein Zimmer. Er zündete eine Kerze an und gab seinem wartenden Freund ein Zeichen. Dieser schlich leise in den Stall und eilte dann auf dem Rücken seines Esels, das Pferd hinter sich her ziehend, davon. Um Mitternacht polterte es kurz und dann wurde es still. Ziki lächelte, weil er wußte, daß der Wirt nun in den Stall ging, um das schöne Pferd zu klauen. Er vermummte sich mit einem großen schwarzen Kopftuch, verstreute die Hammelknochen im Zimmer, zerriß die Matratze und die Bettdecke und lief zum Wirt, der noch ratlos in seinem Bett saß und über das Verschwinden des schönen Pferdes rätselte. Mit einem kräftigen Tritt stieß Ziki die Tür aus ihren Angeln. »Ein schönes Pferd hat mein Bruder, der Dämon des Tages, in deinem Stall gefunden. Ich will ein schöneres haben, oder du bist ein toter Mann!« schrie er den blassen Wirt an.

»Um ... Gottes ... willen! Gnade!« stotterte dieser. Ziki hieb auf den Wirt ein. »Ein schöneres Pferd für mich, den Dämon der Nacht, sonst erlebst du den Morgen nicht mehr!«

»Gnade! Hab Erbarmen mit mir, wie soll ich jetzt in der Nacht ein zweites Pferd holen? Hab Erbarmen mit mir bis morgen, und ich besorge dir ein Pferd.«

»Du Schlauberger! Willst mich wohl reinlegen? Meine Macht endet mit dem ersten Sonnenstrahl, dann bist du unter dem Schutz meines gehaßten Bruders. Jetzt, oder du stirbst!« rief Ziki und schlug auf den Mann ein, bis dieser rief: »Hab doch Mitleid mit mir, ich gebe dir alles.«

»Das Pferd hat fünftausend gekostet. Mein Bruder mußte seinen Besitzer, einen geizigen Bauern, fressen, um das Pferd zu bekommen. Gib mir fünftausend, oder ich fresse dich«, rief er und biß den Wirt so stark in den Arm, daß dieser beinahe in Ohnmacht gefallen wäre.

»Erbarme dich meiner, o du Nachtgeist. Ich habe hier unter dem Kopfkissen viertausend. Mehr habe ich nicht.« Ziki griff unter das Kopfkissen und holte das große Geldbündel heraus. »Diesmal laß ich dich am Leben. Sei froh, daß du nicht gut schmeckst«, sagte er und stürzte aus dem Haus. Langsam stand der Wirt auf und schlich leise zum Zimmer seines Gastes. Er klopfte an, doch niemand antwortete. Er öffnete vorsichtig die Tür. Fast hätte ihn der Schlag getroffen, als er das Bild des Grauens im Dämmerlicht einer Kerze sah. Schnell vergrub er die Knochen im Garten und putzte gründlich das Zimmer. Am frühen Morgen stand er ganz erschlagen vor Müdigkeit da und erzählte seinen übrigen Gästen vom Dämon, aber nicht von den Knochen, die er beseitigt hatte.

Machul freute sich ungemein über den Bericht seines Freundes und noch mehr über das vornehme Bett des besten Gasthauses in Damaskus. Ziki zahlte für die Nacht hundert Piaster. Damals war das ein Vermögen.

Am nächsten Morgen berieten sie sich lange, wie sie gegen die Händler vorgehen sollten, vereinbarten, sich nach getaner Arbeit im Gasthaus zu treffen, und gingen ihrer Wege.

Machul ließ sich die Haare schneiden, legte seine bäuerlichen Kleider ab und kleidete sich wie ein Städter. Er wanderte in den Straßen herum und aß stundenlang Zwiebeln, Knoblauch und frische Saubohnen, bis ihm der Magen schmerzte. Dann ging er zu dem Parfumhändler, grüßte ihn und setzte sich hin. Zwei Kunden warteten schon auf den vielbeschäftigten Händler. Als eine Kundin ein Fläschlein Rosenwasser riechen wollte, stank es plötzlich fürchterlich im Laden. Die Frau verzog das Gesicht. »Was ist denn das für ein Geruch?« fragte sie entsetzt.

»Faule Bohnen«, erwiderte Machul. »Der Händler hat eine Mischung aus faulen Bohnen und Rosenwasser erfunden. Sie soll einen sehr begehrten Geruch haben«, flüsterte er bedeutungsvoll. Die Frau schüttelte den Kopf. Ihr Mann griff nach einer Flasche Zitronenblütenöl und wollte daraus ein Tröpfchen unter die Nase reiben, um den Bohnengeruch ertragen zu können, doch als er das Fläschchen aufmachte, stank es im Laden noch widerlicher als vorher. »Was ist das?« fragte er sich, und Machul flüsterte: »Eine Mischung aus Zitronenöl und verschimmelten Zwiebeln. Sie soll einmalig sein!«

»Ja, einmalig ist das schon«, empörte sich die Frau, stupste ihren Mann an und stand auf. »Laß uns gehen. Die Parfumhändler sind auch nicht mehr das, was sie einmal waren.« Der Händler wollte wissen, warum es seine Kunden plötzlich so eilig hatten. »Deine faulen Bohnen und Zwiebeln kannst du allein schnüffeln«, erwiderte die Frau spitz und eilte mit ihrem Mann hinaus. Machul aber spendete dem Laden seine einmaligen Mischungen, so daß es bald im kleinen Geschäft trotz der Düfte der Rosen und Nelken unerträglich muffelte.

»Was ist mit dir, Herr? Hast du etwa einen kranken Magen?« fragte der Krämer Machul zornig, gerade als ein Kunde hereinschaute und sofort das Weite suchte.

»Ja, Bruder. Eine üble Erkrankung plagt mich. Gott schütze dich davor. Ein Medizinmann schickt mich zu dir, um eine Heilmischung für mich zusammenzustellen. Dreißig Kilo brauche ich jeden Monat, ein Kilo Zimt, ein Kilo Kaffee, genau so viel Salz und kein Korn mehr Pfeffer. Ein Kilo Nelken...« Machul zählte die Gewürze auf, die gemahlen und vermischt werden sollten, und als er seine Bestellung aufgegeben hatte, vergewisserte sich der Gewürzhändler noch einmal: »Und das alles gemahlen und vermischt?«

»Ja«, antwortete Machul. Im Laden roch es so übel, daß dem Händler schlecht wurde.

»Ich warte solange hier, bis du die Mischung hergestellt hast«, fügte Machul noch hinzu, als ein alter Mann den Laden betrat und nur »Hast du...« hervorbrachte, um eiligst wieder hinauszugehen.

»Herr, das dauert Stunden, bis ich dir die Mischung zusammengestellt habe. Mein Laden ist klein. Wäre es nicht besser, wenn du etwas spazieren gingest?«

»Und wann soll ich meine Mischung abholen?« fragte Machul zurück und faßte sich an den Bauch.

»Komm nach dem Abendgebet, dann habe ich alles für dich vorbereitet.«

»Aber was ist, wenn du mich betrügst und Mehl dazugibst? Nein, ich bleibe lieber hier und sehe zu, wie du die Sachen zusammenmischst«, erwiderte Machul, kurz bevor eine unangenehm riechende Wolke den vor ihm stehenden Händler wieder umhüllte.

»Aber Bruder, sei unbesorgt, ich werde dir die besten Gewürze zusammenstellen. Ehrlichkeit wird bei mir groß geschrieben«, schmeichelte der Händler mit süßlicher Stimme.

»Und hast du ein gutes Gedächtnis? Ich zahle ja teures

Geld für die Mischung. Was ist, wenn du etwas vergißt? Nein, ich bleibe lieber hier.«

»Mein Gedächtnis läßt die Kamele erblassen. Hab keine Sorge und mach einen Spaziergang. Er ist gut für deine kranken Gedärme«, sprach der Händler verzweifelt und war ganz erleichtert, als Machul endlich einwilligte. Der Händler bespritzte seinen Laden mit Zitronenblütenöl, öffnete das Fenster und fing an, die große Bestellung des kranken Kunden zusammenzumischen. Plötzlich aber lachte er, beugte sich über den Mehlsack und schaufelte davon eine Menge in die große Schüssel, in der er die Zutaten der Mischung zusammengetragen hatte. Doch dann wartete er vergebens. Von Tag zu Tag fluchte er lauter über diesen Kunden, der den großen Sack nicht holte. Noch mehr verfluchte der Händler seinen eigenen Leichtsinn, eine ungenießbare Mischung aus teuren Gewürzen ohne Vorauszahlung hergestellt zu haben.

Doch nun zurück zum Gasthaus, wo Machul vergnügt auf Ziki wartete, bis dieser am späten Abend kam.

»Dem Jackenhändler habe ich es gegeben«, begann Ziki seine Erzählung. »Ich habe ihn gefragt, ob seine Jacken die groben Hände der Bauern aushalten würden. Er rief angeberisch: ›Sie halten sogar die Füße von Elefanten aus‹. Daraufhin bestellte ich dreißig Jacken und fragte nicht nach dem Preis. Als er sie vor mir auf dem Tisch ausbreitete, schaute ich sie an und fragte, ob diese Jacken die besten seien. ›Der Sultan von Bagdad würde dich um diese Jacken beneiden, denn hätte er eine davon getragen, als man ihn erstach, so wäre das Messer zerbrochen‹, antwortete dieser Gauner. Ich nahm die Jacken, eine nach der anderen. Der einen habe ich die Ärmel, der anderen das Futter und der dritten die Taschen im Nu zerrissen, und ich fuhr mit meinem Werk so schnell fort, daß der Händler blaß wurde. Als ein Gehilfe mich aufhalten wollte, klebte ich ihm eine, daß er geradewegs zum Zahnarzt rannte. Ich fuhr mit dem Zerreißen fort und warf die

Fetzen auf einen Haufen. ›Der Sultan von Bagdad hat wahrscheinlich eine Jacke von dir gekauft‹, rief ich immer wieder, und als die dreißig Jacken in Stücke gerissen herumlagen, klopfte ich ihm auf die Schulter. ›Hast du bessere Qualität oder soll ich bei einem anderen kaufen? Ich zahle so viel du willst, aber die Jacken müssen etwas besser genäht sein. Diese hier hielten nicht einmal meinen zarten Händen stand, wie sollen sie den Reibeisen der Bauernhände widerstehen.‹ Der Händler schrie wie verrückt: ›Du hast dreißig Jacken zerrissen. Du mußt sie bezahlen!‹ Ich habe ihm eine Ohrfeige versetzt, da fiel er auf den Haufen zerrissener Kleider, und bevor er sich aufrichten konnte, schob ich drei markierte Geldbündel in seine Schublade. Ich setzte mich auf einen Hocker und wartete geduldig, bis ein Nachbar die Polizei geholt hatte. Dann ging ich mit dem Jackenhändler zum Kadi. Der Händler erzählte vom Geschehen und übertrieb wie alle Händler maßlos. Ich wartete, bis der Kadi mich zornig aufforderte, meine Sichtweise der Tat zu schildern.

›Euer Ehren, ich bin ein ehrlicher Händler vom Lande. Dort ist die Erde rauh und die Kälte kennt im Winter kein Erbarmen, wenn die Kleider der Bauern nicht gut geschneidert sind. Dieser Händler hat mich oft betrogen und schlechte Jacken verkauft. Die Bauern verfluchten die Seele meines Vaters nach einem einzigen Winter, denn die Farbe löste sich beim ersten Regen ab und die Nähte platzten nach der ersten Wäsche. Ich gebe zu, daß ich ihm und seinem Gehilfen eine von den vielen Ohrfeigen gegeben habe, die mir die Bauern versetzt haben. Er nahm heute mein Geld und wollte mir wieder seine Schundware andrehen.‹ Der Händler sprang auf. ›Er lügt, ich habe kein Geld von diesem Halunken gesehen‹, schrie er. Der Kadi schaute mich an. ›Das kann man feststellen. Hast du ihm wirklich Geld gegeben?‹ fragte er mich.

›Sehe ich wie ein Lügner aus? Ich habe ihm vierhundertundfünfzig Piaster für die Jacken bezahlt. In drei Bündeln habe ich sie ihm überreicht, so wie meine gute Frau sie gezählt und mit einem roten Faden umwickelt hat. Sie hatte Angst, daß ich sie verliere. Meine Frau ...‹

›Ist ja gut. Wir wollen hier keine Geschichten hören. Wenn das Geld beim Händler ist, dann muß er dir das Doppelte zahlen, damit er andere nicht mehr reinlegt. Doch wehe dir, Bauer, hüte dich vor meiner Gerechtigkeit, wenn du gelogen hast‹, rief der Richter und ließ zwei Polizisten in den Laden eilen. Ich rief ihnen nach: ›In die rechte Schublade am großen Tisch hat der Gauner das Geld gesteckt.‹

Der Händler lachte über mich, doch er wurde blaß, als die Polizisten mit den drei Bündeln zurückkamen und berichteten, daß sie sie in der rechten Schublade gefunden hätten. Da tobte der Richter und verdonnerte den Händler, mir weitere vierhundertundfünfzig Piaster auszuzahlen.«

Dem Textilhändler erging es am nächsten Tag nach Machuls Besuch nicht besser als dem Besitzer des Hosenladens, der es zur gleichen Zeit nicht mehr aushielt und vor Ziki nackt auf die Straße rannte.

Machul zählte die Piaster und war nun zufrieden. »Morgen kümmerst du dich um die Einkäufe für deine Lieben, und ich nehme mir den freundlichen Gastgeber vor«, sagte Ziki.

»Laß mich es machen. Ich werde ihm den Hals umdrehen, weil er die Gastfreundschaft mißachtet hat«, wandte Machul ein. Doch Ziki bestand darauf, das Vergnügen allein zu genießen. Er überließ seinem Freund das Pferd, damit er die Sachen aufladen konnte, die die Verwandten bestellt hatten, und machte sich auf den Weg zu der Gasse, wo der Gastgeber mit dem Korb der Wünsche lebte. Es war noch sehr früh am Morgen, als er sich nahe beim Haus des Gauners auf die Straße setzte und anfing, laut zu heulen: »Wäre ich nur nicht nach Damaskus gekommen. Ach ich Unseliger, wäre ich nicht in diese gottverfluchte Stadt gekommen.« Er klagte so lange, bis der Gauner aus dem Haus trat. »Was ist mit dir, Bauer?« fragte er.

»Die Städter haben mich um die Hälfte meines Geldes gebracht, wie soll ich bloß meinem Bruder in die Augen schauen«, jammerte er laut und schlug sich so stark auf den Kopf, daß der Gauner zusammenzuckte.

»Hast du denn so viel Geld verloren?« fragte er, Besorgnis heuchelnd.

»Viertausend Piaster. Er wollte einen Wagen voller Kleider für seine dreiunddreißig Söhne und Töchter. Gott, wäre ich Unglücksrabe doch nur nicht in diese Stadt gekommen«, wimmerte Ziki leise. »Ist halb so schlimm«, beruhigte ihn der Gauner. »Komm erst einmal etwas frühstücken, dann werde ich dir helfen«, lockte der Mann und zog Ziki an der Hand, aber der Koloß blieb wie ein Felsen sitzen.

»Du willst mich bestimmt ausrauben. Ich traue keinem mehr in dieser Stadt«, antwortete er und entzog seine Hand dem Griff des aufdringlichen Gastgebers.

»Um Gottes Willen, was denkst du bloß von mir. Ich bin ein gläubiger Mensch. Ich will dir nur helfen«, sagte er.

»Gibt es auch gute Leute in dieser ungesegneten Stadt? Gott erbarme sich deiner Toten, weil du einem Bauern helfen willst«, erwiderte Ziki erleichtert und folgte dem Mann, der ihn, wie schon Machul, vor der Tür warten ließ. Ziki wartete geduldig, bis der Mann kam und ihn in das Gästezimmer führte, wo der ungedeckte Tisch unter dem großen Korb stand.

»Wir wollen Quark und Käse essen. Honig und Oliven sollen auch nicht fehlen. Korb, o Korb, erfülle mir meine Wünsche«, rief der Gastgeber.

»Nicht doch, was ist das denn? Willst du mich zum Narren halten?« Ziki mimte den Ahnungslosen. Der Gastgeber aber zog den Korb herunter und nahm die

Teller und Schüsseln mit den Speisen heraus, die er sich gewünscht hatte. Doch Ziki leerte sie noch schneller, als der Mann sie auf den Tisch stellte.

»Wenn das so ist, dann brauche ich ja keine Gewissensbisse zu kriegen. Laß deinen Korb mir ein mit Fleisch und Nüssen gefülltes Huhn nach diesen Vorspeisen bringen«, rief er begeistert. »Ich habe vor lauter Kummer seit Tagen nichts mehr gegessen.«

»Am frühen Morgen Huhn. Ich kann in der Frühe kein Fett riechen«, stammelte der Gastgeber, von der Gefräßigkeit seines Gastes entsetzt. »Wie wäre es noch einmal mit Käse, Oliven, Quark und Honig?« fragte er laut, damit seine Frau in der Dachkammer alles vorbereiten konnte.

»Macht nichts. Wir können uns bis Mittag den Hunger stillen, und dann will ich ein Huhn gefüllt mit Mandeln, Pinien und Hackfleisch«, erwiderte Ziki.

Der Mann zog nachdenklich am Seil, bis der Korb die Decke erreichte, holte die Stange und klopfte langsam dreimal. »O Korb, wiederhole deine gute Tat noch einmal: bringe uns Honig, Oliven, Käse und Quark.«

»Toll, aber es wäre gut, auch zehn Eier und fünf Brotfladen herzuzaubern, damit ich die rechte Ecke meines Magens beruhigen kann. Für das linke Ecklein brauche ich ein größeres Häppchen«, sprach Ziki.

»Häppchen? Nun, ich mag keine Eier. Ich erbreche mich immer, wenn ich nur ein Ei sehe«, widersprach der Mann und schaute Ziki mißtrauisch an. Er zog den Korb herunter und stellte die Teller auf den Tisch, und Ziki schaufelte in Windeseile die Schüsseln und Teller leer.

»Das finde ich ja bezaubernd. Die rechte Ecke meines Magens hat ihren Hunger gestillt. Wünsche mir bitte fünf gebratene Auberginen mit viel Knoblauch, eine Zitrone, Wassermelonen und frische Feigen für die linke Ecke meines Magens, dann muß es endlich Mittag werden, damit ich zu meinem Huhn komme. Am Abend würde ich schon gerne einen gebratenen Hammel verdrücken.« Der Gauner schaute den Koloß so entsetzt an, als sähe er dem Tod in die Augen. »Hammel? Huhn? Korb... kaputt... ich...«, stotterte er.

»Was ist mit dir, Mann? Gib her!« sagte Ziki und riß das Seil aus der schlaffen Hand des Gastgebers, zog den Korb hoch, klopfte mit der Stange dreimal und sprach: »O Korb, gib deinem Besitzer ein Lächeln und mir meine gebratenen Auberginen, Melonen und vor allem die frischen Feigen!« Er ließ den Korb herunter, doch er war leer. »Der Korb ist kaputt, vielleicht mußt du ihn reparieren!« sprach Ziki.

Der Gauner erkannte eine Gelegenheit zur Rettung aus der sich anbahnenden Katastrophe: Flucht durch das Türchen zum Dachboden! Er strahlte. »Ja, zieh mich hoch, damit ich sehe, was mit dem Korb passiert ist. Du mußt mich bis zur Decke ziehen.«

»Gerne«, antwortete Ziki und zog den Korb mit dem Gauner halb in die Höhe, band das Seil an einen großen Haken an der Wand, nahm den Stock und fing an, auf den Korb einzuschlagen. »O Korb, bringe mir die zweitausend Piaster, die du meinem Freund geraubt hast, sonst wirst du einen blauen Hintern bekommen«, rief er und drosch kräftig auf den Korb ein. Der Mann schrie vor Schmerz, bis seine Frau das Türchen in der Decke öffnete, um nachzuschauen, was passiert war. Doch auch sie konnte ihm nicht helfen.

»Es waren doch nur fünfhundert«, gab der Gauner nach dem zehnten Hieb zu, doch Ziki schlug und rief: »O Korb, zweitausend, sonst werde ich dich drei Tage lang prügeln.«

Heulend und hinkend stieg der Mann nach dem dreißigsten Hieb aus dem Korb und händigte Ziki den gewünschten Betrag aus.

»Ich muß sagen, das mit dem Korb hat gestimmt«, sagte er zu seinem Freund, der bereits auf ihn wartete. Machul lachte herzlich. »Lach nicht so! Ich habe auf den Korb gehauen und zweitausend Piaster verlangt, und die habe ich bekommen. Du kannst nachzählen«, sagte er und bog sich vor Lachen, bevor er auf sein Pferd stieg und sich mit Machul auf den Rückweg nach Malula machte.

Aida
Die listige Schwiegertochter

Es war einmal eine Witwe, die hatte zwei Söhne. Als der ältere neunzehn wurde, suchte sie ihn zu verheiraten. Nach langer Suche fand sie auch eine junge Frau aus einer armen und kinderreichen Familie. Der Brautvater freute sich darüber, ein hungriges Maul weniger ernähren zu müssen. Doch das Glück mancher Eltern ist für ihre Kinder eine Geißel. Schon in der ersten Nacht wunderte sich die junge Braut über das große Loch in der Wand ihres Schlafzimmers. Es war so groß wie ihre Handfläche.

»Was soll das Loch in der Wand?« fragte sie ihren Gemahl erstaunt.

»Meine Mutter will immer dabei sein. Sie kann nicht schlafen, bevor sie sich nicht überzeugt hat, daß ich gesund und vergnügt eingeschlafen bin.«

Die Neuvermählten hatten sich noch nicht hingelegt, als die Mutter durch das Loch sprach: »Mein Herzchen, erledige deine Pflicht schnell. Ich will bald schlafen. Deine Hochzeit hat mich ermüdet.« Der gehorsame Sohn wollte dem Rat seiner Mutter folgen, doch seine Braut wollte mit ihm ihr Verlangen stillen. Sie verführte ihn, aber mitten in ihrem Vergnügen wurden sie durch die Stimme der Mutter erschreckt. »Mein armes Herzchen. Die Frau wird dir noch die letzte Kraft aussaugen. Jetzt ist es genug, sonst komme ich und lege mich zwischen euch.« Durch diese Worte verging beiden jede Lust. Die Braut lag verärgert im Bett und konnte nicht schlafen. Ihr Mann hingegen schnarchte nach einer kurzen Weile. Alsbald hörte sie auch das Schnarchen der Mutter.

Am nächsten Morgen wachte die Schwiegertochter früh auf, bereitete ein Frühstück und weckte ihren Ehemann, die Schwiegermutter und ihren achtzehnjährigen

Schwager. Als sie sich aber zu ihnen setzen wollte, rief ihre Schwiegermutter: »Nein, hier frühstücken nur ich und meine Kinder.«

»Und ich?« fragte die Schwiegertochter und blickte ihren Mann hilfesuchend an.

»Schwiegertochter! Was gebrochen ist, darfst du nicht essen und was ganz ist, darfst du nicht brechen; aber iß nur, bis du satt bist«, antwortete die Witwe. Die Schwiegertochter rannte zurück in ihr Zimmer und heulte, bis ihr Mann zu ihr kam. »Sei doch nicht so empfindlich. Sie ist nun mal die Herrin des Hauses.«

»Und wovon soll ich leben?« schrie sie ihn an.

»Es gibt Wichtigeres als Essen und Trinken«, erwiderte der Mann und kehrte zu seiner Mutter zurück.

So mußte die arme Schwiegertochter heimlich von den Resten essen, denn die Witwe zählte die Tomaten, Eier und Zwiebeln, und wenn etwas fehlte, schlug sie erbarmungslos auf ihre Schwiegertochter ein. Das Brot schloß sie in einem großen Kasten ein, und den Schlüssel dazu trug sie an einer Kette um ihren Hals, nicht einmal die Söhne durften ihn anfassen. In den Vorratskeller und in den Obstgarten durfte die junge Frau nicht gehen. Als ihre Eltern sie besuchten, weinte sie bitter über ihr Elend und wollte mit ihnen fort, doch die trösteten ihre Tochter. »Sei doch froh, daß du diesen Kaufmann heiraten durftest«, sagte ihr Vater beim Abschied. Doch die Tochter war weit entfernt von jeder Freude, sie ertrug ein Jahr lang demütig ihr hartes Los. Die Schwiegermutter ermahnte sie ständig, nicht verschwenderisch zu sein. Der Sohn brachte sein Geld Tag für Tag der Mutter, seiner Frau aber gab er nur tröstende Worte.

Im nächsten Jahr wünschte die Mutter, daß der zweite Sohn eine noch sparsamere Frau heiraten solle. »Ihre Eltern kommen jeden Monat einmal. Das ist Verschwendung«, beschwerte sie sich über die erste Schwiegertochter und suchte so lange, bis sie eine junge Frau fand, deren

Eltern bereits gestorben waren. Die Braut hieß Aida. Die Witwe wies den beiden Neuvermählten ein Zimmer in ihrem Haus zu, so, daß ihr Gemach nun zwischen den Kammern ihrer Söhne lag. Als Aida das Zimmer betrat und das Loch sah, warf sie ihr Hochzeitskleid ab und tanzte vor den Augen der Mutter. »Herzchen, erfülle schnell deine Pflicht!« rief die Mutter verärgert. »Deine Hochzeit hat mich ermüdet.« Doch Aida erwiderte: »Erst wenn ich müde werde, darf er mich nehmen«, und sie tanzte so lange, bis der Ehemann im Bett und seine Mutter hinter dem Loch eingeschlafen waren. Nun schlich Aida hinaus, mischte einen Haufen Erde mit Wasser, setzte dem Mörtel Gips und Asche hinzu und kehrte im Dunkeln zurück. Sie vergipste das Loch und stürzte sich auf den schlafenden Sohn, und sie liebten sich bis zur Morgendämmerung.

Als die Mutter aufstand, fluchte sie über Aida und klopfte die frisch vergipste Öffnung mit einem Stock wieder frei. »Das Loch bleibt offen, ich muß den Geruch meiner Söhne riechen, sonst bekomme ich Alpträume«, sagte sie und ging in die Küche, wo die andere Schwiegertochter das Frühstück schon vorbereitet und sich in eine ferne Ecke gesetzt hatte.

Aida kam etwas verspätet und wollte sich zu Tisch setzen, da rief die Witwe: »Meine süße Schwiegertochter, was ganz ist, darfst du nicht brechen und was gebrochen ist, darfst du nicht essen; aber iß nur, bis du satt bist.« Sie wandte sich zur anderen Schwiegertochter. »Du bist bei uns immer satt geworden, nicht wahr, meine Taube?« Die blasse Schwiegertochter nickte mutlos.

»Gesagt, getan!« rief Aida, nahm ein großes Stück Frischkäse und verschlang es restlos.

»Was machst du, du ungezogenes Ding?« entsetzte sich die Schwiegermutter.

»Wie du befohlen hast. Ich habe den Käse ganz verschlungen und kein Krümelchen davon übriggelassen«, antwortete Aida. Die Söhne lächelten verlegen. »Hinaus mit dir! Ich will dich beim Frühstück nicht sehen«, schrie die Witwe. Und als sich Aida weigerte, hinauszugehen, befahl die Mutter ihrem jüngeren Sohn, seine Frau zu verprügeln. Aida heulte, doch sie klammerte sich mit letzter Kraft an den Tisch, bis sie ihn fast umkippte. Da stand der zweite Bruder auf und trat kräftig gegen ihre Hände, bis sie den Tisch losließ.

Am nächsten Morgen rief die Witwe: »Süße Schwiegertochter, du sollst nichts brechen und Zerbrochenes nicht essen, auch nichts verschlingen, aber du wirst wie eine Taube, die alles aufpickt, bei uns gut ernährt.«

»Gesagt, getan!« rief Aida, nahm den kleinen Honigtopf und schleckte ihn aus. »Was machst du, unverschämtes Ding?« schrie die Mutter.

»Ich habe nur deine edlen Worte befolgt«, antwortete Aida. »Ich habe nichts gebrochen und nichts verschlungen. Ich habe den Honig ganz ausgeschleckt.« Als die andere Schwiegertochter das hörte, stand sie auf, nahm zwei Tomaten und einen Apfel und verschlang sie so schnell, daß sie sich beinahe daran verschluckt hätte.

»Aber Täubchen!« entsetzte sich die Schwiegermutter.

»Heute verschlinge ich die Früchte und morgen lecke ich die Töpfe aus«, lachte diese frech. Da ließ die Schwiegermutter ihren jüngeren Sohn auf Aida einhauen. Das tat er so kräftig, daß Aida in Ohnmacht fiel. Nun stand der andere Bruder auf und ohrfeigte seine Frau.

In den nächsten Wochen wurde die Mutter immer blasser, denn die Schwiegertöchter genossen, verzehrten, tafelten, schmausten, verdrückten, naschten, fraßen, nagten und schlugen sich den Bauch voll mit allem, was in ihre Hände fiel. Ihnen schienen die Schläge ihrer Männer leichter ertragbar als der Hunger. Tag für Tag klopfte die Schwiegermutter die vergipsten Löcher zu den Zimmern ihrer Söhne frei.

»Paß auf, Schwiegermutter. Deine Nase wird dich noch ins Grab bringen«, zürnte Aida.

»Ach was, dummes Zeug. Aber sei sicher, meine Süße, deine Gier wird dir noch übel bekommen«, erwiderte die Alte und lachte.

Sieben Wochen lang stopften die Schwiegertöchter die Löcher in der Nacht zu, und die Witwe klopfte sie am nächsten Morgen frei.

Eines Nachts freute sich die Schwiegermutter, als sie sah, daß die Nachteule Aida sehr früh ins Bett ging. Sie setzte sich an das andere Loch und ermahnte ihren Sohn, endlich zu schlafen, doch der Sohn schien an diesem Abend ein besonderes Vergnügen zu haben. Lange dauerte es, bis es endlich ruhig wurde. Müde wollte sie sich ins Bett legen, doch plötzlich hörte sie ein Flüstern vom anderen Loch. Sie stand auf und näherte sich auf Zehenspitzen der Öffnung. »Geh zurück«, zischte eine Stimme leise, »ich bin die Schlange der langen Nasen. Geh schlafen.« Ein kalter Schauer lief der Schwiegermutter über den Rücken. »Eine Schlange bei meinem Herzchen!« rief sie entsetzt und wollte ihren Kopf durch das Loch stekken, doch plötzlich spürte sie einen Biß in die Spitze ihrer Nase. Sie schrie auf und machte das Licht an, da sah sie eine Schlange in ihrem Zimmer. »Weh mir, eine Schlange hat mich gebissen«, kreischte sie laut. Ihre Söhne sprangen erschrocken aus ihren Betten und eilten zu ihr. Die Schlange war immer noch im Zimmer. Der ältere Sohn nahm einen Stock und erschlug das Reptil, gerade als die zwei Schwiegertöchter ins Zimmer kamen.

»Ich sauge ihr das Gift aus!« rief Aida. Statt aber zu saugen, biß sie die Schwiegermutter so kräftig in die Nase, daß diese ohnmächtig wurde.

»Wir müssen sie schnell ausziehen, damit sie wieder atmen kann. Die Kleider sind sehr eng«, sprach Aida und wandte sich zu den Söhnen. »Geht hinaus, das ist eine Frauensache!« Wie benommen schleiften die Ehemänner ihre schweren Füße hinaus. Die Schwiegertöchter zogen die Witwe aus. Was sie sahen, verschlug ihnen die Sprache. Sie entdeckten nicht nur die Schlüssel zum Vorratskeller und zur Brottruhe, sondern Hunderte von Goldmünzen, die einzeln in kleinen Täschchen im Unterrock eingenäht waren. Aida teilte die Goldmünzen mit der anderen Schwiegertochter, zerriß den Unterrock und rief laut: »Gebt uns Essig, Knoblauch und einen frischen Unterrock!« Ihr Mann brachte schnell die gewünschten Dinge und steckte sie durch den Türspalt. Er war beruhigt, als er seine Mutter leise stöhnen hörte. »Sie bringen sie wieder auf die Beine«, sagte er erleichtert zu seinem Bruder.

Es dauerte bis zur Morgendämmerung. Aida kam erschöpft heraus. »Sie schläft. Es ist vorbei!« flüsterte sie. Beide Brüder eilten ins Zimmer ihrer Mutter und waren beruhigt, als sie sahen, wie die Mutter ruhig atmend schlief.

Am nächsten Tag staunten die Brüder, als sie von der Arbeit kommend die Mutter schreien hörten.

»Was ist mit dir, Mutter?« fragte der Ältere.

»Mein Gold«, sprach die Mutter bitter. »Sie haben mich ausgeraubt«, schnaubte sie.

»Gold? Von welchem Gold redest du?« fragte der Sohn und setzte sich auf die Bettkante. Er schaute seine Mutter voller Sorge an. »Wir haben doch nie welches besessen.«

»Doch, das ganze Vermögen deines seligen Vaters trug ich mit mir herum, und diese Hexen haben es an sich gerissen. Sie tanzten den ganzen Tag hier nackt mit zwei Schlangen.«

»Beruhige dich, Mutter. Es ist gut. Wir werden das Gold aus ihnen herausprügeln, und sie werden ab morgen nicht mehr tanzen«, beschwichtigte der jüngere Sohn seine Mutter und schaute seinen Bruder besorgt an.

»Sie ist durch das Gift verrückt geworden«, flüsterte der ältere Bruder mit trockener Kehle.

Am nächsten Tag erzählte die Mutter, daß beide Schwiegertöchter zu ihr gekommen seien, und vor ihren Augen Fleisch und Käse gegessen und den teuren alten Wein getrunken hätten.

»Welchen Wein, Mutter? Wir haben noch nie einen Tropfen im Hause gesehen«, antwortete der ältere Sohn ungeduldig und ging hinaus. Der Jüngere aber rief Aida zu sich. »Hauch mich an!« befahl er, doch als sie es tat, rief er entsetzt: »Mein Gott, du stinkst nach Knoblauch. Hast du den ganzen Tag Knoblauch gegessen?«

»Ja«, erwiderte Aida, »ich mußte nach dem Rat einer guten Hexe eine Handvoll Knoblauch kauen und den Brei deiner Mutter auf die Nase tun, damit die Wunde entgiftet wird, aber nachdem ich meinen Mund fast verdorben hatte, wollte deine liebe Mutter es nicht haben. Sie sagte, das sei Gift.«

Der Sohn nahm den faustgroßen Knoblauchteig und wollte ihn der Mutter auf die Nase legen, doch diese beschimpfte ihn und behauptete, er und seine Frau wollten sie vergiften.

»Sie ist wirklich verrückt«, sagte der Sohn und genoß mit den anderen einen deftigen Braten.

»So gut habe ich noch nie gegessen«, rief der ältere Bruder begeistert. Er achtete genau so wenig wie sein Bruder darauf, daß von nun an wilde Blumen zum Trocknen dort an der Wand hingen, wo die Löcher vergipst waren. Es ist kaum zu glauben, aber es gibt Männer, die nicht einmal merken, ob ihre Frauen ihnen eine Blumenvase, eine verschrumpelte Rübe oder gar einen Besen auf den Frühstückstisch stellen.

So vergingen zwei Tage und am dritten Tag starb die Schwiegermutter an ihrem Wahn. Und von nun an folgten die beiden Brüder Aidas Anweisungen und lebten zufrieden mit ihren Frauen.

Träume kann man vielleicht deuten, aber ihre Auslöser werden uns wohl für immer verborgen bleiben. Ich hatte die Arbeit an diesem Buch fast beendet, als ich nach einem ganz gewöhnlichen Abend von Milad träumte. Plötzlich wachte ich auf. Ich war weder erschrocken noch verspürte ich Durst oder Hunger. Seine letzten Worte hallten jedoch noch in meinem Ohr. »Du mußt noch von mir erzählen, wenn du deine Oma liebst, sonst wird sie sagen, die Geschichten von Malula sind nur zu dreiviertel abgeschlossen.«

Es kann sein, daß ich deshalb von Milad träumte, weil ich in der letzten Zeit viel mit Malula und seinen Bewohnern zu tun hatte, und Milad gehört einfach dazu. Fast in jedem Artikel über Malula tauchte ein Mensch, eine Geschichte oder eine Gasse auf, mit denen er und ich in irgendeiner Weise zu tun hatten, denn Malula ist ein kleines Dorf.

Sehr aufschlußreich war der Bericht eines Mannes namens Aptalla M'allmona gewesen. Er erzählte dem deutschen Orientalisten, der im Frühjahr 1930 Malula besuchte, von den Belagerungen des Dorfes, von seiner Militärdienstverweigerung während des Ersten Weltkrieges und von vielen lustigen und langweiligen Banalitäten des Alltags im Dorf. Der Orientalist hatte nicht einmal die Zahl der Patronen und die der Dorfbelagerer vergessen, aber er erwähnte mit keinem Wort Milad. Er nannte viele Namen, und ich freute mich ungemein, zu erfahren, daß mein Onkel Najib trotz der drohenden Todesstrafe nach fünf Tagen aus der Armee flüchtete. Aptalla M'allmona erwähnte auch meinen Großvater Nachle, der ihn in letzter Minute vor dem Zugriff der Strafabteilung der Armee gerettet hatte. Diese Stelle unterstrich ich stolz und trank genüßlich einen Espresso auf das Wohl meines Großvaters. Doch meine Suche nach Milad in den tausend Seiten über mein Dorf war vergebens.

»Hast du von den Belagerungen erzählt?« fragte er mich im Traum.

»Sicher«, gab ich ihm zu Antwort. Er schwieg eine Weile. »Und Takla? Wenn du von Takla nicht erzählst, dann hast du nur halb ...«

»Schon geschehen!« unterbrach ich ihn. Milad schien aber nicht so zufrieden zu sein, wie ich erwartet hatte. Er kratzte sich am stark ergrauten Kopf. »Sicher hast du mich auch ein bißchen miterwähnt«, flüsterte er unsicher und nickte, um mir die Antwort zu erleichtern.

»Nein!« antwortete ich. Weshalb auch? Keiner sprach von ihm.

»Das Dorf vergißt nicht einmal den Dreck einer Fliege, doch seine Emigranten vergißt Malula, noch bevor sie die Koffer packen«, beschwerte er sich verbittert.

»Ich doch nicht. Wie soll ich dich auch vergessen können? Habe ich nicht deine Lebensgeschichte aufgeschrieben?«

»Aufgeschrieben?« wunderte er sich und fuhr leise fort: »Du hast doch immer nur zugehört.«

»Ja, aber wenn du nachts geschlafen hast, habe ich alles aufgeschrieben. Später habe ich auch versucht, daraus ein Buch zu machen.«

»Ein Buch!« rief Milad erstaunt.

»Ja, ein kleines Buch, aber kein Verleger in Damaskus wollte davon etwas wissen«, ergänzte ich, um ihn wieder zu ernüchtern.

»Die Damaszener sind Händler, was sollen sie mit der Geschichte eines armen Teufels anfangen? Wer sollte sie kaufen?« fragte er sich und schüttelte den Kopf.

»Ja, so ähnlich haben sie auch geantwortet«, brummte ich. Milad schaute mich mit seinen großen Augen an. Verlegen und beschämt blickte er dann zu Boden. »Ja, ja, die Damaszener«, flüsterte er, dann stupste er mich in die Seite. »Aber deine Oma, die hatte doch meine Geschichten gern«, lachte er und steckte mich mit seiner Fröhlichkeit an.

»Das stimmt«, erwiderte ich. Meine Großmutter, die Heilige der Geduld, wollte in den letzten Monaten ihres Lebens immer wieder hören, was Milad bei dem Gauner widerfuhr, der mit dem wertlosen russischen Geld aus der Zarenzeit gehandelt hatte.

»Du mußt noch von mir erzählen, wenn du deine Oma liebst, sonst wird sie sagen, die Geschichten von Malula sind nur zu dreiviertel abgeschlossen.« So hat dieser Gauner mich am Kragen gepackt, als ob die vertane Mühe damals noch nicht gereicht hätte.

Im Sommer 1968 wollte ich ein kleines Buch über die drei merkwürdigsten Jahre seines ungewöhnlichen Lebens schreiben. Zwei Jahre zuvor hatte ich Milad in Damaskus getroffen. Ich war auf dem Weg nach Hause, als ich ihn vor dem Eingang eines Hauses auf dem Boden liegen sah. Im ersten Augenblick erkannte ich ihn in seinen Lumpen nicht. Er war mit Resten einer Hose notdürftig bekleidet, seinem Hemd waren die Ärmel ausgerissen worden. »Nimm mich mit nach Malula«, hörte ich ihn auf aramäisch flüstern. Keiner der Passanten verstand seine Worte. Eine Frau schaute aus einem Fenster, gerade als ich mich zu ihm beugte. »Seit gestern liegt er da und spricht so komisch. Wahrscheinlich ist er ein Kurde«, meinte sie.

»Nein, er ist aus Malula« antwortete ich. Milad schaute mich erleichtert an. »Gott segne dich, junger Mann. Meine Fee hat dich geschickt. Hilf mir bis zur Bushaltestelle nach Malula. Sie ist nahe beim Thomastor.« Ich hatte Angst, ihn zum Bus zu bringen, denn er war so schwach, daß ich dachte, er würde die Reise nicht überleben. Mit einem Freund half ich Milad auf die Beine und nahm ihn mit zu uns. Mein Freund war nicht weniger erstaunt als ich, daß der alte Mann stark nach Jasmin duftete, obwohl er aussah, als hätte seine Haut seit Monaten kein Wasser mehr gesehen.

Er war sehr krank. Meine Mutter gab ihm zu essen und brachte es sogar fertig, dem scheuen Milad beim Baden zu helfen. Er bekam das kleinste Zimmer, und wir pflegten ihn, bis er gesund wurde. Uns allen schien es, als ob er für immer die Sprache verloren hätte, denn er sagte zwei Wochen lang kein Wort, bis er eines Tages zu mir ins Zimmer kam, sich hinsetzte und lächelte. »Ihr habt mich zusammengeflickt, habt Dank dafür.« Meine Mutter, die vom Einkaufen zurückkam, lachte, als sie Milad bei mir im Zimmer sah. »Na, willst du schon wieder zurück in die Höhle?« fragte sie. Milad schaute sich um. »Ja, bald«, antwortete er.

Das Leben dieses Mannes war für mich ein großes Rätsel. Als Kind hatte ich ihn manchmal im Sommer gesehen, wenn wir ins Dorf fuhren. Er war klein und ausgemergelt, doch seine Schritte verrieten Kraft. Sein großer Kopf fiel mir besonders auf, weil er nicht so recht auf seine schmalen Schultern passen wollte.

Wenn er im Dorf auftauchte, hastete er mehrmals über den Dorfplatz, als wollte er seine Anwesenheit bekanntmachen, dann setzte er sich auf einen Felsen am Eingang des Dorfes und wartete, bis sich Hunderte von Kindern um ihn scharten. Er brauchte nicht lange zu warten. Ein Ruf ging von Gasse zu Gasse: »Milad ist da, Milad ist da!« und die Kinder ließen ihre Murmeln und die Mahnungen ihrer Eltern hinter sich und wollten nur noch Milad erleben, ja erleben, denn er erzählte Geschichten, machte Fratzen und ging wie Charlie Chaplin umher, so daß die Kinder vor Vergnügen tobten. Seine Vorstellungen dauerten oft fast zwei Stunden. Die Kinder spendeten Beifall, er verneigte sich und stolperte wie ein Clown, und dann verschwand er leise aus dem Dorf. Als Kind wußte ich wenig über Milad, doch ich mochte ihn wie alle Kinder Malulas. Ich hörte von den Erwachsenen die verrücktesten Geschichten über ihn. Mal war er einer, der die Bibel und den Koran mit Komma und Punkt auswendig vortragen konnte, und mal machte man ihn zu einem Meister der Schwarzen Kunst. Die Männer lachten über ihn, und die Frauen hatten eine seltsame Angst vor seinem Zorn. Meine Tante erzählte einmal von diesem merkwürdigen Malulianer und seinen drei furchtbaren Jahren, in denen er mit dem Teufel im Bunde gewesen sein soll. Er soll immer wieder eine Weile in einer kleinen Höhle gelebt haben, um dann spurlos zu verschwinden. Die Tante bekreuzigte sich dreimal, wenn sie von ihm redete. Ja, es machte mir einen Heidenspaß, meine Tante mit Milad zu erschrecken. »Ich möchte die drei Jahre von Milad selbst erleben und so wie er immer nach Jasmin duften«, flüsterte ich meinem Bruder immer wieder in ihrer Nähe zu, wenn sie uns besuchte, und die Arme rief entsetzt: »O heilige Maria, banne das Unheil von diesem Haus.« Meine Mutter war hingegen davon überzeugt, daß Milad ein armer Teufel sei, der drei Jahre lang in die falschen Hände gefallen war. Ja, sie übertrieb gar und erzählte, Milad sei der Hiob von Malula gewesen, der das ganze Pech auf sich nahm, um das Dorf zu retten. Im Gegensatz zu Hiob habe er sich aber die Qualen nicht gewünscht, sondern er bekam sie ungefragt auferlegt. Meine Mutter stritt oft mit der Tante über Milad. Als sie sich aber eines Tages über die Ängste der Tante lustig machte, schwor diese, daß sie dabei gewesen sei, als er im Handumdrehen Richter in Esel und Offiziere in Hunde verwandelt hätte. Um ihre Ausführungen glaubhaft zu machen, flüsterte sie meiner Mutter zu: »Und weißt du überhaupt, warum er nach Jasmin duftet? Hm? Du bist sprachlos. Er bekommt es von den Feen, die mit ihm nackt in seiner Höhle tanzen.« Ich lag auf dem Sofa und tat so, als schliefe ich. Ich erinnere mich noch heute genau daran, wie ich nach dieser Erzählung zwei mutige Jungen fragte, ob sie mit mir gehen wollten, um Milad in seinem

Versteck aufzustöbern. Wir kletterten zu der schwer zugänglichen Höhle hinauf. Ein lebensgefährliches Abenteuer, doch außer alten Zeitungen, Zigarettenstummeln und einer alten Tonkanne fanden wir nichts.

An jenem Tag im Juni 1966 bat ich ihn also, mir die wahre Geschichte seines merkwürdigen Lebens zu erzählen. Er tat es nicht gerne. »Was soll ich alter Mann einem jungen Gelehrten erzählen. Es ist bloß ein Traum«, genierte er sich. Doch ich flehte ihn an, mir endlich die drei Jahre zu schildern. Die Sommerferien fingen gerade an. Ich hatte viel Zeit und die Nase gestrichen voll von der Chemie. Eine Woche lang erzählte er mir seine Geschichte. Er war damals schon über siebzig und hielt immer wieder inne, als würde sein gebrechlicher Körper unter der Last seiner Worte leiden und eine Verschnaufpause brauchen. Wenn er vom Erzählen müde war, sich hinlegte und schlief, schrieb ich alles auf. Nach genau einundzwanzig Tagen verließ Milad uns eines Morgens kurz nach dem Frühstück und kehrte nie wieder zurück. Ich hätte es ahnen können, doch ich muß gestehen, daß ich seine Geschichte damals für ein Lügenmärchen gehalten habe. Wie dem auch sei – sein plötzliches Verschwinden entsetzte mich. Meine Mutter lachte über meine Sorge. »Hab keine Angst, Milad hat wie die Katzen sieben Seelen, er stirbt nicht so einfach. Der Todesengel wird sich noch die Zähne an ihm ausbeißen.« Doch seit diesem Tag blieb Milad spurlos verschwunden.

Seine Geschichte gefiel mir sehr. Ich war aber skeptisch, ob jemand anderes sie auch so gut finden würde. Ich formulierte sie noch einmal um und zeigte sie zwei Freunden, die mir empfahlen, sie einem Verleger anzubieten, der für seine Risikobereitschaft bekannt war. Ich zögerte lange, doch im Sommer 1968 machte ich mich mit dem Manuskript auf den Weg. Aber schon bei der Anfrage, ob der Herr da sei, wimmelte mich die Sekretärin ab. Ich werde diese Frau nie vergessen. Sie häkelte und schmatzte laut mit ihrem Kaugummi, als wäre er eine Hammelkeule. Sie blickte von ihrem Werk nicht einmal auf. »Wird in deinem Roman oft geknutscht?« fragte sie.

Ich schüttelte den Kopf.

»Werden Gangster abgeknallt?« Als ich auch das verneinen mußte, zuckte sie nur mit den Schultern. Einen Augenblick lang dachte ich, ich hätte Glück, denn der Verleger trat plötzlich ins Zimmer und schaute mich an. »Komm«, rief er geistesabwesend und kehrte in sein Zimmer zurück. Als er aber das handgeschriebene Manuskript in die Hand nahm, blätterte er es so schnell durch, wie ein Bankangestellter die Hundertlirascheine beim Zählen durch die Finger gleiten läßt.

»Vierzig Seiten«, bemerkte er ironisch, »Soll das ein Roman, eine Novelle oder eine Kurzgeschichte sein?«

»Ich weiß es nicht, es ist die Geschichte eines Mannes, der Geduld hat und immer wieder in eine Höhle zurückkehrt«, antwortete ich unsicher.

»Hat er in der Grotte einen Schatz gefunden?« fragte er und lachte breit.

»Ja, es ist ein einmaliger Schatz«, lockte ich.

»Also nein, einen Schatz hat er bestimmt nicht gefunden. Hätte er Glück gehabt, hätte er die Schnauze gehalten und kein Buch geschrieben. Wo ist er, dein Glückspilz?« fragte er lächelnd.

»Er ist jetzt verschwunden. Das ist ja das Merkwürdige. Er verschwindet immer wieder.« Mir war nicht geheuer zumute.

»Verschwunden? Was ist daran so merkwürdig? Jeden Tag verschwinden Leute. Der eine vor seinen Gläubigern, der andere vor seiner Frau, und warum der dritte verschwindet, darf man nicht wissen.«

»Nein, Milad ist nicht verheiratet, hat keine Schulden und wird auch nicht gesucht. Er geht aber immer wieder in seine Höhle, um ...«

»Und was hat er in der Grotte gesucht? Eine Eingebung?« unterbrach der Verleger mich giftig.

»Nein, er kehrt immer wieder in die Höhle zurück, um dort seinen Traum mit einer Fee zu erleben«, antwortete ich.

»Junge, Junge. Wer soll sich für einen solch verträumten Pechvogel interessieren? Die Leute wollen eine fröhliche Liebesgeschichte lesen, um sich ein wenig zu unterhalten, oder eine Knallerei, um ihre Wut loszuwerden, und du kommst mit diesem armen Teufel daher.« Das waren die letzten Worte des beleibten, fürchterlich schwitzenden Mannes. Verbittert kehrte ich mit dem Manuskript nach Hause zurück, warf es in die Ecke und fluchte.

Andere Verleger reagierten ähnlich auf die Geschichte. Milad war weder ein Nationalheld noch ein Prophet. Im Orient wimmelt es von bedeutenden Nationalhelden, Sozialrevolutionären und Propheten, die kaum beachtet werden. Nur wenige von ihnen bringen es fertig, ein Buch über ihre Taten schreiben zu lassen. Und da komme ich mit meinen zweiundzwanzig Jahren und ein paar Erfahrungen mit kurzen Märchen und einer Wandzeitung, die nicht einmal hundert Leser haben, und biete einem Verleger nicht das Gelbe vom Ei, sondern mit der Frechheit eines naiven Anfängers die Geschichte einer Geduld.

Ich hatte das Manuskript beinahe vergessen, als ein Freund mich auf einen neuen Verleger aufmerksam machte. »Er ist revolutionär und mag solche Dinge, die aus der Reihe tanzen«, riet er mir bedeutungsvoll. Also suchte ich diesen Verleger auf. Tatsächlich! Es gab kein Empfangsbüro und keine Sekretärin, sondern einen Mann, der mich schon bei der Begrüßung »Genosse« nannte. Ich fühlte mich erleichtert, als ich sein Zimmer betrat. Das vertraute Gesicht Che Guevaras an der Wand strahlte Entschlossenheit aus. »Seine Exzellenz müssen wir aufhängen«, sagte der junge Verleger aus guter Familie augenzwinkernd, um das Bild des Staatspräsidenten zu entschuldigen, das neben Che hing.

Er nahm das Heft und starrte lange den Titel an. Sein Gesicht trübte sich zunehmend und ließ meine Knie weich werden. Endlich, nach fast einer Viertelstunde Nachdenken blätterte er um, las etwas, schüttelte den Kopf, dann blätterte er weiter. Er klappte den Deckel zu und versank wieder in eine andere ferne Welt. Mir klopfte das Herz im Hals und ich erwartete dreihundert Mal »Ja« und genau so oft »Nein«.

»Deine Handschrift ist schön, Genosse, selten trifft man junge Leute, die noch so gekonnt kalligraphieren. Aber ich sehe deinen Titel an und frage mich, ob du begreifst, in welchem Kampf wir stecken? Hier steht es im Untertitel: ›Die Geschichte einer Geduld. Nicht für die Erziehung und ähnlich edle Zwecke bestimmt‹. Das steht hier!« rief er, und ich verfluchte den Augenblick, in dem mir dieser Untertitel eingefallen war. »Wenn sich die Leser mit dem Helden nicht identifizieren können, ja was soll denn das Buch bewirken? Hm? Unterhaltung? Dein Freund ist ein Lumpenprolet. Er hat nur gekämpft, um satt zu werden. Und wofür? Um später den Clown zu spielen. Verstehst du, Genosse?« Und da ich ihn anscheinend versteinert anstarrte, fuhr er fort: »Ich frage dich, Genosse, hat dein Freund einen einzigen Schuß auf die Kolonialisten abgegeben?«

»Nein, aber er hat geduldig seinen Traum verteidigt und dabei wie ein Löwe gegen den Hunger gekämpft«, übertrieb ich, obwohl Milad eher mit einem Fuchs als mit dem König der Tiere verwandt war. Der Verleger winkte ab. »Gegen den Hunger! Was ist der Hunger eines Menschen im Vergleich zum Hunger der Völker nach Freiheit? Und wofür kämpft er, wenn er keinen Hunger mehr hat?«

»Das mußt du ihn fragen. Er ist verschwunden, aber was soll es? Er ist viel zu alt für den Kampf«, antwortete ich trotzig.

»Niemand ist zu alt für den Kampf. Genosse, wenn du mich nach meinem größten Unglück fragst, dann sage ich: meine Plattfüße. Ich bin dienstuntauglich. Meine kleinbürgerlichen Eltern freuen sich, daß ich nicht zum Militär muß, aber es ist das größte Unglück, im Herzen Arabiens mit Plattfüßen auf die Welt zu kommen!« Der Verleger quasselte noch eine Weile, doch ich hörte nicht mehr zu. Nach einer Viertelstunde stand ich auf, nahm das Manuskript und ging ohne Abschied nach Hause.

Nun, das geschah im Sommer 1968. Danach versuchte ich nicht mehr, die Geschichten zu veröffentlichen, doch neunzehn Jahre danach, im Sommer 1987 stand es für mich fest: Milad gehört in dieses Buch. Ich schrieb meiner Schwester nach Damaskus, sie solle in der großen Kiste unter meinen Unterlagen nach dem Heft suchen. Drei Wochen danach fand ich eines Morgens eine Benachrichtigung der Post in meinem Briefkasten: ein Päckchen. Ich eilte zur Poststelle in Feudenheim. Als der freundliche Beamte das Päckchen aus dem Regal holte, zitterte ich vor Aufregung. Ich habe die Hülle noch auf der Post aufgerissen. Ich brauchte nicht erst zu lesen, um zu wissen, was auf dem Heft mit dem orangenen Umschlag geschrieben stand: ›Milad. Die Geschichte einer Geduld‹. Der Postbeamte schaute mich belustigt über den Rand seiner Brille an, als ich ihm zurief: »Meine Oma, die Heilige der Geduld, wird jetzt sagen: ›Das Buch Malulas ist vollendet.‹«

Hier ist die Geschichte, wie ich sie damals aufgeschrieben habe.

Milad
Die Geschichte einer Geduld
Nicht für die Erziehung und ähnlich edle Zwecke bestimmt

Ich muß zu meinem größten Bedauern zugeben, daß ich diese Geschichte nicht erfunden habe. Ich habe sie nur aufgeschrieben. Ihr Erzähler weiß nicht einmal, daß aus seiner Geschichte ein Buch geworden ist. Doch hätte ich seine Geschichte erfunden, so hätte ich sie nicht anders geschrieben.

Rafik Schami, Damaskus 1968

Warum Milad in die Fremde ging

Ich war vielleicht vierzehn oder fünfzehn, als mein Vater starb. Ich weiß nicht viel von ihm. Meine Mutter erzählte mir später, daß er nach Amerika auswandern wollte. Sie waren bettelarm. Er packte den Koffer, doch am Tage seiner Abreise wurde das Dorf umzingelt. Man versteckte uns Kinder und die Frauen in einer Höhle in dem Felsen, der Malula beschützend überragt. Mein Vater kämpfte unten im Dorf mit den anderen Männern. Eines Morgens hörte er ein Kind in einem Haus weinen. Er wunderte sich darüber, waren doch alle Kinder in der Höhle geborgen. Er trat gegen die verschlossene Tür. Das Kind saß neben seiner toten Mutter. Die Nachbarn hatten in ihrer Eile die kranke Frau vergessen. Mein Vater wartete, bis es dunkel wurde, dann trug er das Kind zur Höhle in den Felsen. Er rief den Leuten zu, sie sollten die Leiter herunterlassen, doch diese dachten, er sei einer der Angreifer. Es dauerte lange, bis ihn meine Mutter erkannte und noch länger, bis sie die ängstlichen Frauen überzeugen konnte, daß der Mann mein Vater war. Endlich ließen sie die Leiter herunter. Es war schon hell. Mein Vater brachte das Kind zu uns hinauf, doch auf dem Rückweg erwischte ihn eine Kugel. Mein Vater blieb unterhalb der Höhle liegen. Die Belagerung dauerte lange. Als sie doch zu Ende ging, war von meinem Vater keine Spur mehr zu sehen. Manche vermuteten, die Hyänen hätten seine Leiche restlos gefressen. Andere sagten, er hätte auf das Dorf geflucht und sei mit der Kugel im Bauch nach Amerika ausgewandert. Nur Gott weiß, wo er geblieben ist.

Die Malulianer waren mit dem Leben davongekommen, doch was war das für ein Leben! Die Häuser lagen in Trümmern, die Felder waren verbrannt und die besten Männer gefallen. Meine Mutter und ich hungerten, doch niemand wollte sie heiraten. Zwei Jahre lang dauerte es, bis sie, getrieben durch den Hunger, einen widerlichen Bauern verführen konnte. Er war zwanzig Jahre älter als sie, doch statt sie zu verwöhnen, schlug er schon in der Hochzeitsnacht auf sie ein. Mich wollte er überhaupt nicht in seinem Haus sehen. Ich war erst sechzehn, aber er ließ mich wie die Erwachsenen arbeiten und gab mir noch weniger zu essen als seinem räudigen Hund. Meine Mutter mußte mir alles heimlich zustecken, doch eines Tages erwischte er sie dabei und verprügelte sie erbarmungslos. Ich nahm das Küchenmesser und stürzte auf ihn los, er aber schlug mir mit seiner Faust ins Gesicht und brach mir meine Nase. Und wäre er nicht ausgerutscht, so hätte er mich totgeschlagen. Ich rannte, so schnell mich meine Beine trugen, zur Höhle und versteckte mich dort. Meine Nase blutete und schmerzte wahnsinnig, doch meinen Magen schmerzte der Hunger noch mehr. Ich konnte nicht schlafen. Im Dunkeln weinte ich und rief nach meiner Mutter, und von der Höhle aus sah ich, wie mein Stiefvater mich suchte. Seine Rufe hallen bis heute noch in meinen Ohren. Irgendwann schlief ich ein. Da erschien mir eine Frau in einem blauen Kleid, so blau wie der Himmel von Malula. Sie sprach leise und streichelte meine Nase.

»Hast du Geduld, Milad?« fragte sie, und als ich nickte, fuhr sie fort: »Du mußt das Dorf verlassen. Viele müssen das Dorf verlassen, aber nur dir gehört der Schatz. Du mußt in den nächsten drei Jahren einundzwanzig Tage hintereinander satt werden. Dann sollst du zu mir kommen, und so wie der Regenbogen mit seinen Farben den Himmel beschenkt, werde ich dein Herz mit Freuden erfüllen.« Das versprach die Fee. Ich wachte auf und spürte wieder meinen Hunger. Doch meine Nase schmerzte nicht mehr. Ich wollte am liebsten zu meiner Mutter gehen, doch alsbald bedeckte sich der Himmel mit Heuschrecken. Die Leute rannten zu ihren Feldern, um zu retten, was noch zu retten war, aber die Heuschrecken waren schneller und fraßen alles nieder. Ich schlich aus meiner Höhle und sättigte mich, indem ich Hunderte davon verzehrte. Selten habe ich mich so geborgen gefühlt wie in jenen Tagen in der Höhle; sie glich dem Schoß einer Frau. Ja, mein Junge, lach ruhig, aber Felsen und Frauen sind im Orient gleich. Sie sind fest verankert und geben ihren Schützlingen Schatten vor der sengenden Sonne.

Am anderen Tag sah ich aus meinem Versteck, wie viele Malulianer das Dorf verlassen mußten. Sie gingen, um sich und die Zurückgebliebenen zu retten. Nun war ich sicher, daß ich nicht geträumt, sondern mit einer guten Fee gesprochen hatte. Einundzwanzig Tage wollte ich in drei Jahren satt werden und dann nichts wie zurück zu meiner Fee!

Was Milad beim frommen Mann erlebte

Tage und Nächte irrte ich von Dorf zu Dorf. In der Nacht plagte mich der Hunger und am Tage die Sonne. Ich ging von Haus zu Haus, doch wohin ich auch kam, die Heuschrecken waren vor mir dort gewesen. Die Bauern hungerten und aßen ihre eigenen Abfälle und die verendeten Tiere, und wenn ich nach Arbeit fragte, lachte so mancher Bauer bitter und fragte zurück, ob ich verrückt sei.

Ich wollte mich nicht weit von meiner Mutter entfernen. Die Sehnsucht nach ihr ließ mir keine Ruhe, deshalb umkreiste ich Malula, und in der Nacht rief ich nach ihr. Ich war sicher, daß sie mich in ihrem Herzen hören würde. Als ich durch die Dörfer schweifte und nichts Eßbares fand, dachte ich, in dieser ausgebrannten Gegend würde ich nie im Leben einundzwanzig Tage lang satt werden können. Ein alter Mann schwärmte von der kleinen Stadt Jabrud in der Nähe Malulas, wo er in seiner Jugend gerne gearbeitet hatte. So brach ich eines Morgens nach dieser Stadt auf. Ich erfuhr bei meiner Ankunft, daß die Heuschrecken Jabrud verschont hatten. Eine gesegnete Stadt, dachte ich, doch die verhungerten Bauern füllten auch hier die Straßen auf der Suche nach Arbeit. Für eine Zwiebel und ein Stück Brot waren sie bereit, einen ganzen Tag lang zu schuften. Sie wühlten in den Mülltonnen und schlugen die Hunde tot, die ihnen ihre Funde streitig machen wollten. Durch Gesang erbettelte ich mir vom Morgen bis zum Mittag ein paar Brotfladen. Ich hatte als Junge keine schlechte Stimme. Am Mittag tauschte ich mit einem anderen Bettler aus Renkus einen Brotfladen gegen ein gekochtes Ei, doch ich hatte das Ei noch nicht gepellt, als sich plötzlich ein großer Bursche vor mir aufpflanzte. »Du bettelst in meinem Gebiet, her mit dem Ei und dem Brot, oder du bekommst meinen Stock zu spüren«, brüllte er mich an. Ich hatte große Angst vor seinem Stock, doch mein Hunger besiegte meine Furcht. Ich steckte das Ei in meinen Mund und biß schnell in das Brot. Der Bettler schlug auf mich ein, doch ich biß immer weiter ins Brot und würgte die Stücke hinunter, bis ich in Ohnmacht fiel. Als ich zu mir kam, standen viele Menschen um mich herum und schauten mich entsetzt an. Mein Kopf blutete stark. Hier, siehst du diese Narbe? Die habe ich diesem gemeinen Hund zu verdanken. Ein Mann trat auf mich zu und fragte, ob ich ihm dienen wolle. Ich wusch meinen Kopf an einem Brunnen und lief hinter meinem Herrn her. Zum Teufel mit mir, wenn es mir bei diesem sehr fromm aussehenden Herrn nicht gelingen würde, einundzwanzig Tage lang den Hunger zu begraben, und dann nichts wie zurück nach Malula. Doch es kam anders.

Das Haus lag am Rande der Stadt. Es war groß und leer. Ich wunderte mich darüber, doch mein Herr erklärte mir beim Öffnen der Tür, warum er alleine lebte. »Frauen sind unersättlich und sündhaft«, sagte er und betete zu Mittag. Nach dem Gebet zeigte er mir die winzige Kammer unter der Treppe, in der ich schlafen sollte. Die vierzehn Zimmer des Hauses waren leer, aber als ich das meinem Herrn andeutete, warnte er mich vor verschwenderischem Leichtsinn, der ihn ruinieren könnte. Er selbst schlief in einer schäbigen Kammer unter dem Dach. Die anderen Zimmer sollten vor der Feuchtigkeit unseres Atems geschützt werden. Ich habe viele Geizhälse auf der Welt erlebt, aber so einen wie diesen nur einmal.

Nicht einmal einen Brunnen hatte sein Haus. Ich mußte das Wasser von der Quelle auf dem Rücken seines kleinen Esels holen. War ich mit dem Aufräumen und Fegen fertig und gab es keine Arbeit auf dem Feld, so mußte ich mit dem Esel Wasser für die entlegenen Häuser schleppen. Als ob ihm sein großes Vermögen noch nicht reichte, machte er den Wasserträgern ihr Brot streitig. Der Geizhals stand an der Quelle und ließ mich keinen Groschen annehmen. Er kassierte alles. Tag für Tag aber mußte ich das arme Tier auf die Weide bringen, damit es sich ernähren konnte. Der Esel war so schwach und klapprig, daß er nicht einmal seine Ohren heben konnte. Sie hingen ihm dauernd herunter. Erst als es Sommer wurde, ging es dem Esel etwas besser, da überall Melonenschalen herumlagen, die er fressen konnte. Im Stall gab es nicht einmal Heu. Der Geizkragen besaß Weinberge und Obstgärten, doch er gönnte mir nicht einmal einen verfaulten Apfel oder eine Traube. Gingen wir in die Weinberge, so sagte er mir: »Milad, schlage dir deinen Bauch voll in den anderen Gärten, denn meine Trauben sind kostbar.« Doch sobald ich eine Traube aus einem Weinberg gestohlen hatte, rief er mir zu: »Laß mich probieren, ob sie auch süß sind.« Er steckte die ganze Traube in sein Maul und zog mit einem Ruck den nackten Stiel heraus. Keine einzige Weinbeere war mehr daran. Und so verschlang dieser Schmarotzer Obst und Gemüse aus den Gärten der Nachbarn und betete laut zum Allmächtigen, daß er Erbarmen mit meiner schwachen Seele haben solle. Erreichten wir sein Feld, nahm er einen Maulkorb und band ihn mir vors Gesicht. »Das hilft gegen die Verlokkung«, sagte er, und wir ernteten den ganzen Tag. Die Feldarbeiter wollten nicht bei ihm arbeiten, doch sie waren in jenem Jahr so vom Hunger geplagt, daß sie sich die Maulkörbe umbinden ließen und sich den ganzen Tag für einen Hungerlohn abrackerten. In Malula bindet man nicht einmal den Maultieren das Maul zu. Auch der ärmste Bauer verbietet seinem Esel nicht, beim Mähen und Dreschen vom Weizen zu fressen, denn das Tier segnet deine Ernte, wenn du es nicht verhungern läßt. Der Geizkragen aber ließ nicht einmal seine Feldarbeiter eine Traube vom Boden auflesen und essen; statt dessen betete er jeden Tag drei- oder gar fünfmal. Wenn ich Gott wäre, würde ich ihm für jedes Gebet ein Jahrhundert Hölle verschreiben.

Nur am Ende eines jeden Monats wurde mein Herr vom Ortsvorsteher heimgesucht. Dieser Mann war gefräßiger als die Heuschrecken. Gott verbrenne seine Seele! Der Pfennigfuchser wurde davon fast krank, doch er mußte ihn bewirten. Der Geizhals machte ihn mit seinem guten Wein betrunken und dieser Trunkenbold trug ihn danach in die Liste der Habenichtse ein und erließ ihm die Steuern. Monat für Monat kam dieser Kerl, trank zwei Flaschen Wein und nahm sechs mit nach Hause.

Ich dachte, mein Fleiß und die Zeit würden das Herz meines Herrn erweichen, doch es versteinerte von Monat zu Monat mehr und mehr. Hatte es noch im April, als ich zu ihm kam, bei der einzigen Mahlzeit am Abend zu den zwei winzigen Kartoffeln noch ein Stück Hammelfett gegeben, so band er das Fett im Mai an einen Faden und kochte es zusammen mit den Kartoffeln. Ich sollte mich über die Suppe freuen. Das Hammelfett aß er alleine. Nur sonntags gab es Weizengrütze mit Hammelfett. Im Juni rief er, als ich ihn nach dem Fett fragte: »Milad, Fett macht dick und träge.« Ich hatte außer meiner nackten Haut nichts über den Knochen. Ich war gerade siebzehn, doch damals sah ich älter aus als heute. Es half auch nicht, vor Hunger zu schreien. »Bete, Milad, bete, damit der Allmächtige die Hungernden mit seiner unendlichen Gnade sättigt«, war dann seine Antwort. Ich flehte Gott an, diese geizige Seele zu sich zu nehmen, doch mir schien, daß auch Gott es nicht eilig hatte, diesen miesen Kerl als Nachbarn zu haben. Der Teufel soll mich holen, wenn ich bei diesem Kerl nicht bald für einundzwanzig Tage satt werde, dachte ich im Herbst. Doch es kam anders.

Ich ging zu einem Gauner und verschaffte mir einen Schlüssel, der zum Weinkeller paßte. Ich stieg hinunter, als der Herr nicht zu Hause war. Tausende von Weinflaschen lagerten in den Regalen. Ich konnte aber keine einzige Flasche nehmen, ohne daß er das bemerkte. Sein Wein war beliebt und er verkaufte viel, doch er trug alles in ein Heft ein. Deshalb holte ich einen großen Krug und schüttete zwei Liter Weißwein hinein. Die Flaschen füllte ich mit Wasser, verschloß sie sorgfältig, verwischte den Abdruck meiner Finger und ging mit der Beute zum Gauner zurück. Er kostete den edlen Tropfen, doch er gab mir nur zwei Piaster dafür. »Offener Wein läßt sich schwer verkaufen, wenn du ihn aber in seinen Flaschen bringst, bekommst du das Dreifache«, versprach er mir. Doch er kannte meinen Herrn nicht, deshalb waren mir die zwei Piaster lieber als das Dreifache. Ich kaufte für den ersten einen Fleischspieß und für den anderen bekam ich drei herrliche Brote. Ich genoß den Spieß und ein ganzes Brot, versteckte die zwei Brote unter meiner Matratze und schlief zum ersten Mal seit Jahren gesättigt ein. Am nächsten Tag schlich ich immer wieder zu meiner Kammer und nagte am Brot, wenn ich den geringsten Hunger verspürte. Am dritten Tag leerte ich wieder zwei Flaschen und eilte zum Gauner, während der Herr sein Mittagsgebet verrichtete. Ich bekam einen Fleischspieß, zwei Eier, eine Tomate und ein Brot dafür. Eine herrliche Mahlzeit war das! Ich warf den Spatzen ein gutes Stück meines Brotes zu. Sie sollten für mich beten, daß ich auch in den übrigen Tagen solches Glück haben würde. Als ich zu Hause ankam, jammerte der Kerl über die vielen Mäuse, die zum ersten Mal seit vierzig Jahren bei ihm auftauchten. »Vielleicht übertreiben wir es mit dem Essen, daß so viele Krümel übrigbleiben. Ab heute müssen wir den kleinsten Krümel auflesen. Die Mäuse sind unersättlich«, jammerte er.

Ich konnte meine Freude nur mit Not zurückhalten. Jeden zweiten Tag leerte ich zwei Weinflaschen, füllte sie mit Wasser, drückte den Pfropfen wieder hinein und verschmierte den Verschluß mit Erde. Sechzehn Tage lang wurde ich satt, doch am siebzehnten kam der Ortsvorsteher. Ahnungslos lag ich in meiner Kammer und träumte von Malula, als ich großes Geschrei hörte. Ich dachte, der Geizkragen läge im Sterben, und sprang auf. Als ich herauskam, rannte ich in die Arme des Ungeheuers. Er packte mich am Hals. »Was hast du mit dem Wein gemacht?« brüllte er und führte mich ins Zimmer, wo der Regierungsvertreter am Tisch vor mehreren Flaschen saß. Sie waren nur angebrochen.

»Welcher Wein?« fragte ich angstschlotternd. Sein Griff war fest wie eine eiserne Klammer. Sein Gast lachte. »Du hast das Wunder auf den Kopf gestellt. Wein in Wasser verwandelt. So arm darf doch kein Winzer sein, daß er seine Flaschen nur noch mit Wasser füllt.« Was für ein Pech hatte ich doch damals! Von den über tausend Flaschen hatte er ausgerechnet die erwischt, die ich geleert und dann in den Regalen verteilt hatte.

»Ich weiß von nichts!« schrie ich, doch der Geizhals schlug mit einer Flasche auf mich ein und verletzte mich im Gesicht. Siehst du diese tiefe Narbe über meinem rechten Auge? Die ist von ihm. Er sperrte mich in einen dunklen Keller und bewirtete seinen Gast, bis der zufrieden und betrunken das Haus verließ, dann entdeckte er unter der Matratze meinen Vorrat. Sieben Tage lang hielt er mich gefangen. Er gab mir nur Wasser. Am achten Tag schleifte er mich zur Tür hinaus und ließ mich auf der Straße liegen. Ich flehte die Vorbeireisenden an, bis mich eine Kutsche mit nach Malula nahm.

Als ich Malula endlich erreichte, erfuhr ich, daß meine Mutter schon im Juni gestorben war. Ich ging zum Friedhof, doch es gelang mir nicht, ihr Grab unter den vielen ärmlichen Gräbern zu finden. Ich irrte mehrere Tage verzweifelt auf dem Friedhof umher und weinte über mein Elend. Ein Schäfer benachrichtigte meine Tante. Er sagte ihr, ich sei verrückt geworden und lebe auf dem Friedhof. Die Tante eilte zu mir und holte mich zu sich. Sie war froh, als sie mich fand, weil sie mich für tot gehalten hatte. Ich wollte aber nicht bei ihr bleiben. Sie war großzügig, dennoch fühlte ich bei jedem Bissen eine Demütigung. »Schmeckt es dir, mein armer Milad? So etwas hast du bestimmt noch nie gegessen. Nimm noch mehr! Was knabberst du so langsam, als wärst du eine Maus, schöpfe aus dem Vollen. Ich habe reichlich und spende es gern. Sei Gott dankbar, daß du eine solche Tante hast.« Nein, obwohl ich das zwei Tage lang ausgehalten habe, fielen sie mir schwerer als die Arbeit auf dem Feld. Es gibt eine Großzügigkeit, die dich erschlägt. Sie läßt keine Narben im Gesicht, doch sie verletzt dich im Herzen. Ich klaute ihr drei Brote und ein Glas Oliven und machte mich auf zur Höhle. Dort blieb ich zwei Nächte und wieder erschien mir die Fee.

»Im Bauch des Felsens bist du geborgen, und er bewahrt dir den Schatz, bis du den Hunger einundzwanzig Tage hintereinander besiegt hast«, sprach sie. Sie trug ein goldenes Kleid, so golden wie die reifen Weizenähren in Malula.

Als ich aufwachte, dachte ich lange nach. Kein Fischer wird sein Glück im weiten Meer erfahren, wenn sein Boot am Ufer angekettet ist. Meine Kette war die Sehnsucht nach meiner Mutter gewesen, deshalb hatte ich es nicht gewagt, mich weit zu entfernen. Jetzt, nachdem sie durch ihren Tod unerreichbar geworden war, brach ich nach Damaskus auf. Der Erste Weltkrieg dauerte bereits sein viertes und letztes Jahr. Ich durfte mich nicht erwischen lassen, denn alle jungen Männer mußten in den Krieg. Auf den Straßen zur Hauptstadt errichtete man Kontrollstellen. Ich gelangte mit der Hilfe von Schmugglern nach Damaskus und suchte nach Arbeit, doch ich fand nur wenige Gelegenheiten. Und wenn, dann nur für ein paar Tage, danach mußte ich mich wieder verstecken. Ich vergaß keinen Augenblick den Schatz, doch ich bemühte mich noch mehr, meinen Kopf aus den Schlingen der Suchtruppen zu ziehen. Zehnmal und mehr haben sie mich gefaßt und genauso viele Male bin ich ihnen entkommen. Nur einmal haben sie mich auf der Flucht angeschossen. Hier, siehst du diese Narbe auf der Brust? Die ist von jener Nacht. Mit letzter Kraft zog ich mich in den Eingang eines vornehmen Hauses im nördlichen Teil von Damaskus zurück. Ein Mann kam heraus und schrie mich an, warum ich im dunkeln Korridor seines Hauses herumlungere, ob ich seine Frau und seine Tochter begaffen wolle. Das waren die letzten Worte, die ich hörte, bevor ich in Ohnmacht fiel. Als ich zu mir kam, sah ich in das schönste Gesicht der Erde. Im ersten Augenblick dachte ich, ich wäre gestorben und verweilte nun im Himmel, doch als die Frau mich fragte, wer mich so zugerichtet habe, brüllte ihr Mann aus dem Innenhof: »Wer wird einen Gauner schon verletzt haben? Ein anderer Halunke!« Er lachte widerlich und trat auf mich zu. »Woher kommst du? Wie heißt du, Junge?« Ich habe mich stumm gestellt, doch der Mann war mißtrauisch und warf mich nach zwei Tagen hinaus.

Das letzte Kriegsjahr hatte Damaskus alle Kraft ausgesaugt. Der Krieg brachte Hunger und Tod für viele Familien. Viele Söhne, so schön und jung wie der Frühling, kehrten nie wieder heim. Damaskus, das Schönheitsmal

Arabiens, war nur noch eine kranke und müde Stadt. Ich haßte sie und hungerte mit ihr. Drei Monate blieb ich ihr Gefangener, und die Verfluchte machte mich nicht einmal zwei Tage lang satt. Als der Krieg zu Ende war, wollte ich diese ungesegnete Stadt verlassen und mein Glück in Beirut versuchen. Die Stadt liegt, wie du weißt, am Meer. Man sagt, wer ins Meer geht, der ist verloren, und wer herauskommt, ist neu geboren. Ich wollte hinaus, ich wollte sterben oder neu auf die Welt kommen. Doch es kam anders.

Ich brach mit einem anderen Malulianer namens Jause nach Beirut auf. Er wollte nach Brasilien weiterreisen, wo bereits sein Bruder lebte. Kurz vor Staura machten wir Rast. Ich konnte nach kurzer Hetzjagd ein Kaninchen fangen. Wir freuten uns über die Beute, machten Feuer und fingen an, das kleine Tier zu grillen. Wir unterhielten uns laut auf aramäisch und wußten nicht, daß böse Augen uns im Dickicht beobachteten. Noch bevor wir das zarte Fleisch vom Feuer nahmen, überfielen uns Banditen. Sie hörten uns Aramäisch reden und hielten uns arme Teufel für wichtige Spione. Sie droschen auf uns ein, doch wir konnten ihnen nur die Wahrheit sagen, nämlich daß wir aus Malula kämen.

»Und wo ist dieses Malula?« fragte der Hauptmann am vierten Tag. Wir dachten, nun wird es uns besser gehen. »In der Nähe von Damaskus. Zu Fuß braucht man nur einen Tag«, antwortete ich, doch das überzeugte den Anführer endgültig davon, daß wir logen. »Wenn ihr aus der Nähe von Damaskus kommt, dann müßt ihr Arabisch reden, so wie ihr das jetzt getan habt, doch diese andere Sprache, die ist ausländisch.« Er ließ uns in Ketten legen. Wir hausten in einer feuchten Erdhöhle, und die Männer verhöhnten uns. Mein Weggenosse versuchte nach einer Woche abzuhauen, doch weit kam er auf seinen schwachen Beinen nicht. Sie haben ihn erschossen. Ich blieb einen ganzen Monat bei den Banditen, bis ein Mann zu der Bande stieß, der einmal in Malula gewesen war, um sein Augenleiden zu heilen. Er sprach auf den Anführer ein, und dieser ließ mich frei. Ich sollte aber nach Damaskus zurückgehen. Das tat ich auch.

Es war Winter, deshalb suchte ich einen Malulianer auf, der in der Nähe des Thomastores seine Bäckerei hatte. Damals arbeiteten viele Malulianer als Bäcker im christlichen Viertel von Damaskus. Ich schlief in der Bäckerei und arbeitete den ganzen Tag für ein Stück Brot und den Schlafplatz über den Mehlsäcken. Tag für Tag kam ein gut angezogener Herr und kaufte sein Brot. Er fand irgendwie Gefallen an mir und gab mir jedes Mal eine feine ausländische Zigarette. Eines Tages fragte er mich, ob ich in der Bäckerei wie alle anderen Malulianer verrecken wolle. Ich erzählte ihm, daß ich nur einundzwanzig Tage lang satt werden wollte. »Bei mir kannst du den Hunger für immer vergessen, wenn du tüchtig bist«, lockte er und ich folgte ihm.

Er lud mich in ein Restaurant ein, und ich durfte soviel bestellen, wie ich wollte. Ich aß wie ein hungriger Wolf. Nach dem Essen erklärte er mir in einem Park am Fluß, was ich zu tun hatte. Niemand aber durfte wissen, daß ich für ihn arbeitete. Ich sollte die Kunden bis zur Tür seines Ladens bringen und dann verschwinden. Meinen Lohn würde ich Tag für Tag in diesem Park bekommen. Ich sollte um achtzehn Uhr neben der alten Eiche warten. Er würde dann kommen und mir für jeden Kunden zehn Piaster geben. Ein Vermögen war das für mich. Als Vorauszahlung händigte er mir zwanzig Piaster aus und befahl mir, den Friseur und das Bad aufzusuchen und in einer guten Herberge zu übernachten. »Sonst wird kein Esel Vertrauen zu dir haben, wenn du in diesen Lumpen herumläufst und dreckiger als ein räudiger Hund bist«, spottete er und ging in das nächste Geschäft. Dort ließ er mir ein Hemd, eine Hose, neue Wäsche und Schuhe einpacken, zahlte und ging.

Am nächsten Morgen fing ich an, bei der Goldschmiedegasse reichen Bauern aufzulauern. Den ersten fing ich gegen Mittag ab. Er wollte wegen der unruhigen Zeit für sein Geld Gold kaufen. Ich fragte den Bauern, wie mein Meister mir befohlen hatte, ob er sein Geld verdoppeln wolle, und der Depp hat angebissen. »Ja, sicher«, antwortete er. Ich zeigte ihm das Geschäft meines Brötchengebers. »Dort kannst du reich werden«, flüsterte ich geheimnisvoll, und der gierige Dummkopf eilte mir voraus. Dort angekommen, nahm ihn dann der Meister in Empfang. Ich hatte nichts weiter zu tun, doch ich wollte sehen, was geschah, deshalb verharrte ich an der Tür. Mein Meister zog ein Bündel wunderschöner Geldscheine hervor und zeigte es dem Bauern. »Das ist echtes russisches Geld. Von seiner Hoheit dem Zaren Nikolaus Alexandrowitsch persönlich herausgegeben.«

»Ja, aber dort soll eine Revolution und Chaos herrschen«, unterbrach der Bauer ihn.

»Sicher, mein Freund, sicher. Aber das sind nur zwei Banditen namens Lenin und Trotzki. Sieh dir ihre Gesichter an. Mickrig klein ist der eine und fast blind der andere«, sprach er verächtlich und zeigte das Bild Trotzkis mit der Brille. »Und diese beiden wollen mit ein paar Halunken den Zaren stürzen«, fuhr der Gauner fort. »Sie wollen einen Bauern zum Präsidenten und einen Straßenkehrer zum Gesundheitsminister machen. Ich frage dich, kann das gutgehen?« Der Bauer schüttelte den Kopf. »Der Teufel muß sie geritten haben. Bauern können melken und säen, aber doch nicht regieren«, bestätigte er.

»Meine Rede, und deshalb steht die ganze zivilisierte Welt auf der Seite des starken Zaren«, sprach mein Meister leise und zog das Bild des Zaren Nikolaus mit den vielen Orden auf der Brust hervor. »England, Frankreich, Japan, Finnland, Polen und die Deutschen sind gegen diese Kikeriki-Bolschewiki. Schau dir das neue kommunistische Geld an. Nicht einmal gutes Papier haben sie«, er beugte sich zum Bauern und flüsterte, so daß ich nur noch mit Mühe verstehen konnte. »Es ist eine Frage von Monaten, dann wird der russische Rubel die Wolken kratzen. Heute ist er billig, doch es dauert nicht lange, und jeder dieser Scheine ist zehnmal so viel wert. Wenn die Engländer sich irgendwo einmischen, dann verlieren doch die Schlangen ihre Zähne. Das werden die Banditen Trotzki und Lenin auch noch spüren.«

»Ja, die Engländer sind hinterhältig. Gott bewahre uns vor ihnen«, antwortete der Bauer, hielt eine kurze Weile inne und starrte unentwegt die Geldscheine an. »Und warum verkaufst du mir die Rubel und behältst sie nicht für dich?« fragte der arme Tropf immer noch etwas mißtrauisch.

»Ich habe eine Menge geerbt. Meine Tante Katharina gehört dem russischen Adel an, doch jetzt brauche ich flüssiges Geld für meinen Export und Import. Ein großes Geschäft wickele ich gerade in Frankreich ab«, fabulierte der Gauner seelenruhig weiter, als ein zweiter Mitarbeiter, der genau wie ich vom Meister unterwiesen war, zur Tür hereinkam und zwei Perlenketten auf den Tisch legte.

»Tante Katharina läßt grüßen und ausrichten, wenn das für das Geschäft in Frankreich nicht ausreicht, dann sollst du heute abend bei ihr vorbeischauen und ihre Juwelen mitnehmen. Das russische Geld darfst du aber nicht verkaufen. Sie hörte gerade die Nachrichten, die englischen Truppen umzingeln Moskau. Trotzki ist verschwunden und Lenin ist verletzt«, berichtete der gut angezogene Kerl und verschwand augenblicklich.

Der Gauner nahm die Ketten, sammelte die Geldscheine ein, als wollte er sie nicht mehr verkaufen und öffnete einen eisernen Schrank hinter sich, wo Juwelen und Ketten neben meterhohen Geldstapeln lagen. Die Augen des Bauern weiteten sich. »Wieviel kostet so ein Ding? Ich meine ein Rubel?« fragte er mit trockener Kehle.

»Ich kann leider nicht mehr verkaufen. Du hast ja gehört, daß meine Tante nicht will. Die Engländer...«

»Ein paar kannst du doch einem armen Bauern verkaufen. Ihr habt so viel«, flehte der Depp. Und nach einer Weile erleichterte ihn der Gauner um sein ganzes Geld. Der Mann bekam dafür ein großes Bündel wunderschöner Scheine.

»Gott soll dem gerechten Herrscher Nikolaus zu seinem Recht verhelfen. Gott strafe die Balschawik«, rief er beim Hinausgehen. Tag für Tag brachte ich meinem Herrn Kunden. Er verkaufte das bunte Papier für gutes Geld und brauchte dabei überhaupt nichts zu befürchten, denn jeder Geldwechsler bestätigte ungebeten jedem Bauern, daß das Geld echt sei. Damals gab es nur wenige, die lesen konnten, und in einem ganzen Viertel hast du vielleicht nur ein einziges Radio bei der reichsten Familie gefunden. Und was sprachen diese verdammten Kästen? Sie plärrten den ganzen Tag vom bevorstehenden Sieg der Verbündeten gegen Trotzki. Als hätte mein Brötchengeber alle Sprecher im Radio bestochen, wiederholten sie seine Worte rund um die Uhr. Die Bolschewiki seien eine Horde gottloser Mörder, die mit ihren eigenen Schwestern schlafen. Tag für Tag überrannte General Soundso die Stadt Wasweißich und rieb alle Bolschewiki auf. Der Gauner schnitt die Bilder der dickbäuchigen Generäle aus der Zeitung und hielt sie vor die Augen seiner übertölpelten Kunden. »Im Ernst«, säuselte er wie eine Schlange, »glaubst du wirklich, daß dieser General von einem ausgemergelten halbblinden Typ wie diesem Trotzki besiegt werden kann? Schau dieses Gesicht, diesen Schnurrbart und erst recht diese Adleraugen an, die mit einem Blick hundert Soldaten umbringen«, schwärmte er und seine Zuhörer mußten den Bildern der stark aussehenden Männer Respekt zollen. Sie ließen ihr Geld da und eilten davon.

Tag für Tag kam er in den Park, gab mir meinen Lohn

und mahnte mich, mich besser zu kämmen und zu pflegen. Wo der andere Gehilfe auf seinen Lohn wartete, durfte ich nicht wissen. Aber die Kunden kamen scharenweise und flehten Gott an, dem Zaren Nikolaus mit Engeln zu Hilfe zu kommen. Sie schickten auch aus Liebe ihre nächsten Verwandten zum Gauner, weil der Halunke sie um Geheimhaltung bat. In Damaskus kannst du keine Nachricht schneller verbreiten, als wenn du dabei sagst, sie sei geheim. So ging es weiter, und ich mußte manchmal einen Kunden vertrösten, er solle noch einmal kommen, weil der Laden schon voll war.

Wie ein Gebet hörte der Halunke Tag und Nacht die Nachrichten. Immer wieder eilte er zum Apparat ins Hinterhaus und lauschte den neuesten Berichten von der Front. Das konnte ich von meiner Lauerstelle gegenüber dem Laden beobachten.

Eines Abends brachte er mir das Geld zum Park und sagte, ich solle zu ihm nach Hause kommen. Ich wartete, bis es dunkel wurde, und schlich, wie er befohlen hatte, durch die Hintertür zu ihm. Er fragte, ob ich in einer Woche mit ihm nach Aleppo fahren würde, um eine große Ladung russisches Geld abzuholen. Die Sache sei gefährlich, doch er würde mir zwei Goldliras zahlen. Eine im voraus und eine danach. Ich stimmte sofort zu. Er war erleichtert, weil der andere Mitarbeiter nicht mitfahren wollte. Doch als er die Nachrichten hörte, daß die Angreifer schon vor Petrograd standen, erbleichte er. Er sprach eine Weile kein Wort mehr, sondern suchte immer neue Sender. Alle bestätigten aber seine Befürchtung. »Das gibt es doch nicht. Sie schaffen es noch, und ich habe Millionen an lausige Bauern verscherbelt«, stöhnte er dann besorgt und hörte lange die Nachrichten in fremden Sprachen, die ich nicht verstand. Als er auf einem Stuhl zusammensackte, fragte ich ihn, was los sei. »Die Hurensöhne werden noch die Bolschewiki stürzen. Ich bin wirklich ein Esel, so viele Rubel verschenkt zu haben«, erwiderte er.

»Gott schütze die Bolschewiki«, betete ich laut und hob meine Arme in den Himmel, »damit es meinem Brötchengeber besser geht und ich bald nach Malula zurückkehren kann.« Er lächelte verbittert. Kurz vor Mitternacht verließ ich das Haus und eilte durch die dunklen Gassen in das kleine Gasthaus. Ich war nie gläubig, aber in jener Nacht habe ich die heilige Maria angefleht, sie solle Trotzki beistehen, damit er seine Feinde besser sehen könne. Einen Hammel wollte ich den Armen spenden, wenn die Bolschewiki siegten.

Am nächsten Tag standen die Leute Schlange vor seinem Geschäft. Jeder tat so, als ob er zufällig da wäre, doch der Gauner verkaufte keinen Rubel mehr. Ich stand auf der anderen Straßenseite und beobachtete ihn, wie er verzweifelt die gierigen Kunden zurückdrängte. Ein merkwürdiger Teufel war dieser Halunke. Um Punkt achtzehn Uhr kam er in den Park und händigte mir meinen unverdienten Lohn aus. »Ich habe aber keinen Kunden gebracht«, widersprach ich.

»Doch, doch«, strahlte er, »du hast mehr als das gemacht. Du hast doch gestern Nacht gerufen: ›Gott schütze die Bolschewiki‹, dein Gebet wurde erhört. Sie haben heute Mittag den Sieg errungen. Die Franzosen, Engländer und Japaner wissen nicht einmal mehr, wie sie abhauen können. Morgen mußt du noch tüchtiger sein. Wir haben nicht mehr viel Zeit«, sagte er und verschwand.

Genau neunzehn Tage war ich bei diesem Kerl satt, doch am zwanzigsten Tag geschah es. Ich kam mit einem Kunden schon kurz nach zehn. Der Laden aber war geschlossen. Ich tröstete den Kunden und lud ihn ins Cafe ein, bestellte für ihn einen Tee und trank auch einen. Wäre ich mit weniger Pech auf diese Welt gekommen, hätte ich auf dem Weg nach Malula den Wind gejagt, denn ich hatte noch Geld für zwei Tage. Doch ich Esel bewirtete den Kunden und kehrte dann mit ihm zum Laden zurück. Er war immer noch geschlossen. Ich wartete mit dem Mann vor der Tür, als plötzlich zwei Bauern mit einer Schar Polizisten in die Gasse bogen. Ich wollte wegrennen, doch sie riefen: »Haltet den Dieb!« und gerade dieser verfluchte Kunde, der Tee auf meine Kosten getrunken hatte, hielt mich fest. Die Bauern schlugen mich fast tot, und die Polizisten schauten ihnen zu.

»Hast du nicht gesagt, der Zar wird siegen? Hast du uns nicht zu deinem Partner gebracht, der uns das Geld geraubt hat?« beschuldigten sie mich beim Richter. Ich verfluchte laut die Mutter des Zaren Nikolaus, doch der Richter bekam Zeugen so viel er wollte. Sie alle waren sich einig gegen mich. »Du bist ein Pechvogel«, bedauerte mich der Richter. »Hätte der Zar gesiegt, so hätten die Leute dich beweihräuchert. Doch nun siegten die gottlosen Bolschewiki«, fuhr er lächelnd fort und verurteilte mich wegen Betrugs zu fünf Jahren Knast. Was aus dem Halunken geworden ist, weiß ich nicht. Doch ich war entschlossen, so schnell wie nur möglich aus dem Gefängnis abzuhauen. Lieber wollte ich sterben als fünf Jahre dort zu schmachten.

Das Gefängnis war für mich in den ersten Wochen die Hölle auf Erden. Wir wurden in einer feuchten Zelle zu zwanzig eingepfercht. Nur einmal am Tag durften wir für eine Stunde die Sonne sehen. Es war in der Zelle so eng, daß es nicht einmal eine Ratte wagte hereinzukommen. Sie wäre erdrückt worden. Jede Minute kam mir wie eine Ewigkeit vor. Wir mußten den ganzen Tag mit einer winzigen verrosteten Feile Olivenkerne für Gebetskränze schleifen. Kannst du dir das vorstellen? Draußen wurden wir von den Wächtern geschlagen, und drinnen herrschte ein Gefangener aus Aleppo. Schon am ersten Tag schlug er mich aus nichtigem Anlaß zusammen, damit ich wie die anderen verstand, wer das Sagen hatte. Er bekam den besten Schlafplatz und den größten Anteil unseres Essens. Ich war der Kleinste und mußte mich von den Resten ernähren. Doch das alles interessierte mich nicht. Ich schaute mich nach einer Fluchtmöglichkeit um. Das Gefängnis war aber so gut abgesichert, daß noch nicht einmal eine Mücke entkommen konnte.

Nun, mein Ansehen hat es mir erleichtert. Bevor du ins Gefängnis kommst, eilt dein Ruf dir voraus. Der Mann aus Aleppo schikanierte mich, weil er zu lebenslanger Haft verurteilt war. Alles außerhalb des Gefängnisses war ihm gleichgültig. Er war nur daran interessiert, sich seine Haft durch seine Faust zu erleichtern, so lang er konnte. Die anderen aber zählten die Tage bis zu ihrer Freilassung. Es half mir nicht, zu schwören, daß ich keine große Beute mit dem russischen Geld gemacht hatte, sondern nur neunzehn Tage lang nicht zu hungern brauchte. »Komm«, sagten die Wächter wie auch die Gefangenen, »das hast du prima vor dem verkalkten Richter gespielt, aber uns kannst du doch die Wahrheit erzählen.« Ich war verzweifelt. Doch eines Nachts erkannte ich meine Dummheit. Es ging um mein Leben, und ich Idiot hatte diese lächerliche Angst um meinen Ruf. »Hinweg!« rief ich in der Dunkelheit und entschied mich für mein Leben. Von nun an sprach ich anders mit den Wächtern und Gefangenen. »Ihr werdet sehen. Ich komme bald heraus. Mein Meister hat Freunde in Istanbul, Paris und Moskau«, übertrieb ich und sprach geheimnisvoll von den Kisten voller Gold, die wir angeblich versteckt hielten. Das bewirkte Wunder. Auf einmal wurde ich in eine bessere Zelle verlegt und durfte mit den Wächtern Tee trinken. Viele Gefangene trugen mir ihre Wünsche vor, die ich für sie erledigen sollte, sobald ich herauskommen würde. Vor allem aber machte mir ein gräßlicher Wächter den Hof. Ich hatte ihn wie alle Gefangenen gehaßt, weil er herzlos war, doch er war vollkommen davon überzeugt, daß ich das Gold hatte. Das Chaos herrschte damals in Syrien, und keiner war sich seiner Haut sicher. »Was springt für mich raus, wenn ich dich hier heraushole?« fragte er mich eines Tages.

»Zweihundert Goldliras«, antwortete ich trocken.

»Das ist zu wenig. Fünfhundert«, verlangte er.

»Zweihundert und keinen Groschen mehr. Ich erhielt gestern eine Nachricht. Mein Meister ist auf dem Weg nach Damaskus. Es dauert nicht mehr lange und ich komme aus diesem Loch heraus.« Der widerliche Wächter sagte kein Wort. Er nickte und ging. Nach einer Weile tauchten drei seiner Schläger auf und wollten aus mir herausprügeln, wo das Gold versteckt sei. »Und wenn ich sterbe, ich werde es euch nicht verraten«, rief ich unter ihren Schlägen, bis sie ermüdeten und mich zerschunden zurückließen. Zwei Nächte danach kam dann dieser Bluthund zu mir und brachte mir eine Wächteruniform. »Zieh sie an und warte, bis die Uhr zwölf schlägt. Ich hole dich ab.« Er kam um Mitternacht und wir gingen gemeinsam festen Schrittes durch das Tor.

»Wo ist das Gold?«

»Auf dem christlichen Friedhof von Damaskus begraben«, antwortete ich. Der Friedhof lag aber ziemlich weit entfernt vom Gefängnis. Der dicke Wächter hatte Angst, daß ich ihm in den engen Gassen der Altstadt entkommen könnte. Er weckte einen Kutscher auf, der nahe dem Gefängnis in seiner Kutsche schlief, und befahl ihm, zum Friedhof zu fahren. Der Kutscher schimpfte, denn er mochte Fahrten in der Nacht nicht. Ich setzte mich nach hinten und lachte über seine schlechte Laune. »Geliebte kann man nicht häufig genug sehen«, spottete ich, doch er murmelte voller Abscheu über solche Leute, die ausgerechnet in der Nacht ihre geliebten Toten besuchen wollten. Am Rande von Damaskus wurde der Nebel in jener feuchten Frühjahrsnacht so dicht, daß der Kutscher immer wieder anhielt und laut darüber rätselte, wie er nun weiterfahren sollte. Ich gab ihm die Anweisungen, und er brachte uns bis zum Tor des großen Friedhofs. Der Wächter wurde unsicher, als der Kutscher ihm sagte, er würde keine Minute dort warten. Ich sprang aus der Kutsche und stieß die Tür auf. »Warte!« rief der Wächter und bezahlte hastig den Kutscher. »Mach keine Dummheiten, sonst wirst du hier begraben!« warnte er mich. Es war dunkel und neblig, und der Vollmond konnte nur für kurze Augenblicke mit seinem fahlen Licht leuchten. Wir stolperten bald über Äste und umgefallene Grabsteine. »Langsam, nicht so hastig!« wisperte der Wächter immer leiser hinter mir her.

Plötzlich aber schrie etwas und richtete sich auf. Mir erstarrte vor Schreck das Blut in den Adern. »Hurensöhne! Nicht einmal bei den Toten hat man Ruhe!« zischte eine scheußliche Stimme. Ich drehte mich langsam um und sah den Wächter mit erhobenen Händen und großen Augen. Das Mondlicht leuchtete kurz über sein blasses Gesicht und verlieh ihm die bläuliche Farbe des Todes. »Er... bar... men! Hi... Hii... Hilfe!« stotterte er. Ich erholte mich schnell von meinem Schreck. Das Gespenst war einer dieser armen Bettler, die nirgends schlafen konnten und deshalb auf dem Friedhof Zuflucht fanden. Wie ein Blitz sprang ich davon und verschwand in der Dunkelheit. Ich eilte in derselben Nacht noch nach Malula.

Als ich in Malula ankam, hatten die Bewohner gerade eine dreimonatige Belagerung hinter sich. Sie sahen noch erbärmlicher aus als ich. Ich stieg hinauf in die Höhle. Der Atem der Kinder klebte noch an den felsigen Wänden. Ich konnte nächtelang nicht ruhig schlafen. Doch in der fünften Nacht erschien mir die Fee. Sie trug ein schwarzes Kleid, als trauere sie mit den Frauen des Dorfes um die vielen Toten. »Du hast Geduld, Milad, und mit dieser Geduld wirst du dein Pech besiegen«, tröstete sie mich und verschwand. Als ich zu mir kam, war die Höhle weiß gestrichen wie die Häuser Malulas. Ich schaute aus der Öffnung und erblickte diesen Franzosen in der Ferne. Er wandte sich ein paar Schritte nach links, stellte einen Stein auf, dann machte er ein paar Schritte nach rechts und stellte wieder einen Stein auf. Ich eilte zu ihm. Der Mann sprach gebrochen Aramäisch. Ich half ihm den ganzen Tag und fragte bei Sonnenuntergang, ob ich am nächsten Tag bei ihm arbeiten könnte. Er war mißtrauisch, doch er ließ mich für ihn die Erde umschaufeln. Für den Tag gab er mir einen Piaster. Zu wenig fürs Leben, doch weit und breit sah ich keine andere Möglichkeit. Viele Malulianer packten ihre Koffer und verließen das Dorf in der Hoffnung, bald zurückzukommen, doch die Fremde in Amerika hat sie verschluckt.

Den ganzen Tag lang hackte ich den Boden, schaufelte die Erde und siebte sie in kleinen Drahtsieben nach den Anweisungen des Franzosen. Abends mußte ich noch kochen und Wasser schleppen, denn der Mann wollte nicht im Kloster oder im Dorf übernachten. Er hatte Angst, die Leute würden über ihn herfallen. Er schlief in einem schäbigen Zelt, und ich sollte vor seinem Eingang wachen, um ihn vor den Räubern zu schützen. Ich aber schlief und pfiff auf seine Ängste.

Am ersten Tag schon fingen wir an zu streiten. Er war entsetzt, als ich ihm erzählte, daß ich mich vor dem Krieg gedrückt hatte. Er schimpfte, ich würde eines Tages lernen, daß es eine Ehre sei, für das Vaterland zu sterben. Ich sagte ihm, daß ich keine Lust zum Sterben hätte, sondern leben wolle. Ich würde nur Malula wie meine Mutter verteidigen, aber ansonsten könne er mir mit seiner Vaterlandsehre gestohlen bleiben. Beinahe hätte er mich hinausgeschmissen. Er war ein komischer Kauz und vertrug keine Gegenrede, nicht einmal bei Sachen, von denen er nichts verstand. Er konnte wenig Aramäisch und genau so schlecht Arabisch, doch er wollte alsbald Malula besser kennen als ich. Er meckerte über den Staub und über die Sonne und erzählte mir, was er alles tun würde, wenn er ein Malulianer wäre. Er wollte Hotels und Schwimmbäder bauen. Ich fragte ihn, ob man ohne Wasser schwimmen könne, aber der Esel verstand meine Frage nicht und lachte mich aus. Als er essen wollte, sagte er mir, er wolle Eierpflanzen und komische Gurken haben. Erst nach langer Erklärung verstand ich, daß er Auberginen und Zucchini gewünscht hatte. Ich sagte ihm höflich, daß Pflanzen keine Eier legen und Zucchini mit den Gurken nur verwandt seien. Doch er wollte mir nicht glauben. Er lachte über mich und verlangte, daß ich die Auberginen Eierpflanzen und die Zucchinis komische Gurken nannte. Ich eilte ins Dorf und brachte ein Ei, eine Aubergine, eine Zucchini und eine Gurke, um ihm den Unterschied zu zeigen. Glaubst du, er hat es verstanden? Er schaute die Aubergine an und sagte, sie sei ein schwarzes großes Ei, biß in die Zucchini und verschlang sie ungekocht. »Komisch schmecken diese Gurken schon«, sagte er dann.

Nun, er suchte bereits seit zwei Monaten nach Schätzen und hatte nichts gefunden. Früher war der Boden Malulas voller Gold und Silber. Doch hundertmal wurde er schon umgegraben. Es gibt noch Schätze, noch größere als die, die je gefunden wurden, doch man kommt nicht mehr durch bloßes Umgraben an sie heran. Die Alten waren nicht dumm. Sie haben für die Grabräuber nur kleine Brocken hingestellt, doch die wahren Schätze kann man nur erreichen, wenn man die Geduld aufbringt, die ein Traum abverlangt. Der Franzose fand nichts, und das hat ihn geärgert, denn er hatte in Frankreich viel Geld für seinen Plan bezahlt. Irgendein Gauner verkaufte dort Pläne von Schätzen im Orient. Wahrscheinlich ein Neffe des Händlers, für den ich in den Knast ging. Gott verfluche seine Seele und die des Zaren Nikolaus! Nun, von Tag zu Tag wurde der Franzose ungenießbarer. Er fastete und zwang mich mitzufasten, und das mitten im Sommer. Er betete stundenlang kniend jede Nacht. Doch weder seine Gebete noch seine Pläne brachten ihm etwas ein. Er war verzweifelt und wollte abreisen, ich hoffte aber, bei ihm satt zu werden, denn wenn er zufrieden war, ließ er mich Fleisch und Gemüse kochen und einen Teil davon essen. Eines Nachts hatte ich die Idee: Ich nahm eine Kalktafel und ritzte eine Sonne, ein paar Männchen, Vögel und Pfeile ein. Solche Bilder sind in die Felswände der Höhle eingemeißelt. Ich buddelte die Platte ein und ging wieder schlafen.

Am nächsten Morgen erzählte ich ihm von meiner Großmutter, die mit einer Zauberformel viele Schätze gefunden hatte. Dem Franzosen war es jetzt ziemlich egal, wie er einen Schatz finden könnte, und meinte, ich könne es ja mal versuchen. Ich murmelte irgendwelche beschwörenden Worte, schloß die Augen und taumelte wild umher. Dort, wo ich die Platte vergraben hatte, ließ ich mich laut schreiend niederfallen. Der Franzose hatte mir entgeistert zugeschaut, stürzte zu mir, stieß mich zur Seite und fing hektisch an zu graben. Jubelnd hielt er dann die Platte in den Händen. Die ganze Zeit hatte er mich wie einen Hund behandelt, doch nun umarmte er mich. »Gott hat dich zu mir geschickt«, sagte er und prüfte mit einer Lupe die undeutlichen Kratzer auf der Platte. Er rätselte den ganzen Tag darüber, doch am Abend gab es reichlich zu Essen. »Hole uns Auberginen und Zucchini, Fleisch und Wein«, rief er begeistert, und von nun an sprach er nicht mehr von seinen Pflanzeneiern und komischen Gurken.

Elf Tage lang litt ich keinen Hunger. Nacht für Nacht vergrub ich neue Platten in der Erde, führte meine Vorstellung auf und half dem Franzosen, die Bilder zu deuten. Wir bohrten uns durch die trockene Erde. Das hätte ewig so weitergehen können, und ich sah mich meinem Schatz näherkommen. Doch es kam anders.

Am zwölften Tag wurden wir in der Morgendämmerung durch Hiebe von Soldaten aus dem Schlaf gerissen. Damals hielten die Franzosen das Land besetzt. Es ging alles sehr schnell, und erst auf der Polizeiwache erfuhren wir, weshalb wir so mißhandelt worden waren. Ein anderer Franzose hatte eine Genehmigung von den höchsten Stellen in Paris, ausgerechnet in dem Gebiet, wo wir buddelten, alleine nach Schätzen zu suchen. Mein Franzose hatte nur eine schäbige Genehmigung vom französischen Gouverneur in Damaskus. Er mußte als Verlierer den Schwanz einziehen und mich im Stich lassen. Er verfluchte Malula und reiste ab, und mich haben sie für einen Monat wieder hinter Gitter gebracht, weil ich angeblich ein Grabräuber sei. Ein Sauhund von Richter war das. Er ließ den wahren Räuber laufen und lochte mich ein. Der Monat verging schnell, aber kurz vor meiner Entlassung wurde ich wieder zur Polizeiwache in Malula geführt und im Beisein des zweiten Franzosen, Gott verfluche seine Seele, geschlagen. Ich sollte zugeben, daß ich mit dem anderen Schatzsucher schon Gold gefunden hätte. Drei leere Tonbehälter wären gefunden worden, und der vor Wut schäumende Franzose wollte einen Kalkstein gefunden haben, auf dem die enthaltene Goldmenge angegeben war. Man verschärfte meine Strafe und schickte mich für ein halbes Jahr nach Palmyra ins Arbeitslager. Ich kann dir sagen, ich bin froh, daß ich die zweite Hölle in der Wüste überlebt habe.

Doch als ich nach Malula zurückkam und wieder in der Höhle schlief, erschien mir die Fee. Sie war nackt, und ich hatte Sehnsucht nach ihren weichen Armen, doch ich erreichte sie nicht, so sehr ich auch meine Hand nach ihr ausstreckte. Sie entrückte immer weiter in die Ferne. Sie lachte nicht und sie weinte nicht. Sie schaute mich mit unbewegtem Gesicht an und wiederholte immer wieder die Worte: »Hab Geduld, mein Milad, hab Geduld, dir wird der Schatz in die Hände fallen. Du wirst in deinem Herzen so reich sein wie die Schmetterlinge an ihren Farben. Erst dann werde ich deine Geliebte sein«, raunte sie und entzog sich mir. Plötzlich stolperte ich und fiel zu Boden, doch da war ich aufgewacht. Mich soll die Großmutter des Teufels holen, wenn ich den Schatz nicht bekommen würde.

Warum der Dorfälteste Pferdeäpfel essen mußte

An einem Morgen machte ich mich auf den Weg nach Damaskus. Gegen Mittag erreichte ich die kleine Stadt Kutaife. Ich stillte meinen Durst und ruhte mich eine kurze Weile unter einem Walnußbaum aus, als ich in der Nähe einen Wahrsager bemerkte. Die Leute scharten sich um ihn. Sie wollten wissen, was ihnen die Zukunft bringen würde. Ich war neugierig und drängelte mich zur ersten Reihe vor, um besser sehen zu können. Der Mann warf seine Muscheln auf den Boden, las sie bedächtig auf und erzählte den Leuten, daß es ihnen bald besser gehen würde. Einige Frauen kauften Talismane, weil sie hofften, dadurch endlich Kinder zu kriegen. Andere wollten blaue Steine gegen den Neid und den bösen Blick. Sie nestelten zögernd ihre Piaster aus den Taschen und wendeten sie nachdenklich hin und her, bevor sie sie schweren Herzens dem Meister gaben. So nannte sich dieser Kerl: der Meister. Er war groß und gut gekleidet. Ich beobachtete ihn lange. Als er müde wurde, vertrieb er die Leute barsch, die ohne zu zahlen noch mehr von dem Süßholzraspler hören wollten. Als er nun auf seinem wunderschönen Rappen davonreiten wollte, krallte ich mich an seinem Sattel fest und flehte ihn an, mich zu seinem Gehilfen zu machen. Ich glaubte nicht an die gute Zeit, die er den armen Teufeln prophezeit hatte, sondern an seine List, durch die ich einundzwanzig Tage satt zu werden hoffte. Er musterte mich lange. »Woher kommst du?« wollte er wissen.

»Aus Malula«, antwortete ich und war mir jetzt ganz sicher, daß der Meister ein Gauner war, denn wie kann einer in meine Zukunft sehen, wenn er nicht einmal weiß, woher ich komme.

»Ah, aus Malula«, sagte er mit einer merkwürdigen

Achtung. Er stieg von seinem Rappen ab und schaute mir in die Augen. Der Teufel soll mich holen, aber solche Augen hatte ich noch nie in meinem Leben gesehen. Sie waren klein und sprühten Feuer, daß es mir schaudernd den Rücken runterlief, doch ich schaute nicht weg. »Zeig mir deine Pfoten!« forderte er mich auf. Er prüfte lange die Furchen und Linien meiner Hände. »Hm, seltsam«, seufzte er, »du wirst lange leben. Das Glück wird in dein Herz hineinfließen als wäre es ein Bach, und es wird wie ein reißender Fluß aus ihm heraussprudeln«, murmelte er nachdenklich. Damals konnte ich mir kaum das Lachen verbeißen, doch heute weiß ich, wie dumm und unwissend ich war.

»Ich könnte einen Gehilfen gebrauchen, doch du mußt mir gehorchen, nie Fragen stellen und nichts von dem verraten, was du bei mir siehst. Besorge dir einen Esel!« befahl er, als wüßte er, daß ich sein Angebot schon längst angenommen hatte! Esel gab es wie Sand am Meer. Die Bauern überließen sie ihrem Schicksal, wenn sie sie nicht mehr ernähren konnten. Die Esel streunten wie die Hunde überall am Rande der Stadt herum. Sie fanden nur wenig zu fressen, und doch blieben sie in der Nähe der Behausungen, weil sie dort vor den Wölfen und Hyänen sicherer waren als in der Wildnis der Berge und Steppe. Wölfe und Hyänen wagen sich nur in größter Not in die Nähe der Städte.

Ich brauchte nur mit einem dürren Strauch zu wedeln, und schon trippelten mehrere Esel auf mich zu, in der Hoffnung, etwas zu fressen zu ergattern. Ich nahm mir den Stärksten unter ihnen und folgte meinem neuen Dienstherrn.

Ein merkwürdiger Mensch war dieser Meister. Mehrere Tage zog er in den Dörfern herum, verkaufte Talismane und blaue Steine, sammelte Kräuter und las wie besessen in Büchern, und wenn er las, so tauchte er in eine andere Welt. Dann hörte und sah er nichts mehr. Nicht einmal der Hunger schien ihn von seinen Büchern abbringen zu können. Er war nicht geizig, aber sein ganzes Geld gab er für Bücher, Salze und komische Töpfe aus, die er in den Städten anfertigen ließ. Er war zufrieden mit mir, denn ich schleppte ihm die Sachen, kochte für ihn und pflegte sein Pferd, das mir schon nach kurzer Zeit wie ein Hund folgte.

Abend für Abend nähte ich kleine Stofftüten, in die er seine Papierrollen steckte, die Kinder herbeizaubern und Neid fernhalten sollten. Nach einer Woche, in der ich nur zwei Tage genügend zu essen bekam, sagte er eines Nachts am Lagerfeuer zu mir: »Du bist tüchtig und redest nicht. Das gefällt mir. Ab heute darfst du die Seiten aus diesem Buch reißen, sie einrollen und in die Stofftäschchen einnähen.« Ich konnte damals nicht wissen, was das für ein Buch war. Ich habe erst viel später lesen gelernt. Nach ein paar Tagen war nur noch der Einband übrig. »Was soll ich jetzt nehmen?« fragte ich, da der Hunger der Bauern andauerte und die Talismane sehr gefragt waren.

»Nimm irgendwas. Diese Zeitung aus meiner Satteltasche wirkt genauso. In der nächsten Stadt holen wir uns ein paar alte Bücher und Zeitungen. Dieser Zauber geht weg wie warme Semmeln«, sagte er und versank wieder in sein Buch.

In den Dörfern um Damaskus hatten wir Glück, doch je näher wir der Hauptstadt kamen, um so knauseriger wurde mein Brötchengeber. Er wollte alles sparen. »Ein paar Fastentage reinigen unsere Seele. Ich brauche das Geld für edlere Zwecke als für unseren Fraß«, predigte er und fastete. Ich verfluchte seine Seele. Als wir Damaskus erreichten, gab er das ganze Geld aus. Er kaufte Kupfer, Schwefel, Quecksilber, eine große Menge Essig, die verschiedensten Salze und Teufelskräuter, deren Namen ich heute längst vergessen habe. Er hatte keinen Groschen mehr, brauchte aber noch viele Geräte vom Glasbläser.

Was jetzt folgte, verschlug mir die Sprache. Er ging zum Handwerker, und dieser freute sich sehr, daß der Meister gekommen war, nicht nur weil dieser seine vielen Sachen abholen wollte, was dem Glasbläser eine Stange Geld einbringen sollte, sondern er mochte und verehrte den Meister sehr. Als wir ankamen, war es spät, und so lud der Glasbläser den Meister ein. Wir gingen zu ihm nach Hause, und während die beiden speisten und sich unterhielten, durfte ich mit den zwei Kindern und der Gattin in der Küche essen. Die Frau hatte himmlisch gekocht. Es war spät, als ich ins Bett ging, doch ich hörte noch lange, wie der Glasbläser laut lachte. Irgendwann schlief ich ein. Plötzlich aber wachte ich auf. Ich hörte Schreie. Aufgeschreckt rannte ich aus meiner Kammer und sah den Glasbläser verzweifelt schluchzen. Seine Frau sei plötzlich in Ohnmacht gefallen, stammelte er. Es war schon Mitternacht. Der Meister kam im Schlafrock aus seinem Zimmer und eilte zum Gastgeber. Ich hielt die verängstigten Kinder zurück. Der Meister beruhigte den Glasbläser und befahl mir, eine braune Flasche aus seiner Satteltasche zu holen. Doch so wie er mich seltsam anlächelte, bemerkte ich den Teufel in seinem Gesicht. Als ich mit der besagten Flasche zurückkam, stöhnte die Frau. Ihr armer Mann kniete vor ihr und flehte sie an, aufzustehen. Es war so herzzerreißend, daß ich an meine Mutter denken mußte und mir die Tränen aus den Augen liefen. Der Meister schickte uns hinaus und es dauerte keine Stunde, bis die Frau gesund herauskam, dann folgte ihr der still in sich hineinlächelnde Meister. Der Glasbläser küßte ihm die Hand. Am nächsten Morgen gab er ihm seine Geräte umsonst. Ich konnte mein Unbehagen nicht mehr unterdrücken, aber als ich den Meister fragte, was der Frau gefehlt hatte, lachte er wieder so teuflisch und antwortete nicht.

Nun brach für mich eine elende Zeit an. Der Meister hatte in der Nähe von Damaskus ein Versteck, ein verfallenes Haus, das von wildwachsenden Pflanzen überwuchert war. Nur zwei Räume waren in dieser heruntergekommenen Hütte bewohnbar.

Schon in der ersten Nacht grauste es mir. Der Meister sprach viel wirres Zeug über seine Suche nach den geheimsten Botschaften, die er in einem Buch gefunden hatte und entschlüsseln wollte. Ich verstand nichts, doch ich erinnere mich daran, daß sein Meister Gabir hieß und vor langer Zeit gestorben war. Während er so phantasierte, kamen Ratten aus dem Garten ins Haus, weil sie Nahrung witterten. Der Meister drehte sich kurz zu ihnen um und rief: »Nicht jetzt, ihr seht, ich bin beschäftigt!« Die Ratten, Gott ist mein Zeuge, zogen sich rückwärts in den Garten zurück. Und als ob nichts passiert wäre, fragte er mich, wo er in seinen Ausführungen stehengeblieben sei. Vor Entsetzen brachte ich keinen Ton über die Lippen. Er aber sprach vertraulich weiter, um bald wie ein Wahnsinniger wild geweitete Augen zu bekommen und vom Tod zu reden. Ich wollte abhauen, doch ich wußte nicht, daß er mir heimlich ein Mittel ins Essen getan hatte, wodurch er mich wie einen Hund an sich kettete. Er ging in der ersten Nacht lange auf und ab und sprach laut in fremden Sprachen, die ich nicht verstand. Mir klapperten die Zähne vor Angst. Meine Füße wurden so schwer wie Blei, und bald war mir schwindelig. Ich legte mich hin, doch bevor meine schweren Augen zufielen, beschwor ich die heilige Takla, mir zu helfen, am nächsten Morgen abzuhauen, doch es kam anders.

Als ich aufwachte, stank das ganze Haus nach faulen Eiern. Er schlief noch auf einem alten Sofa. Ich lag neben der Tür auf einem Strohsack. Als ich die Tür aufmachte, blendete mich das Licht so stark, daß ich kaum sehen konnte. Ich war entschlossen zu fliehen, doch nach drei Schritten war ich blind. Ich stolperte über das Gehölz und fiel zu Boden. Da hörte ich sein Lachen über mir und schrie um Hilfe. Er aber führte mich sanft an der Hand ins Haus, und als ich hereintrat, kehrte das Licht meiner Augen wieder. »Du kannst mir nicht mehr entkommen, mein Junge. Du bist mein Lehrling«, lachte er und führte mich in das andere Zimmer. Das war der erste Schritt in die Hölle. Ich weiß nicht, wie die Hölle aussieht, aber wenn ich dort lande, werden sich die Teufel zu Tode ärgern, denn schrecklicher als die Hölle des Meisters kann kein Ort mehr sein. Mit dem Quatsch über das Fegefeuer können die Pfaffen gutbetuchte Jungfern, aber nicht Milad erschrecken. Ich habe meine Hölle auf Erden erlebt. Mir kann es nur noch besser gehen.

Kannst du dir vorstellen, den ganzen Tag mit leerem Magen diese beißenden Dämpfe im Hals zu schmecken und steinharte Salze zu Pulver zu zerreiben? »Feiner! Feiner!« rief der Teufel und kippte mir die Ladung wieder in den Mörser hinein. War ich damit fertig, so mußte ich den Ofen bedienen, in dem er Metalle zum Schmelzen brachte. Er aber schrie mich immer wieder an: »Schläfst du schon wieder? Wir wollen es noch im Zeichen des Widders erreichen.«

Er werkelte wie besessen, bis er seine geheime Mischung in einen Kolben füllte, ihn dann sorgfältig verschloß und in den kleineren Ofen steckte, der mit einer winzigen Flamme warm gehalten wurde. Tage vergingen. Meine Nase blutete dauernd, doch der Meister wollte mich nicht ruhen lassen. Er arbeitete wie ein Stier und machte sich Sorgen um den kleinen Ofen wie eine Glucke um ihr Ei. Er blieb vor ihm stehen, streichelte ihn und flehte mit erhobenen Händen den Himmel an.

Wie lange es gedauert hat, weiß ich heute nicht mehr. Er holte dann das Gefäß, das er »philosophisches Ei« nannte, aus dem Ofen und brach seine Spitze ab. Ich wäre vor Schreck fast gestorben. Ein Licht ergoß sich aus der Öffnung, als hätte der Meister die Sonne in diesem Gefäß gefangen. Er trat zurück und kniete nieder bis das Licht zurückging, dann stand er auf und gab eine Prise vom gelblichen Salz dazu. Plötzlich stieg Rauch empor und umhüllte uns. Meine Augen brannten. Ich flüchtete in das andere Zimmer, doch es half nichts. Ich hustete stark und mußte mich erbrechen. Eine Zeitlang blieb er drinnen, als ob dieser Höllenqualm diesem verfluchten Teufel nicht schaden könnte. Er kam niedergeschlagen heraus und beschimpfte meinen schlechten Stern. Er wollte weder essen noch trinken. Das einzige Stück Brot, das wir noch hatten, durfte ich verschlingen. »Iß nur, du brauchst das. Ich bin ein toter Mann«, sagte er, und ich hatte auf einmal Mitleid mit diesem Hundesohn.

Wenn ich dir alles erzählen wollte, wie dieser Teufel mich quälte, dann müßte ich Jahre erzählen, denn du kannst es dir nicht vorstellen, was er mir für Schmerzen zugefügt hat. Mal war ich dafür verantwortlich, daß sein kleiner Ofen explodierte, und mal beschuldigte er mein häßliches Gesicht, das ihm Pech statt Gold gebracht hätte. Ich schrie ihn an, er solle meine Augen heilen und mich laufenlassen, doch da lachte er nur. Er ließ mich nicht einmal in den Stall gehen. Er kümmerte sich selber um sein Pferd. Den Esel hatten wir schon am ersten Tag unserer Ankunft vertrieben.

Immer wieder suchte ich einen Weg aus der Hütte, doch meine Augen wurden an der Türschwelle geblendet. Auch als ich versuchte, in der Nacht zu fliehen, verirrte ich mich blind in seinem verwilderten Garten. Er lachte aber nicht mehr über mich, sondern beruhigte mich, daß es bald so weit sei, und kaufte für mich Essen. Eines Tages wartete ich, bis er einkaufen ging, und stürzte mich auf das Buch, das er immer wieder zur Hand nahm. Ich schlug es auf in der Hoffnung, ein Gegengift für meine Augen zu finden. Ein Ertrinkender streckt die Hand auch nach einer Spinnwebe aus. Doch ich konnte nicht lesen. Es waren Bilder, Zirkel und Quadrate, in denen Mond und Sonne zu sehen waren, Schlangen, die sich in den eigenen Schwanz beißen; auch an einen Ofen kann ich mich erinnern, doch verstehen konnte ich nichts. Verflucht noch mal, plötzlich segelte eine Feder aus dem Buch. Ich nahm sie und steckte sie wieder hinein, doch als er kam, wußte er, daß ich das Buch in der Hand gehabt hatte, und er schlug mit einem Stock so lange auf meine rechte Hand, bis ich in Ohnmacht fiel. Diese zwei krummen Finger habe ich seit jenem Tag. Er ließ mich tagelang ohne Essen, bis es mir schwarz vor den Augen wurde. Ich weinte viel über mein Elend, doch ich war sein Gefangener. Langsam erweichte aber sein Herz, und er ließ mich essen, doch ich schwor bei der heiligen Takla, ich würde es ihm heimzahlen, auch wenn ich sterben sollte. Bei Gott, bis dahin hatte ich nicht gerade die barmherzigsten Menschen getroffen, doch er war der einzige in meinem Leben, der mir mein Herz gebrochen hat. Ich war nun nicht mehr Gefangener in seinen Ketten, sondern brannte danach, ihm auch das Herz zu brechen. Der Schatz von Malula war mir in dieser Zeit gleichgültig. Ich wartete geduldig auf eine Gelegenheit.

Als das Sternzeichen der Zwillinge dem Meister genausowenig Glück brachte wie das des Widders und des Stieres, verfluchte er den Himmel. Er hatte mir gesagt, daß diese Sternzeichen die günstigsten seien, doch er wollte nicht aufgeben und wurde von Tag zu Tag grausamer. Ich konnte die Jahreszeiten nur noch durch die Sternzeichen erkennen, die der Meister anflehte, denn die Hölle ließ mich nicht mehr wissen, wie das Leben draußen verlief. Außerhalb der Hütte war die Welt eine einzige weiße Scheibe. Als das Sternzeichen des Schützen zu Ende war, hatte der Meister bereits alle Metalle, Salze, Kräuter und Essig verbraucht. Er wurde freundlich und gab mir ein Heilmittel für meine Augen. »Jetzt kannst du gehen, wenn du willst«, sagte er zu mir, aber der Teufel sollte mich holen, wenn ich ihm diese Schmach verzeihen würde. Ich tat aber so, als hätte ich sie vergessen. In einem Feld nahe Damaskus fand ich einen Esel. Wir klapperten die Dörfer ab und verkauften wieder seine Talismane und blauen Steine. Er war ein gebrochener Mann, doch der Haß füllte mein Herz und machte mich kalt. Ich wartete geduldig. Die Tage vergingen wie im Flug und nach einer Woche lebte er auf, denn sein Geldbeutel wurde von Tag zu Tag dicker, und er schwärmte wieder von einem zweiten Versuch, seinem Meister Gabir auf die Schliche zu kommen. Er war nicht geizig, sondern ließ mich von seinem Teller essen und behandelte mich sehr gut. Ich war schon über zehn Tage satt, als wir mitten im Winter ein Dorf im Norden erreichten. Da erblickte der Meister die Tochter des Dorfältesten. Sie war schöner als der Mond. Als er sie aber ansprach, lachte sie über ihn. »Da könnte ich gleich meinen Großvater heiraten. Hast du mir nicht gerade vorhergesagt, daß ich einen prächtigen Mann treffen werde, der mir Glück schenken wird? Glück hast du gesagt und nicht Unglück«, spottete sie, warf ihm einen Piaster zu und eilte kichernd davon. Ihr Gang glich dem einer Gazelle. Der Meister hing ihr mit seinem Blick nach und ich wußte, daß meine Stunde nahte. An diesem Tag ließ ich seinen Rappen eine junge Stute an der Quelle des Dorfes besteigen. Ihr Besitzer war überglücklich und erzählte es den anderen Bauern, und wenn ich nun in den nächsten Tagen den Rappen zum Tränken brachte, bewunderten ihn die Bauern so, daß ich einen Piaster für jede Deckung nehmen konnte. Nur durften sie mich dem Meister nicht verraten. Die Bauern pfiffen auf ihn und boten mir für diesen Dienst noch mehr Piaster. Der Meister merkte nichts. Tag für Tag aber wanderte die Schönheit des Dorfes an uns vorbei, kicherte und ließ den Meister leiden. Nach einer Woche schickte er ihrem Vater eine Nachricht, daß er ihn in einer wichtigen Angelegenheit besuchen wolle. Der Dorfälteste ließ ihn wissen, daß er ihn am nächsten Freitag zum Essen einlade. Am nächsten Morgen sprach das ganze Dorf von der plötzlichen Erkrankung der schönen

Tochter. Der Medizinmann des Dorfes war ratlos, aber der Meister lächelte so teuflisch wie damals beim Glasbläser.

Ein Bauer, der mich gut leiden konnte, erfüllte meinen Wunsch und brachte mich zu einer weisen Frau, die sich in der Schwarzen Kunst auskannte. Ich erzählte ihr, daß der Meister die Tochter des Dorfältesten krank gemacht hatte, und flehte sie an, ihr das Gegengift zu geben. Sie fluchte auf den Meister, der ihr ins Gehege gekommen war. Am Freitagmorgen kam sie zum Dorfältesten und gab seiner Tochter die heilende Medizin. Der Meister erfuhr nichts davon. Er legte sich sein neues Gewand an, übergoß sich mit Rosenwasser und ließ mich neben seinem Rappen hergehen. Ich hatte vor Aufregung tagelang kaum an das Essen gedacht. Ich wußte in meinem Herzen, daß nun die Stunde der Rache gekommen war.

Der Dorfälteste hatte bereits die wichtigsten Männer im Dorf zum Essen eingeladen, um seinen Gast zu ehren, oder vielleicht auch, um seine Männer in diesem entlegenen Dorf zu unterhalten. Wie dem auch sei, das Haus war voll. Ich durfte draußen mit den Knechten essen, doch ich klebte fast die ganze Zeit am Fenster und beobachtete das Geschehen im überfüllten großen Gästezimmer. Es war Winter, und die Kälte stach mich bis tief in die Knochen, doch ich vergaß sie und meine Blicke verfolgten unablässig den Meister. Er rutschte unruhig auf seinem Sitz herum. Nachdem der Dorfälteste und seine Gäste gut gegessen hatten, ließ dieser Kaffee auftragen, doch bevor der Meister den ersten Schluck nahm, fragte ihn der Gastgeber nach der wichtigen Angelegenheit, deretwegen er ihn aufgesucht habe. Der Meister stotterte verlegen herum, doch dann erkundigte er sich nach dem Befinden der Tochter. Der Dorfälteste schaute den Mann erstaunt an. »Gott sei Dank, sie ist quicklebendig wie eine Gazelle.« Das Gesicht des Meisters verfinsterte sich, und mein Herz schlug so warm und schnell, daß ich keine Kälte mehr spürte.

»Aber du bist doch nicht nur wegen der kleinen Erkältung meiner Tochter gekommen, oder?« scherzte der Gastgeber.

Der Meister druckste herum und erklärte dem Dorfältesten dann umständlich, daß er um die Hand seiner Tochter anhalte. Da lachte der Dorfälteste laut.

»Du bist als Gast bei mir gerne gesehen. Das ist ein Recht, zu dem uns unsere Vorfahren verpflichtet haben, doch meine Tochter soll den besten aller Männer bekommen. Was kannst du, außer Talismane zu verscherbeln?« scherzte der Alte und schlug dem Meister auf den Rükken. Bei der Seele meiner Mutter, alleine für das entsetzte Gesicht des Meisters hätte ich die ganze Welt umarmen können.

»Ich kann eine Menge. Deine Tochter würde in Damaskus auf Straußenfedern schlafen und die erlesensten Früchte genießen«, sprach der Meister.

»Gib nicht so an! Nein, meine Tochter soll einen Bauern heiraten. Bauern pflanzen und ackern, um dem Boden Früchte zu entreißen. Sie halten von den Zauberfrüchten der Städter nichts«, brüllte der Dorfälteste vor Lachen und riß seine Gäste mit. »Straußenfedern und Früchte!«

»Was ich dir sage, ist nicht zum Lachen. Wünsche dir jede Frucht, jetzt mitten im Winter, und ich hole sie dir!« herrschte der Meister wütend den alten Mann an.

»Nun wird der Abend doch noch heiter«, rief einer der Bauern. »Ich möchte Pfirsiche, wenn es deine Kunst erlaubt!« Er schüttelte sich vor Lachen.

»Und ich will einen Apfel.«

»Nein, ich hätte lieber Trauben und Feigen.«

»Ach was, Birnen will ich jetzt essen!«

»Eine Banane wäre für mich das Beste«, riefen die Männer durcheinander. Der Meister stand auf, schaute den

Dorfältesten an. »Und was möchtest du zum Nachtisch?« fragte er ihn zornig. »Ich? Ich will auch eine Banane.«

»In fünf Minuten bin ich zurück«, zürnte der Meister und stürzte in den Stall. Bläuliches Licht flackerte kurz auf, dann kam der Meister heraus und trug eine große silberne Schale, auf der ein Berg von Früchten lag. Ich drückte mich hinter einen großen Blumentopf, damit er mich nicht sah. Der Meister betrat das Zimmer. Die Männer erstarrten. Ihre Münder konnten sie vor Gier und Staunen nicht mehr zukriegen. Da waren Feigen, Bananen, Äpfel und Birnen, Trauben und Pfirsiche.

»Woher hast du sie so schnell genommen?« fragte der Dorfälteste mit trockener Kehle.

»Aus der Satteltasche. Koste mal!« rief der Meister.

»Sind das echte oder verzauberte?« erkundigte sich ein Bauer.

»Jetzt seid ihr auf einmal feige. Echte aus meinem Garten sind das. Probiert sie ruhig!« forderte er die Anwesenden auf, sie griffen zu und kosteten und ich sah, wie die Runde über den guten Geschmack staunte.

»Die Banane schmeckt herrlich, doch meine Tochter gebe ich nur einem jungen Bauern zur Frau. Du bist ein Städter und noch dazu viel zu alt für die edle Gazelle!« trumpfte der Dorfälteste auf und griff nach einer zweiten Banane.

»Dann habe ich hier nichts mehr verloren!« rief der Meister zornig und eilte hinaus. Bevor die Leute zu sich kamen, stieg er auf seinen Rappen und ritt davon. In diesem Augenblick sah ich durch das Fenster, wie sich die Früchte in den Händen der Männer in Pferdeäpfel verwandelten. Zornig und angeekelt spuckten die Männer und fluchten aufgebracht. Der Dorfälteste rief seinen zwei Söhnen zu: »Holt ihn zurück oder ihr seid nicht mehr meine Söhne!«

Die beiden ritten schnell hinter dem Meister her und

konnten ihn alsbald fassen, denn sein Rappe war entkräftet. Halbtot schleiften sie ihn hinter ihren Pferden her. Sie brachten ihn in den großen Hof des Hauses. Er bettelte nicht um Gnade, wie ich erwartet hatte, sondern schleuderte seine Flüche gegen die Bauern.

»Das ist für die Verletzung unserer Ehre!« schrie der Dorfälteste und stach als erster zu, und dann folgten die anderen Männer. Keiner, nicht einmal der Polizeivorsteher, ersparte dem Elenden einen Stich seines Dolches. Dann aber schrie einer: »Sein Gehilfe! Wo ist sein Gehilfe? Faßt ihn, den räudigen Hund, sonst sind wir alle verloren!« Mir gerann das Blut in den Adern. Mit einem Satz sprang ich in den Garten und verschwand in der Dunkelheit. Ich rannte die ganze Nacht, und immer wenn ich ein Geräusch hörte, dachte ich, ich sei verloren. Fünfzehn Tage irrte ich in den Bergen herum, bis ich den Heimweg nach Malula fand.

Wie Milad die Frucht seiner Geduld genoß

Als ich auf dem Weg nach Malula die kleine Stadt Jabrud erreichte, wo ich einst beim Geizhals gearbeitet hatte, traf ich einen alten Bettler, den ich von früher kannte. Als er erfuhr, daß ich nach Hause wollte, riet er mir davon ab, denn Malula sei seit einem Monat umzingelt. Der Bandit, der die Truppen führte, hätte geschworen, Malula dem Erdboden gleichzumachen, weil er seinen besten Freund im Kampf verloren hatte. Ich weiß nicht, warum ich anfing zu weinen.

»Gott verbrenne ihre Seelen!« rief der Bettler aus Mitleid mit mir, doch ich erwiderte dem gutherzigen Mann, daß ich mich in die Angelegenheiten Gottes nicht einmischen könne. Er solle im Himmel über die Banditen urteilen, wie es ihm gefiele, aber auf der Erde solle Malula bestehen bleiben. Ich hockte mit dem Bettler im Zentrum der Stadt vor einer Moschee, uns gegenüber aber lag die Polizeiwache. Vier Männer saßen auf der Terrasse und spielten Karten, als ob sie nicht wüßten, daß ein Steinwurf von ihnen entfernt ein Dorf ausradiert werden sollte. Das Blut kochte in meinen Adern. Ich schlich in den Stall unter der Terrasse, sattelte ein Pferd und ritt wie ein Pfeil davon, die Flüche und Schüsse der Polizisten hinter mir lassend.

Noch weit entfernt vom Dorf traf ich einen Banditen auf der Flucht. Er rief mir entgegen: »Kehre um, Malula ist uneinnehmbar!« Ich hielt den Banditen an und fragte, was geschehen sei, und er erzählte, daß die Malulianer in der Nacht bis zum Zelt des Anführers geschlichen seien. Sie wären verkleidet gewesen und hätten so den Anführer töten können, und dann sei ein großes Chaos unter den Belagerern ausgebrochen und sie hätten nicht mehr gewußt, wer Freund und wer Feind gewesen sei. Er hielt mich für einen Banditen, der wie die anderen gekommen war, um Beute zu machen. Ich aber umarmte ihn. »Du hast mir das Herz erleichtert, jetzt will ich erst recht hin!« rief ich. Der Mann hielt mich für einen tollkühnen Verrückten und raste davon.

Drei Tage und drei Nächte feierte ich mit den anderen. Wir tanzten und tranken. Das Essen wurde von den Leuten auf den Dorfplatz gebracht. Ich weiß nicht, ob ich als Kind jemals gelacht habe, denn in jenen drei Tagen schmeckte ich die Freude wie zum ersten Mal. Als ich in die Höhle ging, wollte ich am liebsten die Fee in den Arm nehmen und mit ihr tanzen, doch sie kam nicht. Feen sind sonderbar und eigenwillig. Du darfst von ihnen nichts wollen, sondern nur hoffen, daß dein Wunsch zufälligerweise auch der ihre ist. Erst am vierten Tag kam sie zu mir. Sie tadelte mich, ich hätte den Schatz vor meiner Nase gehabt und wäre durch den Haß gegen den Meister blind geworden. Ich schrie sie an. Sie solle sich nicht so anstellen, wenn er sie so gequält hätte wie mich, hätte sie ihn umgebracht. Ich kenne viele Geschichten über Feen und wie unbarmherzig sie sein können, wenn sie jemanden hassen. Nein, ich glaube nicht, daß jemand lieben kann, ohne auch hassen zu können. Das habe ich ihr gesagt und sie schwieg. Ich glaube, ich habe ihr in jener Nacht sehr gefallen, denn alsbald lächelte sie verlegen. »Ich finde es großartig, wie du in Jabrud das Pferd gestohlen hast, um mich vor den Brandstiftern zu schützen«, schmeichelte sie und küßte mich auf die Stirn. Weißt du, ich hatte nie etwas gegen Übertreibungen. Glaubst du wirklich Moses, Jesus und Mohammed wären Propheten geworden, wenn sie nicht übertrieben hätten? Doch ich wollte in jener Nacht nicht übertreiben. »Ich bin, ehrlich gesagt, nur gekommen, um Malula zu retten«, sagte ich.

»Das weiß ich, mein Milad, das weiß ich«, antwortete die Fee und streichelte mir das Gesicht, und seitdem rieche ich, wenn ich schwitze, nach Jasmin.

Aber nun willst du wohl wissen, was mir danach passiert ist. Malula hat den Angriff überlebt, doch viele mußten es wieder verlassen, um in der Fremde zu arbeiten. Weißt du, was das für ein bitteres Gefühl ist, ein Dorf mit dem Mut eines Panthers zu verteidigen, um danach vor dem lautlosen Hunger in die Knie zu gehen und das Dorf wie ein verhungerter Esel zu verlassen? Ich habe selten so viele verbitterte Gesichter gesehen wie an jenem Tag, als ich mit einer Schar junger Männer und Frauen Abschied vom Dorf nahm. Die Zeit war so schlecht, daß auch viele junge Frauen das Dorf verlassen mußten, um in der Hauptstadt als Dienstmädchen ihr Brot zu verdienen. Hinweg war die Freude, die noch vor Tagen das Dorf erfüllt hatte.

Gleich nach meiner Ankunft in Damaskus traf ich eine Frau aus Malula namens Naime, die mich als ihren Nachbarn erkannte. Ich konnte mich an sie nicht erinnern, aber sie schwärmte von unserer Gasse, in der ich als Kind mit ihr gespielt haben sollte. Ich wäre als Kind sehr gut zu ihr gewesen, und sie wollte wissen, was ich in Damaskus suche. »Arbeit«, antwortete ich knapp und erwartete nichts. Sie arbeitete als Dienstmädchen bei einer französischen Familie und nahm mich mit auf ihr kleines Zimmer im Hof des großen Hauses, verschwand für eine Weile und kam mit der erfreulichen Botschaft zurück, daß ich bei ihr übernachten dürfe. Sie hatte der Hausherrin erzählt, ich sei ihr Bruder. Die Dame erlaubte ihr auch, mir Essen zu geben. Naime erzählte mir, daß sie einen Blumenverkäufer kenne, der ein gutes Herz habe und mir Arbeit geben könne. Wir redeten lange und lachten laut zusammen, denn langsam konnte ich mich an ein paar Kinderstreiche erinnern, die ich mit Naime gedreht hatte. Ich streichelte ihr gerade die Wangen, als plötzlich der Hausherr hereinkam, ein Offizier der französischen Armee. Er schimpfte mit Naime und befahl mir, in einer Kammer zu übernachten, die unter der Treppe lag. Ich wollte schlafen, doch in mir brannte die Sehnsucht nach Naime. Nach einer Stunde hörte ich den Mann seine Frau schlagen. Ich ging hinaus und wollte auf ihn gut einreden, wie es jeder Malulianer getan hätte, doch Naime war schon vor meiner Tür. Sie flüsterte mir zu, ich solle zu ihr kommen, und so gingen wir leise in ihr Zimmer. Sie erzählte mir, daß der Hausherr jede Nacht seine Frau prügele, und daß es eine Sitte bei den Franzosen sei, daß Nachbarn sich nicht einmischen, auch wenn einer seine Frau erwürgt. Komische Sitten, findest du nicht? Ich lag bei Naime im Bett, doch ich fühlte mich wie eine Leiche, denn der Barbar hörte nicht auf zu toben, und bei jedem Schlag sah ich meinen Stiefvater. Ich hatte Naime lieb gewonnen und glaube heute, daß sie mich in jener Nacht auch sehr lieb hatte, doch der Offizier wütete über uns, bis ich an der Schulter Naimes einschlief.

Am nächsten Tag hatte er bereits das Haus verlassen, als ich erwachte. Ich frühstückte mit Naime in der Küche. Als die Dame die Küche betrat, wäre ich fast vom Stuhl gefallen. Ich hatte sie ja am Vorabend nicht gesehen. Sie war so schön und jung wie eine Blume. Wie konnte dieser Hundesohn sie schlagen? Doch das war es nicht, was mich beinahe umgehauen hätte. Ich schaute in ihr Gesicht und sah keine einzige Schramme. Für einen Augenblick dachte ich, ich hätte vom Krach und den Schreien nur geträumt, doch Naime erklärte mir, daß die Dame die Wunden mit einer Creme bedecke. Ich hielt es für einen Scherz, doch als die Frau noch einmal hereinkam, sah ich ihr Gesicht genau an. Tatsächlich! Es war übertüncht.

Naime nahm mich mit zum Blumenverkäufer und empfahl mich ihm sehr übertrieben. Er war schon am frühen Morgen betrunken, übergab ihr torkelnd einen Strauß herrlicher roter Rosen, drehte sich zu mir, lächelte und sagte: »Warum nicht? Vielleicht bringt er mir Glück!«

»Mit Sicherheit, denn Milad ist ein Glückspilz!« freute sich Naime.

Der Blumenverkäufer hieß Nuri. Er war immer betrunken, doch sein Herz war das wacheste aller Herzen, denen ich je begegnet bin. Er fragte mich schon am ersten Tag nach meinem Leben, und ich erzählte ihm vieles. Er hörte zu und trank seinen Arrak. Eine große Flasche hatte er bis zum Abend geleert. Ich mußte ihn nach Hause tragen. Er war noch kleiner als ich und nur noch ein Haufen elender Knochen. Zu Hause angekommen wunderte ich mich über diesen Mann, dessen Laden traumhaft schön und dessen Behausung so heruntergekommen war wie eine Müllhalde. Ich legte ihn auf das schmutzige Bett und sammelte die Flaschen ein. Nuri wollte nicht, daß ich sie wegschaffte, doch er schlief bald ein. Ich suchte nach Nahrung und fand nur verdorbenes Essen in alten Tellern. Ich räumte die ganze Nacht auf, um müde meinen Hunger überschlafen zu können. Schon in der Morgendämmerung aber weckte er mich auf. Wir mußten zu einer Gärtnerei in der Nähe von Damaskus gehen. Dort bettelte Nuri stundenlang, damit der Gärtner ihm einige Blumen gab. Der arme Teufel steckte bis zum Hals in Schulden, doch er war ein witziger Kauz und versprach dem Gärtner, so bald wie möglich das Geld zurückzuzahlen. Erfreut über seinen Erfolg lud er mich zum Frühstück ein. Das waren die einzigen Stunden, wo ich ihn nüchtern sah. Nach dem Frühstück fing er an zu trinken und hörte erst auf, wenn er die Flasche nicht mehr halten konnte. Naime kam und holte ihre roten Rosen. Es ist lange her, aber wenn ich heute rote Rosen sehe, denke ich an sie. Aber an diesem Tag sah sie sehr traurig aus und sagte mir, daß die Familie in den Norden fahren müsse, weil der Offizier wegen der Unruhen dorthin versetzt werde. Sie wollte bei mir bleiben, doch wie sollte ich sie ernähren? Sie war schön und jung, doch der Hunger ist stärker als die Liebe. Nicht einmal verabschieden konnten wir uns richtig, denn sie mußte schnell zurück und versprach, am Nachmittag noch einmal zu kommen. Seitdem habe ich sie nie wieder gesehen. Gott schütze sie, wo auch immer sie ist, denn ohne sie wäre ich nicht zu meinem Schatz gekommen.

Ich lernte die Arbeit beim Blumenhändler. Es ist nicht leicht mit Blumen umzugehen. Doch Nuri brachte es mir anständig bei, und nach ein paar Tagen konnte ich mit den Blumen so gut reden wie er. Er bat sie jeden Morgen um Geduld. Das hatten die Blumen wirklich nötig, denn wir hatten kaum Kunden. Manchmal haben wir am Tage nur die welken Blumen weggeschmissen und gewartet. Die Zeit war schlecht. Nuri erzählte mir, daß er nur die Blumen anzuschauen brauchte, um zu wissen, wie es den Damaszenern geht. Wenn es ihnen gut ging, kauften die Verliebten, Verlobten und sogar die Verheirateten Blumen, doch wenn die Zeiten schlechter wurden, wollten die Verheirateten keine mehr. Wurde es noch mieser, so verlobten sich die Leute auch ohne Blumen, und wenn es ihnen dreckig ging, verzichteten gar die Verliebten auf die Blumen. Nur noch die Toten, die überhaupt nichts davon merken, bekamen damals noch Blumen. Früher hatte er seinen Beruf geliebt, nun aber haßte er ihn. »Was ist das für ein Scheißberuf«, seufzte er jeden Tag, »ich wünsche jeden Tag, daß jemand stirbt, damit ich überlebe.«

Trotz seiner Armut war er der großzügigste Mensch, den ich bis dahin getroffen hatte. Er teilte alles mit mir, ließ mir vom ersten Tag an freie Hand und verstand mich. Ja, er glaubte sogar an meinen Traum, und seine Augen glänzten ein einziges Mal während dieser Zeit glücklich, als ich ihm mein Geheimnis anvertraute. Aber von Tag zu Tag ging es ihm schlechter. Der einzige Stammkunde war weggezogen, und die Passanten schauten nicht einmal sein Geschäft an. Sie wandten sich ab, als wäre der Blumenverkäufer der Todesengel persönlich. So schlecht ist es den Leuten gegangen.

Nuri trank ununterbrochen, und das scharfe Zeug raffte sein Leben dahin. Ich schrie und flehte ihn an, aufzuhören, doch es half nichts. Ich versteckte die Flaschen und versuchte für ihn zu kochen, doch er rührte nichts an außer dem Arrak. Sein Herz war nach dem plötzlichen Tode seiner Frau gebrochen.

Eines Tages saßen wir beide vor dem Laden, als ein Trauerzug an uns vorbeikam. Der Tote mußte ein reicher Mann gewesen sein, denn Hunderte von Kränzen wurden vor dem Sarg hergetragen. Die Hälfte davon war mit den teuersten Orchideen und Rosen übersät. Da bekam ich die rettende Idee, doch Nuri verfluchte mich und sagte, das sei unanständig. Zur Hölle mit allem Anstand, wenn wir an Hunger krepieren müssen. In der Nacht schlich ich zum Friedhof und schleppte drei der besten Kränze in den Laden. Keiner hatte es gemerkt. Am wenigsten der Tote. Am frühen Morgen des nächsten Tages kam eine alte Frau und bestellte einen Kranz für ihre Nichte. Ihre Adresse zeigte uns, daß sie sehr arm war.

Als ich ihr den Orchideenkranz brachte, wäre die Frau vor Schreck fast ihrer Nichte gefolgt. Ich beruhigte sie, daß diese Pracht keinen Groschen mehr kosten würde, als sie bezahlt hatte. Ich fügte hinzu, daß mein Freund Nuri ihr aus Liebe diesen Kranz gespendet hätte. Sie weinte vor Freude und wünschte der Seele seiner Frau Gnade. Nuri zitterte vor Angst, als ich zurückkam. Er wollte wissen, ob die Frau es nicht gemerkt habe.

»Doch«, scherzte ich, »sie wollte dich verklagen, weil du ihr statt billigen Grases Orchideen geschickt hast.« Er lachte. Von nun an wanderte ich jede Nacht zum Friedhof und holte einen oder mehrere Kränze, und von nun an konnten wir den Gärtner für die wenigen Blumen, die wir für die Lebenden brauchten, bezahlen. Es sprach sich unter den Armen schnell herum, daß man für wenig Geld bei Nuri die tollsten Rosenkränze bekäme, und so verkauften wir oft am Tage ein oder zwei Kränze für gutes Geld, und Nuri gab alles großzügig aus. Ich spürte keinen Hunger mehr, und zum ersten Mal konnte ich sattgegessen durchschlafen. Doch eines Tages trank Nuri so viel, während ich auf dem Friedhof war, daß ich ihn bei der Rückkehr tot vorfand. Ich benachrichtigte den Pfarrer, und am nächsten Tag trug ich den einzigen Kranz vor seinem ärmlichen Sarg, hinter dem einige Nachbarn und entfernte Verwandte herliefen. Einen Tag darauf verkaufte ich noch die allerletzten Kränze, die ich am Vorabend vom Friedhof geholt hatte. Dem Weinhändler brachte ich über zweihundert leere Flaschen. Mit diesem Geld wurde ich am einundzwanzigsten Tag satt und kaufte Proviant für fünf weitere Tage. Ich ging ein letztes Mal zum Gärtner, kaufte einundzwanzig rote Rosen, legte sie auf das bescheidene Grab Nuris und eilte davon.

Als ich den ersten Schritt in die Höhle getan hatte, faßte mich ein Wirbelwind. Ich fiel zu Boden. »Du hast es geschafft! Dir gehört der Schatz!« hörte ich die fröhliche Stimme der Fee. Ich schaute mich auf dem Boden liegend um und sah sie vor mir stehen. Ihr Kleid glitzerte wie tausend kleine Sterne. Sie reichte mir ihre kleine weiche Hand und half mir aufstehen.

»Meine Freude hat mir die Ruhe geraubt, deshalb habe ich dich so stürmisch umarmt«, entschuldigte sie sich.

»Beinahe hättest du mir das Genick gebrochen. Kein Wunder, daß es keine Feenmänner gibt«, scherzte ich und küßte sie auf ihre Lippen. Sie waren frisch wie der Tau und schmeckten wie Honig. Sie legte ihre rechte Hand auf meinen Kopf und ihre linke auf meine Brust. »Ab heute hast du den Schatz aller Schätze. Ab heute wirst du fähig sein, allen Kindern Freude zu schenken. Die Kinder werden dich lieben wie ich, und du wirst im Herzen der Reichste sein.«

Damals war ich ein Dummkopf. Ich schaute die Fee entgeistert an. »Du machst Scherze!« schrie ich sie an, und schlug ihre linke Hand weg, die immer noch auf meiner Brust lag.

»Was ... Scherze ...«, stotterte sie überrascht.

»Sage, es ist nicht wahr! Sage es«, rief ich laut wie ein Wahnsinniger, »du hast mich betrogen, fast drei Jahre lang habe ich mit Hiobsgeduld alles ertragen, um den Schatz zu bekommen, und jetzt? Kinder zum Lachen bringen! Ha, das kann doch jeder. Was ist schon dabei, wenn Kinder lachen? Sage mir das!«

»Milad, Geliebter, du täuschst dich. Den Schatz, den du jetzt besitzt, hat in Arabien noch keiner. So wie du wird niemand die Kinder erfreuen können, und du wirst sehen, wie dein Herz immer reicher wird.«

Ich war bitter enttäuscht und schob sie wütend von mir. »Laß mich in Frieden«, brummte ich. Die Fee löste sich auf der Stelle in Luft auf.

Ich hatte, wie ich dir vorhin erzählt habe, genug Proviant für mehrere Tage. So stieg ich am nächsten Morgen aus der Höhle und ging in Gedanken versunken durch das Dorf. Nach ein paar Stunden fühlte ich eine solche Hitze in meinem Kopf, daß ich dachte, er würde bald in Flammen aufgehen. Ich eilte zur Quelle im westlichen Teil des Dorfes und tauchte meinen Kopf in das frische Wasser, das dort aus dem Felsen sprudelte. Als ich mich aufrichtete, lächelte eine Frau verlegen, die mit ihrer Kanne wartete, bis ich fertig war. Ihre Tochter, ein sechsjähriges Mädchen, schaute mich an und lachte so hell, daß es mich in meinem Herzen kitzelte. Dieses Mädchen werde ich nie vergessen. Es war das erste Kind, das ich zum Lachen gebracht habe. Das Mädchen kam zu mir und sagte: »Noch mal, es ist lustig!« und ich ging zur Quelle und tauchte meinen Kopf ins Wasser, richtete mich wieder auf und schüttelte mein triefendes Haar. Das Mädchen jauchzte vor Lachen. Ihre Mutter schaute sie mit großen Augen an. »Die heilige Maria soll dich belohnen«, sagte sie mir. »Meine Tochter ist seit Wochen krank. Sie hatte seit Tagen Fieber und weinte die ganze Nacht. Heute wagte ich zum ersten Mal, sie mitzunehmen.«

Als die Mutter nach Hause gehen wollte, klammerte

sich das Mädchen mit ihren kleinen Händen an mich. »Laß dein Kind ein Stündchen hier. Du kannst es danach holen«, sagte ich der jungen Mutter, und das Mädchen tollte mit mir herum. Ich vergaß die Welt, sang mit ihr und tanzte. Wir bespritzten die vorübergehenden Bauern mit Wasser.

»Seid ihr verrückt geworden?« zürnte einer.

»Ja!« brüllten wir und lachten so vergnügt, daß viele Kinder, die uns die ganze Zeit beobachtet hatten, nun zu uns kamen und mit uns spielten. Die Eltern hatten mittags Mühe, ihre Kinder zum Essen zu bewegen. Als die Mutter kam und ihre Tochter ansah, flehte sie mich an, bei ihr zu Mittag zu essen. Es gab nur eine karge Mahlzeit, aber mir hat das Essen mit dem Mädchen so gut geschmeckt wie selten zuvor. Wir aßen, und die Mutter lachte sich krumm über uns, weil wir um die Wette spielten: Wer mit vollem Mund »Ich liebe dich« sagen konnte, ohne ein Reiskorn entwischen zu lassen, der bekam dafür drei Küsse vom anderen. Es ist schwierig, doch der Verlierer in diesem Spiel ist auch ein Gewinner. Das Fieber des Mädchens war von diesem Tag an verschwunden. Ich kehrte am späten Nachmittag erschöpft in meine Höhle zurück. In meinem Herzen war eine Freude, wie ich sie noch nie zuvor empfunden hatte.

Ich rief nach meiner Fee, um ihr für dieses Glück zu danken, doch sie kam nicht. Feen sind empfindlicher als Mimosen. Am nächsten Tag hatte ich schon beim Aufstehen Sehnsucht nach dem Lachen der Kinder. Als ich die Quelle erreichte, sah ich das Mädchen. Sie stand da und wartete mit einem Basilikumzweig in der Hand. »Der ist von meiner Mutter«, sagte sie, und wir lachten zusammen. Nach kürzester Zeit waren alle Kinder Malulas da. Wir mußten aber bald einen anderen Ort suchen, da die große Schar der Kinder den Weg zur Quelle versperrte. An diesem Tag habe ich den Kindern noch mehr Freude geschenkt und das Vielfache an Glück von ihnen erhalten. Tagelang rief ich sehnsüchtig nach der Fee, bis sie endlich eines Nachts erschien. Ich wollte sie in die Arme schließen, doch meine Hände griffen durch sie hindurch, als wäre sie eine Fata Morgana. Immer wieder tauchte sie auf, doch sie war nicht greifbar.

»Bitte hör mir zu«, flehte ich sie an, »ich habe nun den Schatz erkannt und ich würde ihn nicht für alles Gold der Welt hergeben.« Da spürte ich ihre Hand auf meinen Lippen und alsbald lag meine Fee fest in meinen Armen. Ich küßte sie und bedeckte ihr Gesicht mit meinen Freudentränen, und wir liebten uns bis zur Morgenröte.

»Die Kinder der Welt warten auf dich«, überraschte sie mich, als ich gerade daran dachte, von der Höhle hinunter ins Dorf zu gehen und ein Haus zu suchen, wo ich leben könnte.

»Aber Malula . . .«

»Malula ist zu eng für dich«, unterbrach sie mich. »Die Kinder der ganzen Welt sollen deinen Schatz vermehren, den du in deinem Herzen trägst. Ich habe es dir versprochen. Du bleibst mir und Malula erhalten, denn du wirst immer wieder zurückkommen«, fuhr sie fort.

»Aber ich habe Angst vor der Fremde. Sie hat so viele Malulianer verschluckt«, widersprach ich.

»Hab keine Angst, mein Milad. Malula lebt in deinem Herzen. Weder die Meere noch die Städte werden dich verschlingen. Und wenn du dich verirrst, werde ich dir einen Malulianer schicken, der dich hegt und pflegt, damit du wieder zu mir kommen kannst.«

»Und warum kommst du nicht mit mir?« fragte ich traurig.

»Ich liebe dich, wie ich noch keinen Menschen auf der Erde geliebt habe, doch ich bin die Fee dieses Felsens, der dir und Tausenden von Kindern Schutz gegeben hat. Ich kann ohne ihn so wenig leben wie ein Fisch ohne Wasser.« Eine Träne entfloh ihr wider Willen und sie schluchzte. »Doch ich weiß, wenn du Kinder zum Lachen bringst, wird der helle Klang ihrer Rufe mich hier erreichen und meine Einsamkeit lindern. Geh, mein Milad, geh und sei sicher, nie werde ich dich im Stich lassen.«

Am nächsten Tag reiste ich ab. Überall schenkte ich Kindern das Lachen. Sie riefen laut nach mir, im Zirkus, auf den Straßen, in Scheunen und in den Zelten der Beduinen. Ich reiste um die Welt, und überall traf ich auf die Liebe der Kinder, denn Lachen ist eine Sprache, die keinen Übersetzer braucht. Doch manchmal geriet ich in Not, und egal ob ich in Indien, Kanada, Schweden oder Äthiopien war, im letzten Augenblick tauchte ein Malulianer auf, nahm mich zu sich, hegte und pflegte mich, bis ich zu Kräften kam. Dann wollte ich nur noch zu meiner Fee, denn meine Sehnsucht ließ mir keine Ruhe. Ich bin immer wieder in die Höhle gegangen und liebte die Fee wie ein Wahnsinniger. Und sie verjüngte mich für jede Liebesnacht um ein Jahrzehnt. Wie du siehst, bin ich jetzt schon siebzig, doch ich schwöre es dir, wenn ich wieder aus der Höhle herauskomme und auf Reisen gehe, werde ich höchstens dreißig sein. Jünger will sie mich nicht haben. Na ja, weißt du, Feen haben so ihre Wünsche, aber das ist eine andere Geschichte, die ich dir bestimmt ein anderes Mal erzählen werde.

Quelle: G. Bergsträsser (Hrsg.): Neuaramäische Märchen und andere Texte aus Maᶜlūla. Leipzig 1915 (Abhandlungen für die Kunde des Morgenlandes, Band XIII, Nr. 2 und 3).

Rafik Schami im dtv

Das letzte Wort der Wanderratte
Märchen, Fabeln und phantastische Geschichten

Warum verläßt Momo ihren Ehemann Rudolf S. und brennt mit J.R. durch? Wie legt ein kleiner Rabe einen Pfau aufs Kreuz? Was hat eine Wanderratte ihrem Volk oder vielmehr uns zu sagen? Auf solche Fragen weiß Rafik Schami sehr überraschende Antworten. dtv 10735

Die Sehnsucht fährt schwarz
Geschichten aus der Fremde

Durch seine Märchen ist Rafik Schami berühmt geworden, aber er weiß in den siebzehn Geschichten dieses Bandes auch vom ganz realen Leben zu erzählen, zum Beispiel vom Heimweh und der Diskriminierung der Arbeitsemigranten. dtv 10842

Der erste Ritt durchs Nadelöhr
Noch mehr Märchen, Fabeln & phantastische Geschichten

Zehn Geschichten entführen in eine bunte und bezaubernde Märchen- und Fabelwelt voller Geister, Könige, Riesen und kluger sprechender Tiere. Doch neben den altgewohnten Märchenfiguren begegnen wir auch dem Zahnarzt, dem kleinen Mädchen von nebenan und dem fremdländischen Jungen, die aus ihrem Alltag heraus eine Reise in das Reich des Phantastischen antreten. dtv 10896

Foto: Alexa Gelberg

Das Schaf im Wolfspelz
Märchen & Fabeln

Neun neue Märchen und Fabeln – vom Schaf, das so gerne eine Wolfsnatur gehabt hätte, vom Bäcker, der vor lauter Geldgier bereit ist, an Wunder zu glauben, und davon, was die Grille im Winter macht. dtv 11026

Der Fliegenmelker
und andere Erzählungen

Geschichten aus dem Damaskus der fünfziger Jahre. Im Mittelpunkt steht der unternehmenslustige Bäckerjunge aus dem armen Christenviertel, der Rafik Schami einmal gewesen ist. dtv 11081

Malula
Märchen und Märchenhaftes aus meinem Dorf

Rafik Schami versteht es, in diesen Geschichten den Zauber, aber auch den Alltag und vor allem den Witz und die Weisheit des Orients einzufangen. dtv 11219

Yaşar Kemal
im dtv

Das Lied der tausend Stiere

»Es ist die große Ballade vom Kampf eines Nomadenstammes der türkmenischen Karacullu um ihr angestammtes Winterquartier, das ihnen von den ansässigen Bauern und Hirten immer heftiger streitig gemacht wird … In einer reichen Sprache, in allen erdenklichen Schattierungen von Freude, Hoffnung und Verzweiflung, von Mut und Niedergeschlagenheit, von Trotz und Ergebung ziehen die Gestalten des Stammes vorüber …« (Neue Züricher Zeitung)
dtv 10377

Anatolischer Reis

Ein junger Landrat nimmt den Kampf auf gegen ausbeuterische Großgrundbesitzer, die in der anatolischen Landschaft Cukurova ohne Rücksicht auf die verarmte und von Malaria geplagte Bevölkerung riesige Landstriche für den Reisanbau überfluten lassen.
dtv 10704

Gelbe Hitze
Erzählungen

Yaşar Kemal greift in diesen sechzehn Erzählungen die Tradition der Wandersänger und Geschichtenerzähler auf und verbindet sie mit seiner eigenen Lebenserfahrung und dem Wissen um die soziale und politische Wirklichkeit seines Landes zu einem anschaulichen Bild des Lebens der Menschen in Südanatolien. dtv 10933

Die Ararat Legende

Dem Hirten Ahmet, der an den Hängen des Berges Ararat lebt, ist ein wunderschönes Pferd zugelaufen. Ein Geschenk Allahs, sagen alle. Doch eines Tages erhebt der Pascha, dem das Pferd gehört, Anspruch darauf. Seine schöne Tochter stellt sich auf Ahmets Seite … Yaşar Kemal hat eine alte kurdische Legende neu belebt und zur politischen Parabel geformt.
dtv 11147

Michael Ende im dtv

Die unendliche Geschichte

Phantasien ist in großer Gefahr: Die Kindliche Kaiserin leidet an einer tödlichen Krankheit, und das Land und seine Bewohner verschwinden zunehmend im Nichts. Nur ein neuer Name, von einem Menschenkind erdacht, könnte die Kaiserin und ihr Reich retten. Doch die Menschen kommen schon lange nicht mehr in das Reich der Phantasie – bis Bastian, ein kleiner Junge von etwa zehn oder elf Jahren, sich entschließt, den Bewohnern Phantasiens zu Hilfe zu eilen.
dtv 10795

Das Gauklermärchen

Der kleine Zirkus von Jojo und seinen Freunden ist am Ende. Schon stehen rund um die wenigen bunten Wagen Bagger bereit, um mit den Ausschachtungsarbeiten für eine geplante Chemiefabrik zu beginnen. Als Entschädigung bietet der Konzern den Gauklern an, als Werbezirkus für seine Produkte durchs Land zu ziehen. Die Bedingung dafür ist allerdings, daß Eli, ein geistigbehindertes Mädchen, das die Zirkusleute drei Jahre zuvor nach einem Chemieunfall todkrank im Straßengraben aufgelesen haben, in ein Heim verfrachtet wird, da sie sich für die geplante Werbekampagne wohl kaum eigne. Von der nackten Existenzangst geplagt, sind die Gaukler fast entschlossen, Eli im Stich zu lassen...
dtv 10903

Momo

Eine gespenstische Gesellschaft »grauer Herren« veranlaßt immer mehr Menschen, Zeit zu sparen. Aber in Wirklichkeit betrügen sie die Leute um diese ersparten Stunden. Denn Zeit ist Leben, und je mehr die Menschen daran sparen, desto ärmer, hastiger und kälter wird ihr Dasein und desto fremder werden sie sich selbst. Momo, ein kleines Mädchen mit pechschwarzem Strubbelkopf, nimmt ganz allein den Kampf mit dem Heer der Zeit-Agenten auf.
dtv 10958

Das Michael Ende Lesebuch

»Ich glaube, daß unser Detailwissen entgleitet, wenn wir es nicht fertigbringen, hinter all dem unseren eigenen Mythos zu finden.« Nicht nur die schönsten Geschichten Michael Endes, sondern auch Essays, ein Gespräch über Kunst, Balladen, Lieder und Nonsens-Gedichte. Eine repräsentative Auswahl aus seinen wichtigsten Werken. dtv 11133

Selma Lagerlöf im dtv

Die schönsten Legenden
Nordische Legenden, Christuslegenden, Legenden aus Italien und dem Heiligen Land. dtv 1391

Gösta Berling
Die leidenschaftliche Lebens- und Liebesgeschichte des aufsässigen Pfarrers Gösta Berling. dtv 1441

Die schönsten Sagen und Märchen
Das Heinzelmännchen von Töreby, Der Wechselbalg, Die Königinnen von Kungahälla, Die Herrenhofsage und viele andere mehr.
dtv 1593

Der Kaiser von Portugallien
Jan Andersson liebt seine Tochter so abgöttisch, daß er sich vor der Erkenntnis ihres Abgleitens auf die schiefe Bahn durch die Flucht in den Tagtraum rettet. dtv 10437

Der Luftballon
Acht Erzählungen
dtv 10594

Ein Weihnachtsgast
Drei Erzählungen
dtv 10656

Marbacka
Kindheitserinnerungen
dtv 10768

Die Löwenkölds
Romantrilogie
Eine Liebes- und Ehegeschichte vor dem Hintergrund einer värmländischen Adelsfamilie. dtv 10816

Der Stein im See
Fünf Erzählungen, in denen Selma Lagerlöf menschliche Schicksale und Wege aus Not und Bedrängnis aufzeigt. dtv 11093

Das Tagebuch
Jugenderinnerungen
dtv 11188

Christuslegenden
Elf inzwischen weltberühmt gewordene Legenden, die aus dem Leben Jesu und von der Begegnung des Menschen mit dem Wunderbaren erzählen.
dtv großdruck 2573

Nils Holgersons schönste Abenteuer mit den Wildgänsen
dtv junior 7280